本文丛受"国家社会科学基金"资助

丛书编委会

顾 问：陈文申 李培元
主 任：苏志武
编 委：（以姓氏笔画为序）
丁俊杰 王巧林 王　晖 车　晴 田维义
朱光烈 仲呈祥 刘守训 刘　昶 吕志胜
吕　锐 闵惠泉 张　晶 张育华 张鸿声
李兴国 李佐文 李怀亮 李晓华 李焕生
杨正泉 陈卫星 苗　棣 胡正荣 胡智锋
段　鹏 袁　军 夏　丹 高晓虹 高福安
黄升民 鲁景超 雷跃捷 路盛章 廖祥忠
蔡　翔

现代传播文丛
（第三辑）
总主编 胡智锋

新闻学研究
本土问题聚焦下的学术进展

刘俊 主编

中国传媒大学出版社

图书在版编目(CIP)数据

新闻学研究:本土问题聚焦下的学术进展/刘俊主编.—北京:中国传媒大学出版社,2015.5
ISBN 978—7—5657—1313—2

Ⅰ.①新…　Ⅱ.①刘…　Ⅲ.①新闻工作—中国—文集　Ⅳ.①G219.2—53
中国版本图书馆CIP数据核字(2015)第050606号

新闻学研究:本土问题聚焦下的学术进展

主　　编	刘　俊
策划编辑	秋　实
责任编辑	张　旭
责任印制	阳金洲
封面设计	北京泰丰领秀创意文化有限公司
出 版 人	王巧林
出版发行	中国传媒大学出版社
社　　址	北京市朝阳区定福庄东街1号　邮编:100024
电　　话	86—10—65450532 或 65450528　传真:010—65779405
网　　址	http://www.cucp.com.cn
经　　销	全国新华书店
印　　刷	三河市东方印刷有限公司
开　　本	710×1000 mm　1/16
印　　张	19.25
版　　次	2015年5月第1版　2015年5月第1次印刷
书　　号	ISBN 978—7—5657—1313—2/G·1313　　定　价　76.00元

版权所有　　翻印必究　　印装错误　　负责调换

总 序

◆ 胡智锋

2014年是新中国成立65周年,也是中国传媒大学建校60周年的年头,《现代传播》也迎来了创办35周年。为纪念这些重要节庆,我们《现代传播》编辑部同仁商议,延续以往阶段性整理出版《现代传播》文丛的做法,接续上一套"文丛",把2009~2013这五年来刊发在《现代传播》上的精品文章遴选出来,按刊物的栏目类别汇集成若干卷册,以新的形式展示给广大读者,也算是我们《现代传播》献给国庆、校庆和刊庆的一份礼物吧!

翻读各位编者初编的本套文丛各卷的篇章目录,当时每一期编刊的情形如在眼前!放眼看去选题丰富多样,写法千差万别,汇到一起该如何表述这套文丛的整体特点呢?思来想去,脑海里蹦出一个词——"回应"!是的,以一个"回应"或许可以粗略地概括这些文字的总体探求!以这个"回应"可以切出三句话:回应时代召唤,回应现实需求,回应理论创新。

首先,回应时代召唤。2009~2013这五年间适逢中国共产党建党90周年、新中国成立60周年、改革开放30周年等重要时间节点,我们因此约请或选用了相关文章,在回顾与反思中对于某个领域或方面的发展进程予以重新梳理与揭示。如郑保卫先生的《中国共产党新闻工作群众路线的理论来源与实践传统》(建党90周年)、朱虹先生的年度对话《中国广播影视发展新起点》,黄勇先生的《论新中国60年广播电视的发展道路》,吴学夫、黄升民先生的《大国图腾——承载60年国家理想的家国图像》(新中国成立60周年),黄式宪先生的《关于近30年中国电视剧在美学建构上的断想》,周星先生的《改革开放30年中国电视剧发展要评》(改革开放30年)都是这些重要时间节点上的整体性描述的代表性篇章。

在专业层面上,也有一些重要时间节点被我们关注,如"春晚"30 年、中国电视民生新闻 10 周年、《今日说法》10 周年、《论道》3 周年、央视纪录频道元年、江苏卫视品牌定位升级元年等,在这些时间节点上,来自政府、业界、学界不少领导、专家、学者发表了有时效性、针对性、启示性的文字,他们是原国家广播电影电视部副部长刘习良先生,原商务部副部长、中国加入世贸首席谈判代表龙永图先生,电视学界老前辈朱羽君、高鑫、王伟国先生,业界领军人物周莉、景志刚先生,学界重量级学者王一川、尹鸿、喻国明、俞虹、孟建、李幸、时统宇、丁亚平、丁俊杰、张同道先生等。

其次,回应现实需求。不论是国家战略层面,还是传媒业界与学界,过去几年面临的形势与背景或许都离不开全球化,媒介融合与公共服务日渐深入的现实。如何理解这几个重要现实背景?如何在全球化语境下走出有中国特色的道路?如何应对媒介融合的不可阻挡的态势?如何在新的媒介与社会环境下,调整与完善公共服务的领域与空间?作者们给出了令人关注与期待的解答。

如关于全球化命题的研究,有如下大作:黄会林先生的《"第三极电影文化"构想》,叶皓先生的《公共外交与国际传播》,陈圣来先生的《文化强国与中美之梦》,贾磊磊先生的《全球化语境中的跨文化传播——论非文字类文化符号的传播效应》,张国良先生的《沟通与和谐:汉语全球传播的渠道与策略研究》,荆学民先生的《全球化背景下中国政治传播主体意识研究》,夏骏先生的《在文明较量的时间差中坚守——中国电视走向世界的宏观命题探讨》。

而关于全球化语境下的中国传播学发展问题的研究,也有不少探讨值得关注,如胡正荣先生等的《跨学科视野中的中国跨文化传播研究:进程与问题》,陈卫星先生的《关于中国传播学的本体性反思》,胡翼青先生的《传播研究本土化路径的迷失——对"西方理论中国经验"二元框架的历史反思》,刘海龙先生的《传播研究的两个维度》等。

关于媒介融合的研究,有如下大作:朱虹先生的《中国数字电影的现状与发展战略》,黄勇先生的《论中国广电在"三网融合"新阶段的战略方位》,庞井君先生的《媒介融合背景下的中国广播影视产业发展的思考》,李良荣先生等的《互联网与大众政治的勃兴——新传播革命研究》系列,王武录先生的《报业全媒体发展研究》,熊澄宇先生的《对新媒体未来的思考》,黄升民先生等的《三网融合:构建中国式"媒信"新业态》,彭吉象先生的《数字技术时代的影视美学》,王甫先生等的《我国3D电视发展现状，困境及对策探析》，石长顺先生的《中国报业的 iPad 生存》，刘德寰先生的《手机互联网的数字鸿沟》，张红军先生的《中国电视剧的网络化生存》等。

关于公共服务的研究，特别是新媒体快速发展带来的公共领域、公共空间及相关社会治理方面则有如下大作：邵培仁先生等的《信息低保——构建信息公平社会的基本保障》，段京肃先生的《乡村媒介、媒介乡村和社会发展——关于大众传播媒介与中国乡村的几个概念》，袁军先生等的《突发性公共事件与政府形象修复策略研究》，廖祥忠先生等的《论"电子大字报"的传播特点、社会危害及应对之策》，胡泳先生的《在互联网上营造公共领域》，方兴东先生等的《微信传播机制与治理研究》，谭天先生的《论社交媒体的关系转换》，何志武先生的《网路民意与公共政策的"民间智库"》，许加彪先生的《风险社会下中国环境安全的信息公开：新型媒介生态中政府与社会的互动》等。

不论是全球化、媒介融合抑或公共服务研究，上述文字都以强烈的社会关怀回应了我们传媒理论与实践的现实发展需求。

再次，回应理论创新。近五年老中青几代学者都以饱满的激情与理性的思考，贡献出不少理论创新成果。

关于新闻改革的研究，有童兵先生的《"五四"精神与新时期新闻改革》，叶皓先生的《从宣传到传播：新时期宣传工作创新趋势》，喻国明先生等的《中国媒介规制的发展、问题与未来方向》，高晓虹先生等的《美国电视竞争格局及其策略借鉴》，涂光晋先生等的《从"党的耳目喉舌"到"公众话语平台"——"人民网"意见表达与整合研究》，曹劲松先生的《政府新闻传播中的形象设计与塑造》，徐舫州先生等的《我国跨地域跨媒体传播发展研究》等大作。

关于舆情监控与舆论监督的研究，有范以锦先生等的《舆论监督与社会政治生态环境》，罗以澄先生等的《"爆吧"集体行动中公民参与表达的实现与规制——以"69圣战"事件为例》，吴廷俊先生的《新媒体时代中国舆论监督的新议题：网络揭黑》，柯惠新先生等的《重大事件舆情监测指标体系与预警分析模型的再探讨》，杜骏飞先生的《绿坝事件：信息如何成为权力政治》，顾理平先生的《论虚拟人群的叛逆性行为》等大作。

关于传播伦理问题的研究，有杨先顺先生等的《网络传播的后现代伦理审思》，杨保军先生的《新闻道德：在职业个体与媒体组织之间》，蒋建国先生的《消费主义文化传播、仪式缺失与社会信仰危机》，龙耘先生等的《中国媒介治理中的泛道德主义》,孙宜君先生等的《论新媒体语境下跨文化传播伦理困境与建构原则》等大作。

关于广播影视艺术发展问题的研究,有高鑫先生的《技术美学研究》,王伟国先生的《摄影机书写电视剧本体真实》,张晶先生的《传媒艺术的审美属性》,颜纯钧先生的《蒙太奇美学新论》,李亦中先生的《中国式大片的传播与接受》,杨乘虎先生的《中国电视节目创新问题研究》系列等大作。

关于新闻传播与传媒艺术相关学科建设问题的研究,有李良荣先生等的《从"小新闻"走向"大传播"——新闻传播学学科建设和科研新取向》,丁柏铨先生的《论新闻学的学科影响力》,欧阳宏生先生的《论电视艺术的学理重构》,石长顺先生的《电视学理论体系建构路径、方法与模式》,谢鼎新先生的《广播电视学科研究演变的三种范式》,张林、杜彩先生的《光环境设计学科建设构想》等大作。

关于媒介评价评估模式创新问题的研究,有丁俊杰、张树庭先生的《视网融合背景下的电视节目影响力评估体系创新初探》,刘燕南先生的《统一与融合:省级卫视综合评估体系探析》,李德刚、李岭涛先生的《理论创新与实践价值:互联网时代电视评价体系的建构》等大作。

关于媒介生存状态问题的研究,有张志安先生的《媒介环境与组织控制——调查记者的媒介角色认知与影响因素》,夏倩芳先生的《"挣工分"的政治:绩效制度下的产品、劳动与新闻人》等大作。

还有一些学者潜心多年,深入探究,推出新作。如赵玉明先生关于江西苏区口语广播,倪延年先生关于民国史研究的视角、难点、原则,周鸿铎先生关于传媒经济发展历程,雷跃捷先生关于广电媒体公信力的受众认知,刘京林先生关于传播心理,杨燕先生关于戏曲传播,舒咏平先生关于广告公信力评估,申启武先生的广播研究等。

还有一些学者或关注前沿,或独辟蹊径,贡献出全新的视角、领域与方法。如朱羽君先生等关于美国大选报道策略,朱虹、尹鸿等先生关于制播分离,喻国明、葛岩先生关于认知神经学用于传播研究,芮必峰先生关于"学习运动",张君昌先生关于"慢运动传播",闵惠泉先生关于新媒体的哲学思考,刘利群先生关于媒介与女性,隋岩先生关于传播符号,钟瑛、匡文波、沈浩等先生关于大数据,王四新先生关于"表达自由",支庭荣先生关于传媒管理等。

此外,来自美国的丹·席勒、斯蒂芬,芬兰的卡拉,加拿大的赵月枝,中国台湾的郑贞铭等著名学者分别对互联网的政治经济学、社交媒体、世界传播秩序、中国传播学研究、资讯社会等领域发表了各自的高论。

收入本套文丛的一册《年度对话》虽然与其他各册在时间节点和体例上略有不同,但在回应时代呼唤、回应现实需求、回应理论创新几个方面,与其他几册的立意完全一致,所以此次也编进文丛之中。"年度对话"是从2004年启动的特别策划,每年开年第一期,由本人代表《现代传播》,邀请在业界有重要影响的领军人物或专家,就过去一年传媒发展的成就与问题做一扫描,也对未来一年走势进行预测,给予展望。来自国家广电总局、中国文联、中国社会科学院、中央电视台、中国国际广播电台、中央新影集团、凤凰卫视等传媒管理机构和运行机构的相关领导、专家应邀前来担任对话嘉宾,留下了影响很大的十多个年度对话,成为存留传媒发展进程的重要记录。先后参加年度对话的嘉宾有刘春、汪文斌、王甫、吴涛、梁晓涛、靳智伟、高峰、徐舫州、朱虹、王云鹏、时统宇、仲呈祥、刘文、苗棣、高长力、方兴东等先生。

在本套文丛即将推出之际,我代表编辑部对文章入选本套丛书的各位学者,以及《现代传播》的其他作者多年来对刊物的大力支持表示诚挚的感谢!

本套文丛也是《现代传播》自身历史发展的重要记忆留存。1998年为纪念《现代传播》即将创刊20周年,由1991~1997年间担任学报负责人的朱光烈先生创意并作为总主编,推出了3卷本的第一套"《现代传播》文丛",分别是:《生存之镜》(姜依文主编)、《尴尬与超越》(李立主编)、《走近神圣》(闵惠泉主编)。2008年由本人作为总主编,我们又推出1998~2008的第二套"《现代传播》文丛"。这第二套文丛就基本上按照十年间相对比较稳定的专栏为单位,进行文章的选编,分别是:《新闻学十年(1998~2008):多元与分化》(张毓强主编)、《传播学十年(1998~2008):阐释与建构》(张毓强主编)、《传播文化:全球化与本土化》(张国涛主编)、《传媒观察:危机与转机》(张国涛主编)、《传播艺术与艺术传播》(李立主编)、《媒介经营管理的理念与实践》(潘可武主编)、《中国传媒经典个案(1998~2008)》(赵均主编)、《广播电视名家访谈》(杨乘虎主编)。近五年来,《现代传播》保持了2006年入选教育部"高校哲学社会科学名刊建设工程"之后的良好状态,连续多年被评为"全国高校社科名刊",并入选"国家社科基金资助期刊"。本文丛的编纂也是对这些鼓励的汇报吧!

令我特别高兴的是,经过这些年的历练,我们《现代传播》编辑部这支编辑队伍茁壮成长,逐渐成熟起来!这就是本套文丛各卷主编,我们《现代传播》编辑部团队的主要成员：李立、赵均、张国涛、潘可武、张毓强（特约）、刘俊老师，以及我们的编务张惠云老师，还有长期为我们刊物做版式设计的特约美编卜希霆老师、做英文翻译的麻争旗老师，都默默地为刊物作出了不可磨灭的贡献，在文丛即将推出之时，我要向他们表示诚挚的感谢！

本套文丛的编辑基于《现代传播》这份期刊，而这份期刊的发展离不开中宣部、教育部、国家新闻出版广电总局、北京市新闻出版局等上级领导机构的大力支持，尤其是中宣部国家社科规划办、教育部社科司、广电总局宣管司、《新华文摘》杂志社等单位的多年厚爱，离不开全国高等学校文科学报研究会、北京市社会科学学报研究会等的热心帮助，更离不开中国传媒大学党委与行政的正确领导和着力扶持！在此，我要代表编辑部向长期关心、支持、鼓励我们的上级领导部门、兄弟期刊和学校表示诚挚的感谢！

最后我还要向中国传媒大学出版社领导，特别是李水仙老师为本套文丛顺利出版所付出的辛勤劳动表示诚挚的感谢！

是为序。

2015年2月1日凌晨于波士顿

作者简介

曹劲松　中共南京市委宣传部副部长、市文明办主任、研究员。曾任徐州师范大学信息传播学院院长、南京市政府办公厅副主任、市政府新闻发言人、中共南京市委新闻发言人。出版著作有:《纸上声音——新闻通讯写作实例及技巧分析》(2003年)、《交往·功利·和谐——信息伦理引论》(2006年)、《政府新闻发布》(2009年)、《政府网络传播》(2010年)、《政府网络发言》(2011年)、《政府形象传播》(2012年)。

喻国明　1989年毕业于中国人民大学新闻系,获博士学位。现任中国人民大学新闻学院副院长、中国人民大学舆论研究所所长、博士生导师。同时兼任中国传媒经济与管理学会会长、中国传播学会副会长、《中国传媒发展指数(蓝皮书)》主编、《中国社会舆情年度报告(蓝皮书)》主编等。主要研究领域有:新闻传播理论、舆论学、传媒经济与社会发展及传播学研究方法。出版学术著作23部,发表学术论文和调研报告400余篇。

朱羽君　中国传媒大学电视学院教授,博士生导师。1989年被评为北京市优秀教师,1990年获北京市高校科研成果奖,1993年开始享受国务院特殊津贴,1996年获中国摄影家协会颁发的"特殊贡献奖",1998年被评为北京市首届十佳电视艺术家、全国首届百佳电视艺术工作者,1998年获中国新闻教育学会的"韬奋园丁一等奖",2007年被中国摄影家协会授予50年来"突出贡献摄影家"奖章,2007年被中国广播电视协会授予20年来"纪录片特殊贡献人物"称号,2011年获中国纪录片学院奖。

付晓光 2007年获英国布里斯托大学戏剧系硕士学位,2011年获中国传媒大学电视与新闻学院电视新闻学博士学位。2009年至2011年赴美国加州大学圣地亚哥分校访问。现任中国传媒大学电视学院副教授。研究兴趣主要包括新媒体、大数据、数据可视化、网络视频等。留校后共发表新媒体相关论文十余篇,主持校级项目两项,参与多项省部级课题、横向课题。

童 兵 新闻学博士,博士生导师。复旦大学文科资深教授、复旦大学志德书院院长、复旦大学校务委员会委员。新闻学院学术委员会主任、新闻传播博士后流动站站长、新闻传播与媒介化社会研究国家哲学社会科学创新基地主任、全国大学生舆情调查中心专家委员会主任。学术兴趣和研究领域涉及新闻传播理论、马克思主义新闻思想、中西新闻比较、新闻传播与社会、新闻政策与媒介批评、舆论传播与舆论监督等。20世纪80年代至今,出版专著、教材及主编研究文集30余部,发表论文500余篇。被国家教委和国务院学位委员会表彰为"作出突出贡献的中国博士学位获得者",被国务院学位委员会和教育部表彰为"指导百篇优秀博士论文导师"。

杨保军 新闻学博士、博士后。现为中国人民大学新闻学院教授、新闻传播史论教研部主任、新闻研究所副所长、教育部重点研究基地"中国人民大学新闻与社会发展研究中心"专职研究员;北京市高等教育自学考试新闻类专业委员会委员;《国际新闻界》副主编;全国新闻学研究会常任理事、秘书长,暨南大学南都讲座教授。已发表哲学、法学、新闻传播学等学科学术论文200多篇,主持、参与并完成多项教育部重大研究课题。

丁俊杰 中国传媒大学学术委员会副主任,国家广告研究院院长、亚洲传媒研究中心主任、崔永元口述历史研究中心主任、首都传媒经济研究基地主任、党报党刊研究中心主任,广告学院教授、博士生导师。先后在广告系、新闻系、新闻学院担任领导职位,2004年12月至2010年10月任中国传媒大学副校长。社会兼职主要有中国商务广告协会副会长、中国广告协会副会长及《国际广告》主编、《广告导报》社长。研究领域为广告学、媒介产业经营、新闻学、新闻传播教育。

初广志 中国传媒大学广告学院教授、博士生导师,中国广告协会学术委员会委员、中国国际公关协会会员、全国公益广告优秀作品奖评委。主要研究方向为广告传播、品牌传播、整合营销传播、数字营销等。曾主持多项国家及省部级科研项目,著有教材和专著6部,在国内外学术期刊发表论文多篇。曾赴美国、日本、韩国、新加坡等国家和我国台湾地区进行学术交流。2013年,入选"教育部新世纪优秀人才支持计划"。

尹韵公 中国社会科学院中国特色社会主义理论体系研究中心主任,原中国社会科学院新闻所所长。国家"万人计划"工程首批入选人才;国家哲学社会科学专家咨询委员会委员;国家社科基金新闻传播学科评审组召集人;国务院学位委员会新闻传播学学科评议组召集人和成员;中央文宣系统"四个一批"人才工程首批入选人才;国务院应急管理办公室专家组成员;原国家新闻出版总署新闻出版行业领军人才;中央直接联系专家。享受国务院政府津贴。

范以锦 现任暨南大学新闻与传播学院院长、教授、博士生导师。曾担任南方日报社社长、总编辑,南方报业传媒集团党委书记、管委会主任、董事长,中华全国新闻工作者协会副主席,广东省新闻工作者协会主席,广东省政协常委、文史委副主任。曾被广东省委、省政府授予"优秀中青年专家"称号,享受"国务院政府特殊津贴"和"省政府特殊津贴"。第一个将品牌概念引入中国报业,被业界称为开启了中国报业的"品牌时代"。2012年出版全国首部新闻业务类的全微博体书。2011年获台湾地区"第三届星云真善美新闻传播奖"海外地区传播贡献奖,2012年获广东新闻终身荣誉奖。

吴廷俊 湖北天门人。华中科技大学新闻与信息传播学院教授、学术委员会主任、博士生导师。历任华中科技大学学术委员会委员、教学指导委员会委员;教育部新闻传播学科教学指导委员会委员、中国新闻史学会副会长、中国传播学会副会长、中国新闻教育史研究会会长等职。《中国新闻传播史稿》获湖北省新闻论著一等奖;《新记大公报史稿》获第三届吴玉章人文社科成果奖;《中国新闻史新修》获"第六届吴玉章人文社科成果奖"等。2000年享受国务院"特殊贡献专家政府津贴"。

丁柏铨 国家二级教授。1993年起享受国务院政府特殊津贴。现为南京大学新闻传播学院博士生导师、新闻学科带头人。兼任"马克思主义理论研究和建设工程"教育部重点教材《新闻采访与写作》课题组首席专家，中国社会科学杂志社社外评审专家，复旦大学新闻传播与媒介化社会研究国家哲学社会科学创新基地学术委员，中国科技大学等六高校兼职教授。发表新闻传播学术论文300余篇。主持全国哲学社会科学基金重点项目3项、教育部人文社会科学项目和江苏省哲学社会科学基金重点项目各1项。

柯惠新 理学(统计学)博士。中国传媒大学调查统计研究所名誉所长、教授、博士生导师。第8、9、10届北京市政协委员，11届全国政协委员。教育部高等学校数学与统计学教学指导委员会委员(曾任)，全国统计教材编审委员会委员，中国信息协会市场研究业分会名誉会长，中国市场信息调查业协会副会长。发表论文60余篇，出版论(译)著和教材16部，在科研和教学上曾获得各种奖励27项次，其中省、部级奖五项，国际奖一项。曾被评为"全国广播电视系统先进工作者""全国先进教师""全国先进工作者""全国广播电视十佳理论工作者"等。

涂光晋 中国人民大学新闻学院教授、博士、博士生导师。1982年1月从北京大学中文系新闻专业毕业后到中国人民大学新闻系任教。现任中国人民大学新闻与社会发展研究中心执行主任、《国际新闻界》副主编。主要研究方向为新闻评论、公共关系。发表学术论文百余篇，享受国务院政府特殊津贴。

蔡尚伟 教授，博士生导师。四川大学文化产业研究中心主任、四川大学"美丽中国"研究所所长、四川大学广播电视研究所所长、四川大学社会发展与西部开发研究院副院长。中国新闻奖评委、长江韬奋奖评委、中央电视台节目评估专家、中国广播电视协会西部学术基地副主任、"文化产业(中国)协作体"专家指导委员会委员、中国服务贸易协会专家、北京大学汇丰商学院文化产业导师、《光明日报》"中国文化产业年度人物"评委、中国传媒大学等校兼职教授。

雷跃捷 中国传媒大学传播研究院院长、教授、博士生导师。获北京市高等学校优秀青年骨干教师、北京市青年学科带头人、中国广播电视学会第二届"十佳百优"广播电视理论工作者"百优"等称号。主讲"新闻理论"课程被评为北京市精品课程、教育部国家精品课程。有论著先后获得北京市第四届哲学社会科学优秀成果二等奖、原国家广播电影电视总局优秀科研成果一等奖、教育部普通高等学校第二届人文社会科学研究成果二等奖。现任中央实施马克思主义理论研究与建设工程新闻学概论课题组首席专家、教育部中央实施马克思主义理论研究与建设工程重点教材咨询审议委员会委员、中国新闻教育学会新闻学研究分会常务副会长、中国人民大学新闻与社会发展研究中心兼职研究员。

沈　浩 传播学博士，现为中国传媒大学新闻学院教授、硕士生导师，中国传媒大学调查统计研究所所长。拥有20多年的统计和数据分析经验，精通各种统计分析技术，擅长传播研究方法、数据挖掘、社会网络分析、数据可视化、多变量数据分析、市场研究定量模型等。先后出版《调查研究中的统计分析法》《Excel高级应用与分析》《数据展现的艺术》等著作和多篇学术论文，在市场研究和数据挖掘领域拥有良好的声望。

曾祥敏 中国传媒大学电视学院副院长、教授、博士生导师，艺术硕士(MFA)广播电视编导导师组组长。教育部2012年度"新世纪优秀人才支持计划"入选人员，国家级优秀教学团队"广播电视新闻学"核心成员。美国新闻传播教育学会(AEJMC)会员，2010～2012年度教育部留学回国人员科研启动基金评审专家，第28届世界遗产大会主席工作组成员(主席宣传咨询顾问)，全国高等教育自学考试委员，《电视采访》栏目负责人。

张志安 中山大学传播与设计学院副院长、教授、博士生导师。研究方向：媒介融合、新闻社会学、互联网与国家治理等。曾执教于复旦大学新闻学院。复旦大学传播与国家治理研究中心特约研究员、复旦大学信息与传播研究中心研究员，国家互联网信息办公室（网研中心）特约研究员。国家新闻出版广电总局组织编写的首部《新闻记者培训教材2013》作者之一，国际跨国比较研究项目"世界新闻业状况"（World Journalism Status）中国区总召集人。论文曾获广东省哲学社会科学成果奖、《新闻与传播研究》十佳优秀论文奖（2012~2013）等。

朱至刚 厦门大学新闻传播学院副教授。1997年9月至2001年6月北京工商大学新闻学专业本科；2001年9月至2007年6月中国人民大学新闻学院新闻学专业硕士研究生、传播学专业博士生，获文学硕士、博士学位；2007年7月至2009年6月复旦大学新闻学院博士后（全职）；2009年7月至今历任厦门大学新闻传播学院讲师、副教授。主要研究领域：新闻传播史、传播观念史。

赵玉明 1955年考入北京大学中文系新闻专业，1958年转入中国人民大学新闻系，1959年毕业后至今在北京广播学院（今中国传媒大学）任教，曾任新闻系副主任、主任，副院长等职务。现为中国传媒大学教授、博士生导师，现任国家新闻出版广电总局《中国广播电视年鉴》主编、中国新闻史学会名誉会长、北京大学新闻学研究会导师，国家社科基金项目新闻学学科规划评审组成员。主要从事中国新闻史、中国广播电视史教学研究工作。

庞 亮 中国传媒大学发展规划与法制办副主任，副研究员，硕士生导师。2007年7月在中国传媒大学获文学（广播电视新闻学）博士学位，2010年7月任中国传媒大学工会副主席，2013年7月任现职。讲授过"中国新闻史""新闻报道策划""新闻改革与发展研究"等课程。著有《梅益广播电视宣传思想研究》《中外广播电视史》等，参与编写《中国广播电视图史》《新闻历史与理论》《国际传播策划》《中国电视史》等。2010年获第四届全国广播电视"百优理论人才"荣誉称号。主要社会兼职有中国新闻史学会理事、中国广播电视协会广电史研究委员会副秘书长等。

李　煜　中国传媒大学新闻学院副教授,主要从事广播电视史、新闻史及传播史的研究。1990年数学专业本科毕业,获理学学士学位;2000年新闻学专业毕业,获文学硕士学位;2008年新闻学专业毕业,获文学博士学位;2011年台湾世新大学舍我纪念馆博士后;2012年美国 The University of Iowa 访问学者。出版论著多部,发表论文多篇。

李良荣　复旦大学传播与国家治理研究中心主任,复旦大学特聘教授、博士生导师,原教育部高等学校新闻学学科教学指导委员会主任(2006~2013年)。华中科技大学、浙江大学、暨南大学、安徽大学、南京师范大学等20余所高校的兼职教授、讲席教授与特聘教授。专擅新闻学理论、国际传播与新媒体研究,致力于当代中国新闻媒体和世界新闻媒体的发展与改革。近五年来专注于网络与新媒体研究,相关研究论文受到学界、业界高度关注,全国新媒体研究领域的领军人物。其主持的"传播与国家治理研究"先后有5份报告受到中央领导批示和中央有关主管部门的重视;主持上海市委宣传部8个项目研究。

白红义　现任上海社会科学院新闻研究所副研究员、中国舆情研究中心副主任。曾在国内多家媒体从事记者、编辑工作。2011年6月毕业于复旦大学新闻学院,获新闻学博士学位,2011年7月进入上海社会科学院新闻研究所工作,2012年3月进入复旦大学政治学博士后流动站从事博士后研究,2012年3月,赴香港城市大学媒体与传播系访问。出版著作有:《以新闻为业:当代中国调查记者的职业意识研究》,在学术期刊发表论文20余篇。研究兴趣集中在新闻社会学、网络新闻学、政治传播等领域。

郑保卫　中国人民大学新闻学院新闻学科责任教授、博士生导师;教育部人文社会科学重点研究基地——中国人民大学新闻与社会发展研究中心主任;教育部社会科学委员会学部委员兼新闻传播学科召集人;全国新闻学研究会会长;中央马克思主义理论研究和建设工程新闻学学科组专家;国家二级教授;享受国务院政府特殊津贴专家。主要研究领域为新闻学与传播学基础理论、马克思主义新闻理论与实践、新闻法制、新闻伦理、新闻教育、传媒改革、民族新闻传播、气候传播、区域传播等。曾荣获"新华社优秀教师""北京市优秀新闻工作者"称号;获"全国首届韬奋园丁奖""中国新闻奖优秀论文奖""吴玉章人文社科优秀奖"等中央和省市级奖项;主讲的"新闻理论课"被评为北京市精品课程和国家精品课程。

夏倩芳 武汉大学新闻与传播学院教授、博士生导师。80年代末大学毕业,先执记者业,后入象牙塔,至今传道授业二十年余。研究兴趣:传播与社会冲突、新闻理论、媒介规制、广播电视公共服务。在内地、港台核心学术期刊发表论文近50篇,代表作品有:《党管媒体与改善新闻管理体制:一种官方话语的分析》《制度性资本、非制度性资本与社会冲突性议题的传播》《"国家"的分化、控制网络与冲突性议题传播的机会结构》等。担任《新闻与传播评论》副主编,兼任数家华语重要学术期刊评审。

袁军 中国传媒大学副校长、教授、博士生导师。主持和参与完成多项国家级、省部级科研项目研究。讲授"新闻理论"(北京市精品课程)、"新闻媒介概论""中国新闻事业史""中国广播电视史""十传播学概论"等课程,发表论文百余篇。1995年被授予"北京市优秀青年教师"称号,2000年被国家人事部、国家广电总局授予"全国广播影视系统先进工作者"荣誉称号,2005年8月被评为"优秀援疆干部",2006年入选教育部"新世纪优秀人才支持计划",2010年10月获全国"十佳百优"广播电视理论人才"百优理论人才"称号,2011年12月获"对口支援西部高校工作10周年突出贡献个人"称号(教育部)。

郑贞铭 台湾"中国"文化大学华冈终身教授、台湾传媒教育重要开路人,致力新闻教育近五十年,有"台湾传播学之父""台湾新闻教父"之美誉。先后担任"中国"文化大学新闻系创系主任、新闻研究所所长、社会科学院院长;台湾师范大学、辅仁大学、淡江大学等校兼任教授;《香港时报》董事长、英文《"中国"邮报》副社长兼总编辑、台湾大众传播教育协会副理事长兼秘书长。长年致力于两岸新闻教育交流工作,先后担任中国传媒大学、浙江大学、南京大学、上海交通大学、北京师范大学、中南大学、湖南大学、香港珠海学院新闻研究所等校客座教授或高级研究员,金门大学荣誉讲座教授。

目录

CONTENTS

政府新闻传播中的形象设计与塑造 …………………………………… 曹劲松 / 1

金融危机的第一波媒介呈现之研究 …………………………… 喻国明 李 彪 / 8

创新与现代媒体的核心竞争力
　　——CNN 2008年美国大选报道策略分析 ………………… 朱羽君 付晓光 / 15

"五四"精神与新时期新闻改革 ……………………………… 童 兵 林溪声 / 25

新闻道德：在职业个体与媒体组织之间 ………………………………… 杨保军 / 35

新闻传播期刊中广告学术研究成果再研究 ………… 丁俊杰 初广志 李 杉 / 44

新闻评论传播范式的话语转型与构建
　　——以中央电视台《今日观察》栏目为例 ……………… 尹韵公 王凤翔 / 58

舆论监督与社会政治生态环境 ………………………………… 范以锦 杨 凡 / 68

新媒体时代中国舆论监督的新议题：网络揭黑 ………………………… 吴廷俊 / 79

论新闻学的学科影响力 …………………………………………………… 丁柏铨 / 90

重大事件舆情监测指标体系与预警分析模型的再探讨 ……… 柯惠新 刘绩宏 / 98

从"党的耳目喉舌"到"公众话语平台"
　　——"人民网"意见表达与整合研究 …………………… 涂光晋 吴惠凡 / 110

制度设计视角下的中国新闻奖
　　——兼论中国新闻评奖制度的改进 …………………… 蔡尚伟 冯结兰 / 123

我国广播电视媒体公信力的受众认知调查与研究　雷跃捷　沈　浩　薛宝琴 / 132

中国电视民调新闻的历史体察与发展探究　　　　　曾祥敏　陈丹丹 / 143

媒介环境与组织控制:调查记者的媒介角色认知及影响因素
　　　　　　　　　　　　　　　　　　　　　　　张志安　沈　菲 / 156

试析新中国成立初期宣传网的建立和撤销:
　　以党的组织力量为考察背景　　　　　　　　　　　　朱至刚 / 179

江西苏区口语广播探究　　　　　　　　　　　　　赵玉明　庞　亮 / 190

历史视野下的国家与广播　　　　　　　　　　　　　　　李　煜 / 201

从"小新闻"走向"大传播"
　　——新闻传播学学科建设和科研的新取向　　　　李良荣　张　华 / 213

冲击与吸纳:互联网环境下的新闻常规　　　　　　　　　白红义 / 222

中国共产党新闻工作群众路线的理论来源及实践传统　　郑保卫 / 235

"挣工分"的政治:绩效制度下的产品、劳动与新闻人　　夏倩芳 / 248

突发性公共事件与政府形象修复策略研究　　　　　袁　军　冯尚钺 / 264

通达智慧:资讯社会与资讯泛滥的出路　　　　　　　　　郑贞铭 / 273

后记　本土问题聚焦下的新闻学研究进展
　　　——《现代传播》呈现的2009～2013年中国新闻学研究　　刘　俊 / 280

政府新闻传播中的形象设计与塑造*

◆ 曹劲松

政府新闻传播中无时无刻不体现着政府形象,这种形象既可以通过显性的话语表达方式加以呈现,也可以通过以隐性的方式对受众进行价值引导和思维启迪去实现。政府形象通过媒体表达和传播,在公众中不断得到认同,对于提高政府的软实力有着积极的作用,这种软实力的核心是一种对"规则"的控制力,即对当地社会生活秩序的制度影响和城市可持续发展的决策安排。因而,政府通过媒体传播良好的政府形象,是提高自身软实力和促进行政效能提升的重要渠道,必须在新闻传播中有目的地进行形象设计、形象传播、形象认同和形象塑造。

一、形象设计

政府形象设计是围绕政府职能的基本定位展开的,以充分体现政府以人为本、执政为民、科学发展、民主和谐的形象诉求。从现实国情出发,公众对政府的期望和评判是"全能"型的,即将社会生活中的所有问题的解决诉诸政府,进而形成对政府的评价。这就使得政府形象设计要兼顾到各方面,并融入各类新闻传播之中,实现政府形象的有效传播。

一是要以责任铸就形象,体现责任政府定位。问责不仅是政府行政工作机制,而且是新闻媒体开展舆论监督报道的诉求点。一方面,在新闻传播中着力体现政府官员积极负责的工作态度,各级政府及其组成部门在决策和工作推进中的责任

---

* 原载于《现代传播》2009 年第 1 期。

意识、责任制度和责任追究,将政府主动履责的新闻事实通过媒体加以呈现,是实现责任政府形象的正面传播效应的基础。另一方面,在媒体报道突发事件或社会问题,政府遭遇媒体和公众问责的情况下,要善于沟通,积极反馈,将政府处置和责任追究及时通过媒体报道告知公众,使被动性的负面问责转化为主动性的积极负责,以实现政府责任形象的传播。相比较而言,后一种情形的媒体关注和传播效应更为显著,也是政府新闻传播应当予以高度重视,着重改进和提升的重要环节。

二是要以诚信树立形象,体现阳光政府定位。政府诚信是政府形象战略的立足点,同时也是政府权力阳光运行机制的内在要求,必须始终贯穿于政府新闻传播的过程中。从提供政府信源到政府信息反馈,从政府表达立场到政府形成决策,从政府公开承诺到目标完成落实,处处都体现了政府诚信形象。媒体更加侧重对社会无序或失序现象的关注和报道,使政府诚信形象传播的正向累积效应相对较慢,而其破坏性传播则较快,可以在某一事件的报道上将政府诚信毁于一旦。因此,政府诚信形象在新闻传播中是"易碎品",必须时时加以小心呵护,要通过主动公开政务信息,接受公众和媒体监督,进而使政府公信力不断得到巩固和提升。

三是要以人为本塑造形象,体现服务政府定位。服务型政府建设是当前政府改革的主要方向,并被广大公众和其他社会组织直接感受和体验。这就为新闻传播提供了大量的内容素材和对比性的视角,可以将政府以人为本的服务宗旨和形象充分体现。在政府工作运行的各个层面上都体现了服务性,如政府决策体现了对人民群众利益的发展和维护,政府管理体现了对人民群众社会生活秩序的保障和稳定,政府倡导体现了对人民群众道德文明行为的判断和激励。同时,在政府服务形象传播设计上,要注意将服务公众与服务个体有机统一起来,既不以服务公众整体利益和秩序来替代或忽视对个体的服务,也不能将对个体的服务简单等同或上升到服务公众的高度,而是要在服务个体的报道中充分体现服务公众的政府形象。

四是要以智慧提升形象,体现有为政府定位。公众对政府评价的一个重要方面就是对政府引领社会发展是否有信心,它与公众对政府的信任一同构成了政府行政的社会心理基础。将一个充满智慧的有为政府形象通过媒体展现在公众面前,可以起到凝聚人心、稳定人心,动员各方力量参与社会建设的积极作用,为政府工作赢得有力的舆论支持和社会支持。有为政府形象的传播不是简单地追求政绩宣传,只有工作政绩得到群众的认可和赞许,才能提升政府形象;否则,置群众评价于不顾或虚构群众评价的政绩宣传反而会损害政府形象。因此,要将政府的发展智慧、决策智慧和管理智慧通过具体工作措施和成效加以体现,并与公众实实在在的评价共同作为传播内容,使有为政府的形象传播建立在新闻事实的基础之上。

五是要以效率改善形象,体现效能政府定位。政府效能是政府机关工作作风的直接体现,人民群众对政府的很多具体评价都是建立在对政府工作效率的感受与认识上的。特别是对于一些公众要求政府予以解决的社会问题,虽然通过政府工作努力最终有了满意的结果,但是这一过程的不同工作效率则会使公众形成截然相反的政府评价和形象建构。政府工作效率高,雷厉风行,群众评价则高,政府形象加分;政府效率低,拖拖拉拉,群众评价就低,政府形象减分。配合新闻媒体的时效性诉求,加快工作推进节奏,将政府工作效率充分体现在新闻传播中,是树立和巩固效能政府形象的关键所在。

二、形象传播

政府形象传播离不开媒体的支持与配合,媒体报道已成为在公众中树立政府形象的主渠道。如何协同媒体完成新闻传播中的政府形象设计,实现传播效果,是政府形象塑造不容忽视的重要环节。媒体作为政府与公众之间的传播纽带,以贴近受众、满足受众、服务受众、赢得受众为基本诉求,媒体的公众关系定位与政府的公众关系定位有着一致性。因此,政府形象传播必须通过借助和满足媒体诉求,实现自身的形象传播诉求,将政府责任与媒体责任、政府公信与媒体公信、政府形象与媒体形象在传播过程中有机地统一起来。

通过凸显人性关怀,拉近与媒体和受众的距离,是政府形象传播的基本出发点。人性关怀既是媒体也是公众关心的永恒主题,是跨越意识形态、宗教信仰、种族和文化差异的人类精神、情感的共鸣点,体现在对人的生命权的敬畏与尊重,对人的生存权的关注与爱护,对人的发展权的维护和争取等方面。在政府新闻传播中,将政府对人的生命、生存和发展的权利维护放在第一位,不仅是现实工作的内在要求,而且符合媒体传播的共性需要,并且拉近了与受众的心理距离,使公众对传播内容产生情感共鸣,进而为公众建构政府形象奠定了认知基础。人性关怀是政府形象传播中沟通媒体、打开公众心扉的一把金钥匙。

表达高度负责态度,满足媒体和受众的心理期待,是政府形象传播的主动得分点。媒体代表公众问责政府已成为新闻报道中的常态,政府要主动抓住这一媒体传播的常态效应,表达高度负责的立场和态度,勇于承担起应尽的社会责任,向媒体和公众交出满意的答卷。当然,政府对于媒体问责并不是笼统地照单全收,而是要加以细致分析,将政府责任、媒体责任和社会个体责任区分开来,形成建设性的社会责任体系,共同促进公众利益和社会秩序中存在的矛盾冲突的缓和、协调与解决。只有将各种社会责任主体的自觉性和责任感充分调动起来,才能面对社会发展中不断出现的新问题、新挑战。一个高度负责的政府是媒体传播所需要和支持的政府形象,必定能够赢得公众的认同和赞誉。

处处体现工作效率,通过服务于媒体的新闻报道服务公众,是政府形象传播的积极策应点。政府的工作效率不但要体现在行政工作的效能上,也要体现在服务媒体采访报道上,通过支持、配合新闻记者的采访报道,最大限度地满足媒体的知情需要,进而满足公众的知情权。政府对媒体提出的新闻采访诉求,要高度重视,尽快安排和协调好采访对象,使媒体能够较快地完成采访任务。这一过程本身就为媒体树立了良好的政府形象。暂且不论最终的采访内容是否令记者满足,但接待采访的高效过程必然会影响到记者的观察角度和立场观点,特别是在一些涉及负面性内容的传播上,高效率地服务媒体报道可以作为挽回或树立政府形象的策应点,以体现政府的负责、高效和坦诚。

始终展示发展信心,努力赢得媒体和公众的信任与支持,是政府形象传播的持续加分点。只有一个充满发展信心、朝气蓬勃,而不是顾虑重重、悲观失望的政府,才是公众可以依靠和寄予期望的。无论是在发展顺境还是逆境中,政府信心通过媒体持续不断地加以传播,就会产生累积效应,奠定公众心目中的政府形象。政府信心不仅体现在政府决策、目标确定和工作推进上,而且体现在各级政府官员的工作态度、思路观点和工作作风上,从传播效果上看,后者对政府的媒体形象和公众形象的影响更为直接,更为生动。政府官员充满工作激情、尽心尽力地付出的媒体形象,可以使公众不断强化对政府整体形象的认同。反之,政府官员敷衍、推诿、拖沓的媒体形象则会直接损害公众对政府的积极评价,与政府形象传播诉求背道而驰。

三、形象认同

形象认同是形象传播效果的体现,政府的媒体形象能否为公众所认同,不仅关系到公众对媒体信任度的评价,而且关系到政府形象战略的成败。从传播过程上分析,形象认同环节是受众在接受媒体所提供的形象信息内容之后,进行分析、判断并得出结论的主体认知过程,是传者和媒体都无法替代的受众的主体行为,媒体只能根据受众的认知条件和认知水平提供相应的引导和帮助。因此,政府形象认同是实现公众形象目标的关键所在,必须形成从成员认同到媒体认同,再到公众认同的逻辑链条。

一是政府形象要得到组成人员的认同。成员认同实质上包含两个层面,其一是政府组成人员要对政府提出的形象定位及其目前呈现出的实际形象予以认同,这是媒体形象传播的前提。由于每一个政府组成人员都是政府形象的实际表达者或目标代言人,他们如果认同政府形象目标,就可以通过自己的言行去体现;否则,政府形象在他们身上就不能得到体现,媒体形象传播也就无所适从。其二是政府组成人员要对媒体正在进行的形象传播加以认同,通过自身行为印证或扩大媒体形象传播效果,使政府媒体形象与实际工作形象相一致。如果组成人员不能认同政府的媒体形象,媒体传播就会缺乏相关新闻事实和观点的内部支撑,甚至会出现与政府媒体形象目标相反的传播内容,最终也就会失去政府形象外部评价的支撑。因此,政府形象传播是建立在政府内部成员的高度认同与自身形象建设的基础上,离开这一前提就无从树立政府的媒体形象和公众形象。

二是政府形象要得到新闻媒体的认同。在大众传媒时代,有了政府成员内部的形象认同还不能建立起政府的公众形象,必须借助于媒体传播,扩大政府形象的社会影响。媒体对政府形象传播存在着正向积累与负向消解两个方向完全相反的作用,政府形象目标及其建设必须得到媒体的认同,以形成政府形象传播的正面效果。如果媒体不能够认同政府确立的形象目标,或者将政府工作的现实情形与其形象目标对立起来,使传播内容直接损害政府形象乃至有选择地传播截然相反的信息,就会导致政府在公众中的形象受损。加强与媒体的协调、沟通,通过信息公开和政府新闻议程引导媒体对政府形象的认同,是实现政府形象战略的核心所在。

在政府形象得到成员认同和媒体认同的基础上,关键是要促成公众对政府形象的认同。公众对政府形象的建构除了根据自己的亲身体验外,大部分是根据来自媒体的政府信息和新闻观点进行的。促进公众对政府形象的认同,不仅要重视媒体对政府新闻传播的内容本身,而且必须从媒体传播的效果入手,根据人们的认知规律和文化习惯,及其对政府新闻传播的效果反馈,做出合理的议程安排。充分发挥社会意见领袖对舆论的引领作用,并通过媒体加以放大,形成对政府形象的肯定性、激励性、建设性的正面效果传播,而不是对政府形象否定性、批评性、破坏性的负面效果传播,对政府形象的公众认同有着直接的促进作用。这里要特别注意将正面传播内容与正面传播效果、负面传播内容与负面传播效果区分开来,内容正面不简单等同于效果正面,同样,内容负面也不简单等同于效果负面,其关键在于媒体如何就正面或负面内容进行新闻包装,以形成不同的传播诉求。

四、形象塑造

政府形象塑造是一个动态的、复杂的、持续的过程,不可能一蹴而就,一劳永逸,在坚持政府媒体形象目标及其定位的基础上,需要通过新闻传播不断地加以树立、巩固、修复和提升。政府新闻传播的内在动力就是要在公众中塑造良好的政府形象,以充分发挥政府效能,实现政府公共关系管理的目标。通过媒体传播塑造政府形象,要把握好以下四个基本环节。

一是通过表达政府新的理念和作为,明确树立政府形象。从传播角度分析,政府形象的塑造是多方面信息长期积累形成的,在媒体和公众那里都有一个现存的政府形象。政府形象的现实存在实质上是人们根据媒体信息动态的认识建构,始终在不断地发生变化,既有可能被印证和强化,也有可能被消解和重构。那么,无论这种现存的政府形象是否符合政府的形象目标,都需要通过媒体源源不断地传播符合政府形象的信息,促使人的认识建构与政府形象塑造相一致。由于社会始终处在发展和进步的过程中,作为适应社会发展的要求政府也需要新的理念,并以此进一步树立政府形象,赢得公众的支持。通过媒体充分表达政府新的理念和作为,已成为政府形象塑造的常态化方式,也构成了政府新闻传播的主体内容和报道诉求。

二是通过强调政府坚持的一贯行为,持续巩固政府形象。政府形象塑造就其基本定位和设计而言,应当处于一种基本稳定的状态,只有坚持相对稳定的政府形象传播诉求,才能使公众形成对政府形象的认识,并不断地加以强化。以人为本、执政为民,依法行政、廉洁高效,是我国政府长期坚持的行政理念,并通过各方面的具体工作加以体现,需要通过媒体持续不变地加以传播。在政府新闻传播中,反复强化政府所坚持的理念和做法,有利于巩固政府在公众中的良好形象。这种建立在同一原则或主题上的政府形象传播,与体现政府新理念和新作为的形象传播不是相互矛盾的,而是互为补充的。前者立足于政府所遵循的基本原则,体现了政府形象塑造的基本定位;后者侧重于政府的具体工作,表达了支撑政府形象塑造的新闻事实。

三是通过承认局部失误并加以改进,及时修复政府形象。面对复杂的社会矛盾和日益多元化的利益格局,特别是在防范和处置自然灾害、事故灾难、公共卫生和社会安全等各类突发事件中,政府难免在具体工作中存在失误、疏漏,乃至违纪、违法等损害政府形象的问题。一旦政府工作中出现有损形象的问题,必然被媒体和公众问责,对政府形成强大的舆论压力。在这种情况下,政府如果选择回避、沉默,或是掩盖、粉饰,无疑使得媒体更加强化对政府责任的追究,引发进一步的质疑和批评,公众也会在媒体的影响下对政府产生失望和抵触心理。因此,政府必须直接面对工作中出现的问题,承认局部失误,及时对相应的官员予以问责处理,并有针对性地改进工作,修复政府形象。

四是通过展现发展成果并总结归纳,着力提升政府形象。政府形象塑造不是建立在空洞的概念和口号上,也不是政府简单的表态、许诺和召开会议、下发文件能够充分体现的,而是要通过政府实实在在的工作成效和社会发展成果来加以说明、印证和提升。从改善民生的角度,展示社会进步,总结工作经验,归纳政府绩效,为媒体提供丰富的新闻内容,向公众广泛传播,有助于人们在接受相关信息的同时,提升对政府形象的认识。要注意克服以往媒体开展政绩宣传中存在的弊端,力戒假话、大话、空话、套话,必须做到讲实情、讲实效、讲实例。展现政绩并不是展示完美,要使人们通过形象的对比、生动的事例和深入的分析,真正认知、认识和认同政府工作中的成效。政府形象塑造不是在追求其完美性,而是在真实性传播的基础上突出其建设性、进步性和完善性。因此,提升政府形象并不是要求媒体将政府工作成效无原则地拔高和放大,而要将引导公众对政府工作的认同和支持放在首位,形成公众对媒体形象传播的社会共鸣。

金融危机的第一波媒介呈现之研究*

◆ 喻国明 李 彪

一、理论基础与现实分析

传播学研究认为,人们是通过媒介所塑造的拟态环境来对现实的社会环境做出调整的,其显著特点是:人所采取的行动最终是作用于现实环境的。我们大脑中的图景是由隐性功能建构的身外世界的全貌,人们就是对这一虚性世界进行感知、体验、经历和反映的。或者说,大众传播不由自主、自然而然地在我们同实性世界之间嵌入一个间接的、虚性的环境。金融危机发生后,很多媒体花大量的报道空间来报道金融危机,不论是翻开报纸,还是浏览网页,或打开电视,媒体报道主体几乎无一例外地都围绕四个字——"金融危机"。这场危机的确让人们感觉到阵阵寒意,而造成了更为严重的后果是媒体的集体联动形成了一种"集中"和"放大"的效应。民众是根据媒体构建的"拟态环境"对现实环境的事物进行决策和行动的,如媒体集中对东莞一些企业倒闭现象的报道,导致了群体性讨薪事件就是这类情况的个案。

本文运用的分析工具之一是议程设置理论。这一理论是媒介让社会民众"想什么"的理论,其基本内涵是:大众传媒对某些问题(议题)的特别报道倾向和力度(显著性和重要性)将影响人们对这些问题的关注和认知。大众传播具有一种为公众设置"议事日程"的功能,传媒的新闻报道和信息传达活动以赋予各种"议题",不

---

* 原载于《现代传播》2009 年第 2 期。

同程度的显著性的方式,影响着人们对周围世界的"大事"及其重要性的判断。

本文运用的分析工具之二是社会学中的"自我实现预言"理论。这是社会学家默顿分析一种社会机制时使用的一个概念,它指的是初始时的一个虚假的情境定义,由于引发了新的足以影响情境状态的行动,因而使原来被虚假定义的情境变成了真实的。比如,美国发生金融危机以后,美欧民众购买力下降,对中国出口商品的总需求减少,如果人们预言中国的外向型企业都难逃倒闭之险,于是抓紧断开和这些企业的长期关系——包括本来通过关系合约维系的债权债务联系,那么,真的就会加速这些企业倒闭,原本有可能调整销售市场和获得生存机会的企业也会被一锅烩掉。

金融危机正在世界范围内不断蔓延,各国媒体对于金融危机的影响给予了很大关注。然而,法国《费加罗报》2008年12月24日公布的一项民意调查结果却显示,近八成法国人认为媒体过多聚焦金融危机。在回答"您是否认为媒体过多聚焦金融危机"问题时,79%的受访者给出了肯定的答案。其中一名受访者表示:"现在的媒体集团大多喜欢抓住敏感问题不放,但是它们又无法帮助人们进行更多的思考。"有的受访者则建议媒体"不要总是关注一件事情,而是要尽可能呈现更多的事物给受众"。不过,也有21%的受访者赞同媒体聚焦金融危机。他们的理由很简单:"媒体的一项重要任务就是要及时告知人们经济发展的最新动向。"英国工商联总干事兰伯特认为,英国媒体在金融危机期间散播谣言,进而加深了金融危机。兰伯特呼吁,金融危机期间,媒体记者应核实信息的准确性和质量,对银行家、政府监管者和政治家们抱有包容的态度。

这不能不引起我们的深思,媒体在报道金融危机时到底是加剧了危机的蔓延还是增加了民众的信息,减少了社会恐慌?就目前的舆情分布来看,中国主流媒体对金融危机的报道多以正面和积极引导为主,网络舆情反映出的情形比实际中看到的更悲观。

我们认为媒体对金融危机的报道有些"技术走形"了。媒体在报道金融危机时,虽然得到了政府对其管制的放开,但要么是主流媒体为了承载党和政府更多的意识形态的任务,一味地鼓吹形势一片大好,和民众现实生活认知产生了巨大的张力,使民众产生更加严重的信任危机;要么市场化报纸为了市场和吸引力,不惜像苍蝇一样追逐某些能"爆眼球"的事件,含糊其辞的标题极易引发社会的不稳定,因为不是所有的受众都会仔仔细细、从头到尾地看全文,他们看到标题就好像听见有人喊"狼来了",结果就是全民恐慌。正是在这种个体无意识的情况下,根据耗散结构理论,造成了整体报道的构筑的拟态环境与客观现实产生很大的偏离。

两类不同媒体设置议程的巨大偏差,造成了议题之间的张力,进而产生议题之间相互抵触、消散的现象,造成民众选择信息时的无所适从,要么完全盲从,要么都不相信。

二、国内外媒体报道比较分析结果

(一)国内媒体在报道金融危机时以中国为主要报道对象,出现结构上的失衡,进而容易造成民众对拟态环境认知的结构性缺失。

(二)国内媒体金融报道的评论数量不少,但观点人云亦云、评论意见缺少新意或者隔靴搔痒、评论文本数量少之又少。而国外媒体都非常突出评论和专栏,力求以观点制胜。

(三)国内外媒体报道金融危机时信息量的比较:国外媒体对金融危机报道的信息量平均字数550个词,而国内媒体为1450个字,国外媒体更为短小精悍。

(四)国内外媒体报道基调上的差异:国外媒体对金融危机报道时态度较为鲜明,并且以负面报道为主基调,而国内媒体主要以观点较弱的中性报道为主。

(五)国内外媒体报道平衡性的比较:国外媒体对金融危机的报道注重多面观点的平衡度,而国内媒体更多是"这边风景独好"的一边倒的单面观点。

(六)国内外媒体报道定性的差异:国外媒体对金融危机的报道侧重于对危机发展现状的描述,而国内报道更喜欢对金融危机进行原因剖析。

(七)国内外媒体信源的差异比较:国外媒体喜欢选择金融机构或政府主管部门领导作为新闻源,而国内媒体的记者更喜欢选择专家学者作为危机报道的信息源,在信源的选取上具有很大的同质性。就金融危机来说,很多财经专家在每个媒体上都有出现,这样的话,在这种环境下就不容易写出深入采访的报道,很难发表出深刻而有影响力的评析性文章。

(八)国内外媒体关涉主体的差异:国外媒体的关涉主体重点是企事业单位,而国内媒体虽然对民众的关注度较高,但从民众的角度更多的是"隔靴搔痒",说不到心坎上,而对于政府层面和国家层面来说,对于政策的解读更多的是"鹦鹉学舌",在转译能力和"塑造社会共识"方面都力不从心。

（九）国内外媒体的主题框架：国外媒体关注未来克服金融危机的计划行动的预测性对策报道，而国内媒体则偏好专家建议和政策解读。

（十）国内外媒体报道呈现的报道基调差异：国外媒体以对政策等的批评和反对为主，国内媒体则以赞成的报道基调为主。

（十一）国内外媒体报道呈现的修辞技巧：国外媒体侧重于图表、典型形象、新闻背景介绍等修辞技巧，国内媒体报道则较少。

（十二）议题演化的差异：从议题的演化路径来看，中西方媒体关注的议题也不尽相同，西方媒体出现不断转化的路径演变，可以清晰地看出其演变的脉络。而中国媒体的议题更加固化，议题变化的幅度不大。

三、本项研究的结论及改进报道的建议

本研究的基本结论是：目前我国处于深刻的转型期，利益调整处于时刻变动之中，虽然普通民众的物质生活水平显著提高，但其相对幸福剥离感较以往更加强烈，中国经济日益融入世界经济体系之中。加上我国新闻媒体的类别属性和利益诉求的不同，向民众重构现实环境时出现了分裂，形成了两者截然不同的拟态环境，议题出现了消解甚至消融。

另外，由于中国媒体第一次接触如此巨大的金融危机，没有一定的免疫能力，加上财经记者整体水平不高，在金融危机来临时，要么片面乐观要么无所适从，随波逐流，民众在这种集体情绪的感染下，出现了一定程度的恐慌，进而被媒体所报道，形成了拟态环境构建的恶性化循环。

在此基础上，我们认为我国媒体金融危机报道应在以下方面注意改进：

（一）金融危机报道以重塑市场信心为准则

全球经济危机需要全球新闻传播的有效监测和分析，但更多的是需要新闻媒体的金融危机报道有利于市场重拾信心。重塑市场信心并不是一味地宣扬形势一片大好和歌功颂德，更多的是从理性的角度思考如何提振市场信心。

（二）要加强舆论引导

发端于大洋彼岸的金融海啸席卷全球，引发的"倒闭"潮一浪高过一浪，地处东

方的中国也未能幸免,在经济滑坡、失业等各种负面消息的渗透下,公众的恐惧、无助、彷徨、失落、缺乏安全感、缺少信心等症状很容易表现出来。因此,当危机事件来临后,具有舆论引导功能的大众媒介更应该发挥自身的优势,在尊重受众知情权的基础上,用各种传播方式有意识地发出自己的声音,发挥积极的舆论引导作用,这样才能促使受众调整面对危机时的心态,从人心惶惶到和谐稳定,最终使社会舆论回归理性。媒体在第一时间发出自己的声音,以准确的讯息置换模棱两可的传言,这只是舆论引导的基础环节之一。除此之外,最常见的舆论引导方式就是说服。从理性主义的视角审视,精英人物或团体可以形成理性主义的舆论,达到有效的说服目的。媒体的声音就是一只"无形的手",它随时可见、随处可见,因此,媒体在报道"危机事件"的过程中,必须及时正确地引导公众,这是把握"危机事件"报道的一个前提。

长期以来,国内的财经类媒体的症状集中体现在:专业人士觉得不专业,外行人觉得太专业,即使采取谈话的形式,也总是给人缺乏独立深入思考的感觉。如何克服上述症结,增强贴近性、可看性,成为财经类媒体必须深思的问题。央视经济频道对于本次金融海啸的报道,可谓是不遗余力,综合使用各种电视传播手段,利用最简单实用的节目形态,达到了最佳的传播效果,在金融危机凸显了媒体的引导功能。

(三)进一步放开新闻媒体对金融机构的监督报道

新闻媒体的自由追踪报道可以把问题在发生的初期就曝光,迫使当事人立即解决,化解潜在的危机。相反,如果不允许媒体自由报道,当初细小的问题也能发展积累成金融危机。以1997年的亚洲金融危机为例,当年新闻最不自由的印度尼西亚、韩国和泰国的金融危机最严重,事后发现的呆坏账比例最高,其经济和社会受到危机的冲击也最大。相比之下,新闻历来更自由的菲律宾、新加坡及中国台湾则基本没发生危机,基本没受到亚洲金融危机太多的冲击。因此,自由的新闻媒体能降低金融危机的概率。

(四)要体现宏观视野的落地意识,提供展现新闻价值的阅读"窗口"

全球金融危机发生后,国内外经济干预会继续一段时间,加上国内正在进行的科学发展模式转型——对大众媒体来说,要将重大宏观经济新闻这块"鸡肋"变成香饽饽,就必须强化报道的落地意识,提供展现新闻价值的阅读"窗口"。

阅读"窗口"可以理解为大众化翻译,将一些稍显复杂和深奥的财经问题"标签化"。比如对金融危机影响的判断,就引用美联储前主席格林斯潘的话,"这是百年一遇的金融危机"等等。

阅读"窗口"还可以理解为报道指南,即通过报道来厘清宏观经济走向与老百姓切身之间的逻辑关系:它在深刻改变经济格局的同时,也在向每个普通老百姓的切身利益传导。而宏观新闻的阅读"窗口"要做的,就是展示这一传导过程,从而提高阅读兴趣。如:欧美奢侈品降价←美元、欧元贬值←欧美经济下滑;飞机头等舱和公务舱冷清←商务活动减少←全球经济不景气,等等。

(五)要体现中观视角的感性意识,挖掘区域经济和产业群报道的弹性和亲和力

一般而言,经济新闻报道偏于理性,特别是为展示一个区域或产业集群的发展节点,而去罗列大量数字,则更易乏味。而近期金融危机报道的实战表明,类似体现中观视角的报道,如果注入更多感性意识,完全可以使新闻更具弹性和亲和力。

金融危机对我国实体经济的影响,对珠三角而言,处在风口浪尖的是东莞。正在发展模式转型关键时期的东莞,在金融海啸的冲击下,到底状态如何:当地企业现状、当地人的精神面貌如何?政府如何应对?要回答这些问题,当然可以通过一组珠三角产业调查的稿件来展示。但广东媒体在表达这一中观视角上,却选择了一个非常感性的个案来突破。

一名叫"我叫梁山泊"的网友,发表了《东莞:"风暴眼"中的世界工厂》的网文。报道就是由此开始:先是报道网文引发网络轰动这一感性事件,从而吸引读者关注东莞产业现状;然后,媒体跟进,通过政府官员和专家回应网文,进一步报道官方态度;接着,再跟进网友和读者议论,完善报道。应该说,这一系列报道的最终目的,是为了展现在金融海啸下的东莞现状,只不过由于引入网络与现实互动、网民与官员交锋等多种时尚元素,从而使得报道更具张力,将一个地区现状的静态新闻做"活",可读性跃然纸上。

(六)要体现微观切入的大局意识,还原读者所感知零碎现实的全面和高度

为增加新闻的鲜活性,很多报道会选择小切口的微观切入,经济新闻报道也不

例外。但在实际操作中,这种报道往往又会使读者的感知过于零碎、片面。比如在此次金融危机报道中,一会儿是旅游业冷清,一会儿是房地产滞销,一会儿又是中产白领有钱不敢花……到底全貌是怎样的?这时候,微观切入时的大局意识就非常重要。

在大局意识指导下,小切口就不仅限于事件的某一侧面,而是可以触摸到大时代的脉搏。切口越小,与主题之间的反差越大,其爆破力和"杠杆效应"就越强,就越能体现现实的全面和高度。以广州某晚报的《废品回收:短暂吃香喝辣后跌回咸鱼白菜》为例,这篇调查就是通过聚焦七八个"收买佬"的命运,来展现废旧品回收价格像过山车。可贵的是,此文下笔大局在胸:国际金融危机后,原材料需求下滑,回收再利用的利废行业不景气,回收行业当然惨淡。

总之,微观切入的大局意识,即是以微观的小切口、小人物和小故事来撬动一个宏观主题。越小就是越接近社会经济的毛细血管,在宏观背景的映衬下也越具有戏剧性和可读性。

(七)要体现总体观察的人文意识,凸现大变革经济背景下的国家、地区、公司、企业家和普通公众的命运,彰显人文关怀

改革开放30年来,中国经济一路披荆斩棘,高歌前行。作为某一企业、地区和个人,或有沉浮,但作为整个行业、地区和一类人群,同时遇到全球金融海啸这么大的冲击和影响,还是第一次。这就要求我们的经济新闻,在针对一个地区、行业和企业日常市场行为作出坚硬的技术分析和报道以外,还要多一点人文关怀。

只有在经济报道的各个层次上,多一些人文意识,才能让读者在读完冷冰冰的文字之后,收获令人唏嘘的真实情感,从而也在更高层次上增强经济新闻本身的厚度和感染力。

创新与现代媒体的核心竞争力*
——CNN 2008 年美国大选报道策略分析

◆ 朱羽君 付晓光

奥巴马和麦凯恩旷日持久的选战在纽约时间 2008 年 11 月 4 日落下帷幕,奥巴马最终赢得了第 56 届总统大选。这一投票日是美国历史上的重要时刻,即便获胜的不是第一位非洲裔黑人总统,也会是美国历史上年龄最大的总统和第一位女副总统。1.3 亿张选票,更是创下了美国历史上参与投票人数的最高纪录。

美国总统大选报道向来是媒体的"兵家必争之地",2008 年大选更是吸引了 14 家美国电视媒体进行现场报道。尼尔森收视统计显示:在这场收视率大战中,"全美收视总人数达到了 7100 万。ABC 以平均 1310 万的观众人数排名第一,CNN 凭借 1230 万的收视成绩紧随其后,占收视人群的 17.3％"。①这是 CNN 建台 28 年来第一次取得如此傲人的收视成绩。从创立之初被人讥笑的"鸡汤面新闻网"到今天覆盖全球的传播帝国,CNN 凭借快速准确的新闻敏感性、丰富翔实的内容,在电视新闻界占据了一席之地。然而能让 CNN 成为引领新闻界潮流的世界一流媒体,在激烈竞争中脱颖而出的是 CNN 勇为天下先的创新胆略:不断尝试新技术、构建新的电视语法、改良信息传播手段。此次大选报道,CNN 调动了数字化时代的最新技术潜力,集中所有的传媒智慧,结构和重组崭新的、最具传播效果的传播方式,让全世界的媒体人耳目一新。事实证明:创新是现代媒体的核心竞争力。

---

* 原载于《现代传播》2009 年第 2 期。

一、CNN 的新闻创新

(一) 界面化的屏幕设计

尼葛洛庞帝在《数字化生存》中写道:"媒体实验室最初的想法是把人性化界面和人工智能的研究带往新的方向。这个新的方向是指通过信息系统的内容,消费性应用的需求和艺术思维的本质来塑造人性化界面和人工智能。我们向广播电视、出版和电脑界大力推销这一想法,因为它将影像的感官的丰富性、出版的信息深度,及电脑的内在互动性集于一炉。"②他还说过:"理解未来电视的关键,是不再把电视当电视看待。"③近年来 CNN 正是朝着这个方向不断创新,改造电视屏幕,使它更像电脑界面,更适应信息消费者的需求。这次的大选报道中,他们更是在这方面下足了功夫,使电视屏幕更开放,更像电脑界面,可以点击,可以置换,也可以链接。

CNN 2008 年大选的画面设计丰富而不杂乱,分两大部分。屏幕下方的滚动信息条约占总面积的四分之一,以图表、数字滚动播报得票数、倒计时、支持率、地图等客观信息,还有简明新闻、新闻标题、节目预告等。剩余的四分之三则为图像区域,有演播室与现场记者的电话连线、现场的直播画面,并经常用双视窗、多视窗的形式,将信息并列。如奥巴马演讲前现场状况、专家点评窗口、剩余各州的投票统计就都同时在同一画面中出现。

除了超大的等离子大屏幕,CNN 还应用了一项被自豪地称为魔术墙(magic wall)的触摸屏技术。在这个屏幕上,主持人不仅能将枯燥的选票数据、地理信息生动地呈现给观众,而且可以在屏幕上实现手动画出标记、缩放照片。卫星图片、候选人照片、各投票现场等信息随着主持人的点击适时呈现,不断变化,画面显得新颖神奇。这项魔术墙技术原本是被设计应用于军事用途。2007 年 CNN 副总裁伯曼在一个为情报部门举办的展销会上发现该技术后,"将触摸屏连同其配套软件一起打包带回了 CNN,并找到了总统大选的技术创新的灵魂"。④(见图 1)。

图 1

与纯粹局限于呈现视像的"屏幕"不同,"界面"能够兼容更多的信息。它可以将屏幕板块进行功能性划分,实质上是可以容纳几组信道的信息流同时传播的平台。观众可以在屏幕上小范围地进行信息取舍和整合——这也是一种可操作性的雏形。"界面"比屏幕更具有参与性,使屏幕功能近似于一个开放的窗口。

(二)多种媒介的融合

在网络、手机还不能与电视进行互动的时代,观众意见表达受到技术手段的制约。电视被批评为单向传播的媒介。CNN 则在新闻策划上将网站、手机、电视等不同形态的媒介整合起来,充分发挥整体传播的优势。本次大选中,e-mail、手机上网、短信、网络视频、博客都成为 CNN 的传播媒介。在昂贵的广告时段,CNN 重复为品牌宣传所做的广告就是:您可以通过手机、互联网来成为第一个知道(信息)的人!

媒介融合为 CNN 建立了实时、畅通的互动渠道。CNN 的 e-mail、留言板均收到了大量的观众留言。有了开放的节目空间,观众能够真正参与进来。比如 *I Report* 通过网络摄像头与一位刚加入美国国籍两个月的哥伦比亚人实时连线,诉说第一次作为美国人投票的心情。这则采访看似普通,电视另一端并没有一个记者或摄像师,地点就在他的家里。CNN 舍弃了摆布、设计背景、引导回答等传播者行为,让平民直接站到大众面前。

媒介融合使 CNN 获得了很多新闻素材,内容上与观众共创。如揭穿"由于技术故障,请给奥巴马投票的选民周三再来投票"的欺诈短信;身处罗马尼亚不能回国投票的夫妇自费 140 美元将选票快递回国的信息;各大洲选民排队投票等当日景象,均被群众用手机、相机拍摄后传至 CNN。虽然这些民间素材技术水平各异,但它们能补充电视台无法照顾到的一些现场。其平民视角,也容易引发认同感而被观众接受。

三网并用打通了隔阂,建立了舆论即时回流的通途,使观众有了便捷地发表意见的平台,将话语权交还给观众。CNN 在总统大选期间成为一个表达见解的舆论场。*Jack Gafferty File* 的博客专门让选民表达自己所关心的影响大选的因素,并能得到参考价值相当高的统计结果。比如"对您而言,影响投票的最大因素是什么?"答案由 2004 年的国家安全变成 2003 年的经济危机。麦凯恩减少公司税率以刺激经济的施政纲领让中产阶级怀疑:对公司的优惠政策能否转移到中产阶级头上? 就算间接有利于他们,这种隔靴搔痒的做法会不会见效太慢? 因此一位名叫 Rich 的观众便在网上留言,表达了他的忧虑:"最关心的是经济问题,还有对中产阶级的公正。麦凯恩甚至都不会说'中产阶级'这个词……爷爷,您不要骗我。"医疗保障、伊拉克战争、反恐等意见也通过 CNN 播报给全世界。来自不同社会阶层的声音能够反馈真实的社会舆论。

尼葛洛庞帝认为,"所有的多媒体都隐含了互动的功能"。"你可以把超媒体想象成一系列可随读者的行动而延伸或缩减的收放自如的信息,各种观念都可以被打开,从多种不同的层面予以详尽分析。"⑤ CNN 在这次大选中创新的一个重要方面,正是尽最大的智慧将多种媒体,尤其是互联网、手机等新媒体的功能进行了有创意的综合运用。

(三)高度的信息整合能力

CNN 的大选特别报道是连续 14 个小时的现场直播,信息的渠道多。及时整合成有序的信息流,是一项需要精心设计的系统工程。CNN 有一支成熟的团队和一套专业的信息处理系统来驱动这个高效能的平台。

首先,CNN 用高度的机动性保证了对新闻的捕捉。除了本土各州的投票点、芝加哥和菲尼克斯的演讲广场,CNN 此次总统大选报道涉及的国家超过 32 个,遍布主要欧洲国家、亚洲、拉丁美洲甚至奥巴马家乡肯尼亚的科盖洛。CNN 在全球拥有 37 个记者站,全球有 900 家互联网机构与 CNN 有合作服务关系。这一数量"超过美国三大电视网所设立的记者站的总和"。⑥

除了自采资源,CNN 还与其他各台之间建有新闻资源共享平台——CNN Newsource(CNN 新闻源组织)。全美有 700 多家会员台在这个付费的平台上实现信息资源共享,其中还包括与 CNN 竞争得你死我活的 FOX。"CNN 可以从 FOX 直属电视台那里优先得到电视节目带。因为 FOX 同 CNN Newsource 签订了合同,确保 CNN 拥有优先权。"⑦

获取海量信息后,不容易的是保持信息的生动简洁。面对信息洪流,CNN 对信息提出的要求是:为观众着想的,容易消化的(digestible)。为此,CNN 将平常的单总控室改为双总控室同时运行,并建立了世界上最现代化的新闻编辑部。"这个编辑部包含着最高科技、最耀眼、最高能的装备,70 余台监视器,10 余台高清摄像机,50,000 英里长的电缆。"⑧作为总统大选的信息集散中心,新闻编辑部里的几百名专业人员将采集来的大量原始数据及时进行梳理整合。这一过程被形象地称为"调制信息的鸡尾酒"——内容丰富,层次清晰,结构透明,色彩诱人。"信息鸡尾酒"被传送给控制室里的制片人,再由制片人通过麦克风与现场主持人沟通。

演播室里的主持人是进一步梳理信息的关键。演播室是一个开放式的立体空间,分几个区域,几组主持人各司其职:有人统揽全局,把握何时呈现何种信息;有人专门负责分析出口民调数据,预测投票的走势;有人专门分析选情,大到各州,小到各县;有人负责展示观众的网上留言;还有两组由高级政策分析师、高级顾问组成,共计十余人的专家团进行分析点评(见图2)。这幅图片中主持人后面有一个很大的空间,有几十台电脑和各州联络。图片中间是数据的动态显示、地图及魔术墙,可根据需要不断变化。画框的右边还有一个专家评论区。总控室有序地调动各区域之间的信息流。CNN这次的演播室设计本身就是数字时代新闻传播的宏大景观。

图 2

(四)虚拟现实的时空调控

这次CNN的大选直播还动用了虚拟技术,尝试进行新的时空组合(见图3)。与主持人对话的这位女记者其实远在芝加哥。通过35台高清摄像机同时拍摄这位记者,形成一个人的立体图像,再将信号实时传输至纽约演播室,生成记者的动态全息影像。在这次异地连线中,身在CNN纽约总部的主持人沃尔夫与在芝加哥的记者杰西卡叶琳,在同一画面中进行了一次跨越空间的对话。这让很多人联想起描绘未来的科幻片《星球大战》中的某些情节,杰西卡叶琳也戏称自己为《星球大战》中的里亚公主。

图 3

另外,为了更直观生动地说明选情信息,CNN采用了电脑虚拟现实技术合成了一个并不真实存在的白宫席位示意图。它随着选情的变化而变化:可以快速投放飘浮在空中的候选人照片、议会席位示意图等。不仅形式十分新奇有趣,而且视觉逼真,看起来就像真的摆放在演播室的桌子上,可以用特写拍摄(见图4)。

图 4

虚拟技术在电视新闻中的应用虽不陌生,但像CNN这次在大选中的应用就超乎寻常,在重大报道中迈出创新的每一步都需要魄力。虚拟影像技术还在不断发展中,将来一定会给媒体新闻传播拓展新的空间。目前,全息影像形式虽新颖,但它投射的人像周边有一条高光线,看起来并不自然,并且受技术限制,必须要在绿色帐篷里拍摄,无法把所处环境交代给观众。CNN副总裁伯曼曾专门为此去以色列考察了全息影像的摄像机技术。他在事后说:"使这项技术达到预想效果花了十年时间,但直到杰西卡叶琳的影像成功投射在演播室里,我都不知道当天能不能成功。"⑨

CNN的技术创新给电视语言带来了新的"语法"。有了全息影像、虚拟现实、多视窗对话、媒介融合这些叙事手段,电视人在预期效果和技术手段之间有了更多选择。通过CNN总统大选中的媒介融合,可以观察到一种传播者和受众之间的身份变化——由媒介主导,变为媒介与普通观众共同参与、互动。大众传播和人际传播的界限变得模糊。在传播者的角色没有弱化的同时,受众也成为媒介主角。

二、CNN的创新动力

CNN的创办本身就曾挑战了很多陈规,"娱乐至死"的美国同行们讥笑其为"鸡汤面新闻网"(Chicken Noodle Network)。然而,从设立热线电话到开放式演播室,再到美国总统大选的全息影像,CNN的锐意改革使之在新闻理念、技术手段方面始终领跑。CNN善于将新技术迅速转化为传播手段,创造新的节目样式,其创新的动力何在?

(一) CNN的公司化运营体制

1. 将创新作为核心竞争力

CNN一直将自己的新闻竞争力描述为:快速、准确、现场、详尽。就像CNN曾经认定的成功秘诀所描述的:"抢到独家新闻,我们就能击败任何一家广播公司。"⑩然而,在科技飞速发展、信息畅通的今天,仅凭这个业务标准是不可能缔造如此庞大的媒体王国的。事实上,在CNN所提出的八个字的新闻报道标准上,FOX、CBS、ABC、MSNBC都并不输给CNN,即便存在一些硬件上的技术差距,也会很快被追平。CNN胜在媒体间无形的软实力较量上。从市场的角度来看,作为一个营利企业,创新才是其核心竞争力,这也是CNN长盛不衰的原动力之一。正如 CNN 总裁特纳所说："每件事情都有风险。天会塌屋会倒，谁能预知未来？我要以令世界耳目一新的方式做新闻。"[11]

CNN 的创新是传统，更是策略，CNN 的成长历程证明了这一点。"CNN 创办之初想做体育，被 ESPN 抢在前面；想做电影，又被 HBO 抢在前面。"[12]与其争夺饱和的市场份额，不如敏锐地寻找未被开垦的新闻领域，大胆闯出自己的天地。CNN 凭借着敢为天下先的创新精神，不断地确立领先优势。二十四小时滚动直播新闻；将新闻从已发生的事实变为正在发生的事；设立热线电话；用卫星替代长途电话；变后台的新闻制作过程为开放式的演播间；开办了互联网上的多媒体新闻服务；使用 AVID 数码编辑技术。这些改革在当时都被视为激进，甚至不可思议，然而 CNN 几乎每次都从大胆创新中收获了丰厚的回报，甚至引领了媒介的潮流。

2. 资金链

充足的资金，是 CNN 能够进行新闻创新的根本保障。CNN 并没有公开透露购买上述新技术所需费用的具体数字，但肯定了技术创新背后的资金支持——"有用于大选报道的专项经费计划"。[13]

在新闻理念及技术不断翻新的同时，CNN 背后的资金链也逐渐从相对弱小走向强大。"1996 年，特纳的有线电视公司并入了时代华纳集团。2001 年互联网巨子美国在线又以换股和债务的方式并购了时代华纳。合并后的 AOL－时代华纳集团资产达到了 3,500 亿美元，成为世界上最大的传媒与信息公司。"[14]对比 2004 年的两组数字，CNN 在基础设施建设上花费了 5.5 亿美元，而中央电视台的广告收入首次突破 80 亿人民币。按当年 8.2 的汇率计算，CNN 使用了一个国家级电视台全部广告收入的一多半来进行基础设施建设。这种创新投资实力的差距是明显的，"2004 年时代华纳的全年收入是 420 亿美元。2004 年占全国电视市场 1/3 的中央电视台全年收入是 112 亿人民币，折合美元为 13.6 亿美元。"[15]

3. 人才

创新是人才的创新。CNN 鼓励创新，并不拘一格招纳人才。CNN 雇用记者的原则是：不管你是否出身名校，也不管是否有工作经验，重要的是你是否对新闻充满热爱与激情。CNN 的实干主义强调"如果你有一个想法，并且得到了管理层的批准，那你就去做吧，没有人会告诉你该怎么做"。[16]另外，CNN 记者不是归栏目所有，而是归整个电视台所有。他们一般长期负责某一地区业务，非常熟悉该地区。所采集的素材供 CNN 的所有节目使用。如某一栏目有特殊需要，则再根据需要"下单"。这种记者自主的"采购"机制给了记者相当大的自由。一是熟能生巧，二是没有具体的栏目限制，有发挥的空间。

(二)良性竞争的媒介环境

创新对于 CNN 而言不是一朝一夕的偶然之举，而是生存的必需。

美国商业电视的竞争有几十年的历史。在商业化的环境中，CNN 与 MSNBC、FOX 等对手的竞争从未停息过。在重大事件的第一时间报道上，全年的时间差累计下来也只以分钟计算。各台必须积极寻找策略、想尽办法刺激收视率，赢得市场份额。

例如 20 世纪 90 年代的 MSNBC 是比尔盖茨信息高速公路概念下电视与网络结合的尝试。CNN 的老对手 FOX 在"9·11"事件上改变新闻的叙事语态，把由默多克亲自制定的"电视台负责报道，由观众进行评论"——即"我们报道，你们决定"的频道宣传口号，大胆变为"我们决定，你们闭嘴"[17]，在新闻语态上充满了前所未有的民族主义极端色彩。而 CNN 则由于"9·11"前曾错误地尝试向娱乐化风格倾斜而败给 FOX。

本次总统大选报道的媒体战依旧硝烟弥漫。FOX 的副总裁华莱士说："我们过去的两年中一直在为这一夜做准备。"[18] FOX 建立了三个新的高清摄影棚，以便更好地介绍各地投票情况、进行数据比较、提示投票结束时间，并同样有一个巨大的触摸式荧幕墙用于展示地图式的投票结果。其他媒体也纷纷进行了技术创新。"ABC 的数字地图初次登场，可以让记者看到以县为单位的即时投票结果，可以比较最早至 1960 年的数据。NBC 用过去的一年时间设计了两个可以最佳地调动视觉技术的演播室：一个用于将复杂的出口民调信息数字化地展示在一面墙上；另外一个可供政治专家进行讨论和分析。"[19]

外在的竞争环境成为媒体不断推陈出新的促进因素。由于这种危机意识的存在，媒体能够自觉、主动地从内容和形式上探索更优的组合。

(三)媒介发展规律的要求

人类始终在为创造更好的生存条件而努力。文艺复兴之后，科技进步、经济增长、文化变迁一直顺应着人性的轨迹，使人的需求得到了越来越多的尊重。媒介的发展趋势也是如此。如莱文森的"人性化媒介"理论认为：在技术发展的同时，媒介遵循着人性需求发展、改进自身。因此，媒体物竞天择的获胜者应该是持有更人性化传播方式的一方。这就要求现代媒体积极探索新技术手段与传播效果、观众需求之间的关联——让创新成为媒体存在的常态。

这次 CNN 总统大选报道的创新就顺应了这一趋势。

早期的新闻理念将传播者从普通受众的身份里划分出来——高高在上,脱离受众。CNN 则积极调动新媒体的优势,如手机和博客的双向交流手段,让普通观众越来越多地在电视中出现,并成为新闻的主人。和过去的单向媒体相比,CNN 传递了更多的观众声音,弥补观众在意见表达上的话语权缺失。观众主体地位的提升,还表现在新闻向咨询服务职能的转化上。CNN 专门投资建立编辑室梳理和解释海量信息,使之"容易消化"后再呈现给受众,让受众能够轻松读懂选情。虚拟现实技术也是如此,红蓝两色分别代表两党,用英文字母缩写指代选举人,能够让人一目了然地掌握大选状况。全息影像则还原了更真实、更有人情味的人际对话特征,不再让两个人在割裂的视窗中对着镜头说话。全息影像还能够更好地还原记者"本人",而不是将其视为平面化的信息源。

这些创新尝试都是对媒介发展趋势的顺应和推动。

结　语

新闻在本质上是信息。在传播活动的过程中动态地看,新闻是要传递给受众的信息。因此,如何获取信息和怎样传递信息同样重要。伴随着技术手段的日臻成熟,获取信息已经不是难题。想将新闻做得精彩,传播手段起着决定性作用。这也是未来媒体竞争的要素之一,CNN 的总统大选报道就是一个很好的范例。尤其在这个人字大写的年代,始终以人为本,充分考虑到观众的需要,对新闻呈现手段进行创新,这是现代新闻媒体主动自我改良、寻求发展空间的一条必经之路。

注释:

① "Ratings:ABC Ekes Out Win on Biggest Election Night Since 1980",http://www.tvguide.com/News/Ratings－2008－Election－35353.aspx.

②③⑤ 〔美〕尼葛洛庞帝:《数字化生存》,胡泳、范海燕译,海南出版社 1997 年版,第 263、63、88 页。

④ "Democrats' Drama Plays out on Magic Wall",http://www.spiegel.de/international/world/0,1518,541290,00.html.

⑥⑦⑭ 苗棣:《美国有线电视网》,中国广播电视出版社 2008 年版,第 75、79、81 页。

⑧ http://www.spiegel.de/fotostrecke/fotostrecke－29808.html#backToArticle=541250.

⑨ "'Hologram' Unveiled at CNN During Election Coverage", http://www. associatedcontent. com/article/1188177/hologram_unveiled_at_cnn_during_election. html? page=1&cat=15.

⑩ 方芳:《CNN 的运作模式》,《新闻传播》2003 年第 10 期。

⑪⑫⑰ 陆生:《走进美国电视》,复旦大学出版社 2007 年版,第 60、58、63 页。

⑬⑱⑲ "Election-night News to Co-star Latest Technology", http://www. usatoday. com/tech/products/2008—10—29—election—presidential—technology—cnn_N. htm.

⑮ 王利芬:《对话美国电视》,中信出版社 2006 年版,第 118 页。

⑯ 商建辉:《CNN 从新生传媒到超级传媒》,人民网 http://media. people. com. cn/GB/22114/45733/81806/5619533. html。

"五四"精神与新时期新闻改革*

◆ 童　兵　林溪声

　　1919年,"五四"运动在北京爆发。北京十余所学校的3000多名学生,手执标语,在天安门广场聚集,掀起了一场轰轰烈烈的爱国运动。同一年,"五四"新文化运动的重要指导思想"德先生"与"赛先生",即民主与科学,正式来到了中国[①]。"五四"是一次彻底的反帝反封建的爱国运动,而以"民主"和"科学"为旗帜的"五四"新文化运动则是一次前所未有的思想启蒙运动,同时也是新旧思想的一次大碰撞,是中西文化之争的一个新高潮。如今,90年过去了,无论是以"救亡"为任务还是以"启蒙"为标的,"五四"运动已经深深嵌入20世纪的历史图景,成为中国社会思想史上不可磨灭的巨大精神存在,被视为"一个可以不断重临的起点"[②]。

　　新时期的中国新闻改革已经走过了30年,新闻改革在第二个30年如何传承"五四"的民主、科学传统,如何创造性地发展"五四"的民主、科学精神,成为一个关乎新闻事业走向、新闻改革持续深入的重大问题,因此,重临"五四"也就显得尤为必要。

一

　　新文化运动从反思辛亥革命失败的沉痛教训开始,认为要建立名副其实的共和国,必先根本改造国民性,其中一项重要任务就是提倡民主。中国的启蒙思想家们提出的民主要求,继承了意大利文艺复兴和法国启蒙运动的人文精神,其基本内涵是人的尊严和权利,所以陈独秀在1915年9月出版的《青年杂志》创刊号上郑重

---

* 原载于《现代传播》2009年第3期。

宣告:"国人而欲脱蒙昧时代,羞为浅化之民也,则急起直追,当以科学与人权并重。"③创刊号上的文章还提出,民主共和制度的根本精神在于"养成互相尊重自由权利之习惯",个人的言论自由尤其是"共和国家之本质"的体现。④在新文化运动的领袖和主将看来,拥有人权是现代国民的标志,民主共和制度以保障公民的自由权利为基本目的,离开公民的言论自由权利,民主共和制度是不能真正实现的。

改革开放之初,邓小平就曾指出:"没有民主就没有社会主义,就没有社会主义现代化。当然,民主和现代化一样,也要一步一步地前进。社会愈发展,民主也愈发展。"⑤这个精辟论述包含着这样的意思,即民主与社会主义、与社会主义的现代化是一体的,民主的进程与现代化的进程是同步的。新时期新闻界从反思"文革"悲剧的根源和教训开始走向对新闻本体的回归。30年坚持不懈的追求,不断地使新闻民主的理想现实化,不断创造和改进它的实现路径。

新闻改革30年所取得的巨大成绩,离不开社会主义民主法治进程的进一步加快,其中的重大突破就是对"限制公权,张扬私权"有了更加明确的认识。在过去很长一段时间,无论在经济建设还是文化建设方面,都片面强调"公权"的绝对地位,从而导致对公权力的敬畏与对私权利的轻视。这使得人们在享受社会发展带来的成果的同时,也面临着两种权利在社会转型期相伴而生的问题甚至碰撞,严重阻碍了社会的整体进步和人的全面发展。"限制公权,张扬私权"不仅强调了"私权"在社会发展中的地位和作用,而且进一步明确了保障个人权利与维护公共权力从根本利益上讲是一致的,更意味着公共权力在公民私权面前的自觉转变。

这种转变不仅利于保障人民的私权,保障国家权力服务于公民社会,也使长期禁锢新闻工作者头脑的一些观念得到了空前的解放。广大新闻工作者开始从亲民、爱民的角度,实践"权为民所用,情为民所系,利为民所谋"的原则和宗旨。一些现实生活中的热点、难点问题,经过开放的、多渠道的、大信息量的报道,开始成为民众议论最多、关注最密切的话题,进而形成媒介舆论的强势,加深了民众对社会生活的参与。这种民意迸发的场景在很大程度上体现出民主、自由的氛围,为政治生活和新闻界带来新的生机与活力。

让公权与私权更加和谐、完美地运行,已经成为新的时代课题,也成为越来越多人的共识和日益迫切实现的愿望。胡锦涛同志在"十七大"报告中第一次开宗明义地将"知情权、参与权、表达权、监督权"并列,反映出党在现代化进程中对追求的社会主义民主价值新思考。在"四权"建设中,知情权和表达权是人民民主的核心和基础,也是新闻改革的重中之重。⑥只有及时准确地了解了事情的真相,公众才能够根据事实作出正确的判断,进行充分的表达,从而确保广大群众依法享有和依法使用宪法赋予的言论自由。有了真正的知情权和表达权,才能够促成民众参与权和监督权的真正行使,让人民积极参与到国家和社会的各项改革和发展事务中来。

当下,无论是"四权"建设还是社会生活的其他领域,大众传媒都在其中发挥着不可替代的作用。2008年5月的"汶川大地震"带给全国人民的伤痛犹在,但关于地震的报道却极大地改变了中国传媒的灾害报道以行政逻辑代替报道逻辑甚至事实逻辑的痼疾,是新中国新闻史上对重大突发事件报道最及时、最公开、最充分的一次,也是中国媒体争夺传播话语权最主动、最有效的一次。实践证明,只有及时准确、公开透明地对人民群众关心的重大事件和重大活动进行报道,才能占领舆论引导的制高点,赢得新闻报道话语权,掌握国内国际舆论主动权⑦。真正实现人民群众的知情权和表达权,是中国新闻界借新一轮政治体制改革之机,实现新闻改革关键性突破的首要任务和必要途径。

胡锦涛同志的讲话和党的"十七大"文件的精神,在保障公民政治权利方面已搭建起一个较为清晰的民主政治框架,然而在实际操作和运行过程中,"四权"建设还没有达到有机的衔接,尚需进一步调整和梳理;在直接关系人民群众知情权、表达权的执行、落实和完善上还有大量的工作要做,仍然需要在现有层次上力求新的突破。

马克思曾说:"法典就是人民自由的圣经。"⑧保障公民的"知情权、参与权、表达权、监督权",不仅需要执政理念的转变和执政党的高层表达,更需要法律的、制度的设计。90年前,新文化运动的领导者已经意识到法治是现代民主政治的基本保证,基于中国民主革命的不彻底性,他们深深感到"要帝制不再发生,民主共和可以安稳……非先将国民脑子里所有反对共和的旧思想,一一洗刷干净不可。"⑨洗刷的方法之一就是向民众灌输宪政和法治的基本常识。正是这样的思想革命,使得"五四"时期对关于司法独立、教育独立、舆论独立、公民权利等保障自由的制度的追寻始终不绝。

近两年,我国先后出台了两部与新闻法规相关的法律,即《中华人民共和国政府信息公开条例》和《中华人民共和国突发事件应对法》,政府信息透明度有了很大提高。据有关统计,国务院74个部门和29个省区市建立了新闻发布制度和新闻发言人制度,此外,还有各类政府网站、直播重要新闻发布会、"政务超市"等措施以拓宽信息表达渠道,保障民众知情权。然而,这两部针对信息公开和应对突发事件的法律仍然不能适应现有媒体环境和新闻事业发展的需要,正如2008年11月《人民日报》的署名文章所言:"当前,我国正处于改革发展的关键阶段,新情况新问题层出不穷,这对新闻工作领域的法治化建设提出了新的更高的要求。应加快新闻领域立法工作,继续完善与新闻工作相关的法律法规,为做好新闻工作、提高舆论引导能力提供法律保障。"⑩

新闻改革成功与否,取决于能否真正贯彻社会主义民主,而社会主义民主建设的成功与否则需要整个社会实现政治文明,需要各阶层协调利益,需要公民法治意识和自身素质的提升。从"五四"到现在,历史的经验表明,民主制度的日益健全、民主形式的不断丰富、民主渠道的持久拓宽,并不是一蹴而就的事情,从这个意义上讲,新闻改革依然任重而道远。

二

"科学",是"五四"新文化运动高举的另一面旗帜。"五四"前后,封建帝制虽然已经被推翻,但民主共和的政治构想始终无法彻底实现;依然存在与现代文明对立的封建等级关系,民本主义只是一个美好的愿望;在社会生活中,封建礼教、封建迷信依然是顽固的沉渣陋习。有鉴于此,陈独秀指出:"近代欧洲之所以优越他族者,科学之兴,其功不在人权说下,若舟车之有两轮焉。今且日新月异,举凡一事之兴,一物之细,罔不诉之科学法则,以定其得失从违;其效将使人间之思想云为,一遵理性,而迷信斩焉,而无知妄作之风息焉。"⑪ 显然,新文化运动的领导者已经意识到"科学"的重要意义,而批判封建专制主义的思想武器本身也只能是"自主的而非奴隶的"、"进步的而非保守的"、"进取的而非退隐的"、"世界的而非锁国的"、"实利的而非虚文的"、"科学的而非想象的"⑫。

作为"五四"精神遗产的"科学"主要包含两方面的内容:一是科学精神、科学态度和科学方法;二是重视科学技术的作用,发挥科学技术的效能。⑬ "五四"时期,思想家对科学的宣扬意图让中国人从"奴性逻辑"中解放出来,依托理性和良知自由地思考,从而打破封建的专制思想、等级和伦理观念,揭穿各种灵异和迷信等欺世惑民的伎俩,普及科学知识,进而构建一种全新的思维方式和精神人格。作为思想武器,"科学"在"五四"前后有力地促进着反封建斗争的开展,促进着民主意识的觉醒。

"五四"时期的这种科学精神,由邓小平全力推进,加快了新闻改革的进程,使得新时期新闻改革在发扬民主精神的同时,也注重发扬科学精神。1978年5月11日,《光明日报》一版发表的《实践是检验真理的唯一标准》,最大限度地利用了当时政治环境下可以运用的政治语言,对实践是检验真理的标准进行了最深刻的阐述。文章一经发表,就在全社会引起了巨大的反响,全国上下广泛开展了关于真理标准问题的大讨论,掀起了新时期第一次思想解放的浪潮。针对新闻实际工作中存在的问题,当时新闻界开展了反对"二全、三化和五个字"[14]和"三个恢复名誉"[15]的运动。1981年,在纪念新华社建社50周年茶话会上,习仲勋代表中央对新闻报道的改革提出了"真、短、快、活、强"的五字方针,为新闻改革指明了初步的方向。新闻报道改革还强调新闻要抓新和实;记者要有新闻敏感、要"求快";要遵循研究新情况、提出新问题、宣传新人物、介绍新经验等一系列基本原则[16]。20世纪80年代初,新闻界还展开了一场关于党性和人民性的争论,一些新闻工作者开始反思为什么"党委犯错误,报纸跟着犯错误",进而思考党性与人民性的辩证关系。

回首新时期新闻改革,可以清晰地看出这样一条轨迹,即以思想观念更新为起点,以新闻业务改革为进路,并逐步寻求新闻体制的突破。这一期间,正是由于理性、科学精神的介入,探索与争论才一直伴随,使其中有些问题已经尘埃落定,有些问题还在变化发展中,有些问题还没有被彻底地弄懂搞清。

除了科学精神、科学态度和科学方法之外,科学技术的革命性进步是推动新闻改革持续深入最重要的动力。2008年6月20日,胡锦涛总书记在视察人民日报社时强调,互联网已成为思想文化信息的集散地和社会舆论的放大器,要充分认识以互联网为代表的新兴媒体的社会影响力,高度重视互联网的建设、运用、管理,努力使互联网成为传播社会主义先进文化的前沿阵地、提供公共文化服务的有效平台、开阔人们精神生活健康发展的广阔空间。领导层对于新媒体的重视和参与表明,党和政府的执政风格更加自信和开放,开始把互联网视为了解民意、汇集民智的重要渠道,视为促进中国特色社会主义民主政治建设的重要手段。

党的"十七大"报告提出了三种执政理念:科学执政、民主执政、依法执政,其中科学执政的概念被放在了首位。伴随利益的多元化和媒体格局发生的深刻变化,当代中国社会舆论结构呈现出前所未有的复杂性。重大事件特别是突发事件高频率的出现,不仅对经济发展和社会稳定产生极大的影响、对政府的管理和威信提出严重挑战,也给党和媒体提出了新的任务:如何用社会核心价值体系引领多样化的思想观念和社会思潮,形成积极健康的舆论环境? 如何掌握舆论主导权和话语主动权,在多种声音中占据主导声音? 胡锦涛总书记在视察人民日报社的讲话中指明了方向,即必须加强主流媒体的建设和新兴媒体的建设,从社会舆论多层结构出发,把握媒体分众化、对象化的新趋势,努力构建定位明确、特色鲜明、功能互补、覆盖广泛的舆论引导新格局。

构建舆论引导新格局,要求党和各级政府以科学精神"善待媒体、善用媒体、善管媒体"。"善待媒体、善用媒体、善管媒体",首先,要转换观念,适应多元时代多元表达的舆论环境,善于听取不同意见;其次,要平等地对待媒体,保证各种性质媒体的采访权和报道权,不简单依靠行政命令进行调控;第三,要对媒体进行正确引导,使媒体认识到自身在促进社会和谐中所扮演的重要角色;另外,对待互联网管理的政策要从过去的监管转向建设,充分发挥互联网在推动民主政治改革、推动社会进步方面的巨大作用。

构建舆论引导新格局,要求对待舆论监督有更加科学的态度,改变要"帮忙"不要"添乱"的思维惯性,将舆论监督与舆论引导统一起来。只要分寸适当,舆论监督完全可以达到正面的舆论引导效果,甚至起到正面宣传所无法取代的作用。利用互联网进行舆论监督,是我国近年来出现的新生事物,如何在保障网民知情权、参与权、表达权和监督权的前提下,将舆论监督与舆论引导统一起来,将成为互联网发展面临的又一个新课题。

构建舆论引导新格局,要求党和政府领导新闻工作要讲究科学方法。引导舆论不是制造舆论,不能为了达到特定的目的,主观地、随意地制造所谓的宣传攻势。要保证新闻宣传的真实性,增强舆论引导的亲和力、吸引力、感染力、公信力,切实做到"在报道新闻事实中体现正确导向,在同群众交流互动中形成社会共识,在加强信息服务中开展思想教育,用事实说话、用典型说话、用数字说话,化解矛盾,理顺情绪,引导各方面群众共同前进"[13]。

90 年前国人已认识到民主与科学是相互联系的:没有共和的民主制度作根基,科学便不能发展;没有科学的思想作指导,共和的民主制度也不可能巩固。民主与科学的进步,是社会进步的内在动力,也是新闻事业进步的内在动力。新时期新闻改革的深化和发展,需要民主与科学这两个现代社会文明的车轮继续推动。

三

"五四"时期,先进的思想家们大胆地冲破封建藩篱,提出了许多新主张,出现了中国历史上少有的思想解放的局面,并有力地带动了其他领域的大解放,正如毛泽东当时所形容的——"思想的解放,政治的解放,经济的解放,男女的解放,教育的解放,都要从九重冤狱,求见青天。"[19]正是这种解放,使"五四"成为新思想与旧思想、新文化与旧文化的分水岭,开启了中国新民主主义革命的先河。

无论是作为革命政治运动的"五四",还是作为启蒙思想运动的"五四"[20],都注重将理论与实践相结合,注重发挥民众力量,将思想解放与社会改造结合起来。从运动规模和群众参与的广泛度上看,"五四"运动是空前的。"五四"运动中,工农学商等社会各阶层都被动员起来,在思想和行动上日益觉醒和团结,因此"五四"运动被认为是一次彻底的反帝反封建斗争。尤其值得注意的是,中国知识分子在其中发挥了重要作用,他们当中的先进分子主张把文化的重建和社会改造密切结合起来,让思想启蒙运动走向广大工农群众。当代中国从文学到经济、政治等不同领域的先行者,大多在"五四"时期受过教育和锻炼,《大公报》主笔王芸生就曾说:"我是'五四'时代的青年。'五四'启迪了我的爱国心,'五四'使我接触了新文化……'五四'在我心灵上的影响是终生不可磨灭的。"[21]

"五四"运动对"人"的关照,深刻地改变了中国普通人的生活,特别是普通青年的生活。那个时代青年男女最关心的热点问题,如反对封建婚姻、女子的人格和读书的权利、恋爱自由、家庭改革等,都成为和社会变革相关的时代问题,使青年在个体自由的基础上追求群体解放,着力构造未来的美好社会。那一时期的报刊往往能抓住影响时代走向的重大问题,充当启蒙者的角色,在建构国人现代观念方面发挥了重要作用。

依靠民众、动员民众、服务民众,"五四"精神教育和指引着一代又一代的新闻工作者。新时期开始,由新闻界发动,广大人民群众积极参与,出现了三次大讨论:一次是同"两个凡是"的方针展开英勇斗争;一次是关于真理标准问题的大讨论;另一次是关于社会主义生产目的的讨论。三次讨论,不仅倡导了实事求是的马克思主义思想路线和思想作风,有力推动了全党的思想解放运动,也开始恢复马克思主义的理论权威,重新塑造了新闻媒体的形象。从那时起到现在,新时期新闻改革取得的每一个进步和成就,可以说都是解放思想和人民群众推动的结果,是"五四"精神的继承和发扬。

新时期新闻改革充分体现出对普通民众的关爱和尊重。在社会转型期的剧烈变化中,伴随经济发展、公共秩序、人际交往、生活观念、文化心理的变化,在中国的新闻媒体上出现了人文关怀潮流。主流媒体的宣传报道逐渐平易近人,特别是以晚报和都市报为代表的都市媒体公开强调"以民为本",从内容到形式都越来越具有高度的亲和力和感染力。回首新闻改革30年,新闻报道最深刻的变化莫过于对人的尊重,对人的生命价值和生命意义的关注。

保证新闻传播以人为本,最重要的是在保证多元表达的同时,把最大多数人的利益当作新闻传播的出发点和落脚点。当代中国正在经历的社会转型期是一个利益分化剧烈的时期。多元化的利益主体需要宽容畅达的表达空间,民主参与、分散决策的社会现实需要信息共享程度的提高,全面、平衡地反映转型时期的多元诉求是时代赋予新闻传媒新的责任和新的使命。为此,新闻传媒应积极参与社会对话、社情民意调查、政务公开、舆论监督,使广大人民群众能通过各种便利可行的途径反映情况,表达意愿,发出呼声,并确保在公共政策形成过程中发挥应有的作用,维护公平正义,努力促进社会和谐。

新闻工作者要尽量多地接触并真正认识群众,了解他们的生存状态,把握他们的观念变化,熟悉他们的心理需求,运用群众熟悉的语言和群众容易接受的形式进行报道,不断提高新闻传播工作为人民服务的水平和实效。

在现代化建设过程中,首先要实现人的全面发展已经成为共识。"五四"时期,提倡"民主"和"科学",其中一个重要目的就是提高人的素质。新文化运动的领导者深深感到国民素质不高,阻碍了社会的进步,他们通过报刊进行文化启蒙,使新的思想价值观念深入人心,在大众中培养有益于现代社会发展的建设者。当代中国人的素质已经有了显著的提高,但民主法制意识仍然不强,整体科学文化水平不高,不文明甚至落后的方面不同程度地存在着,整体素质仍有待于进一步的提升。媒介素养是现代公民的基本素质要求,特别是新媒体的兴起,使新闻传播需要引导群众全面而理性地把握社会形势,正确认识个人利益和整体利益、当前利益和长远利益的关系,正确认识社会主义民主建设的途径,这意味着新闻传播真正做到"以人为本",既要依靠群众,又要宣传和教育群众。

改革开放以来,中国人民的思想获得了一次又一次解放,新闻改革与其他领域的改革一并推动着实践不断向前发展,取得了一个又一个重大成就。但实践发展了,认识也要跟着发展,要不断抛弃那些已经不适应新情况的旧观念,打破那些不合实际的旧思想的禁锢,思想解放是永无止境的。只有坚持以人为本,坚持科学发展,新闻改革的进程才会更加高速、更加稳健。

"五四",给后人留下了一笔值得反复审视的精神财富。民主、科学、人权、制度、法律……至今仍响彻耳畔,引人深思。回顾对20世纪中国历史产生巨大影响的"五四",有必要对其产生的历史语境作清醒的认识和评估,但"五四"运动提出的"民主"与"科学",至今仍是中国人长期为之奋斗的历史任务。因此,重临"五四"既具有长久的思想魅力,也具有强烈的现实意义。新闻事业的发展,关系着中国现代化建设的发展前景,关系着国民现代化素质的培养。新时期的新闻改革应继续继承"五四"的精神和传统,"求真"以"致用",不断解放思想,不断创新进取,不断做深入持久的努力。

注释:

① 陈独秀在1919年1月发表的《〈新青年〉罪案之答辩书》一文中说:"这几条罪案,本社同人当然直认不讳。但是追本溯源,本社同人本来无罪,只因为拥护那德谟克拉西(democracy)和赛因斯(science)两位先生,才犯了这几条滔天的大罪。要拥护那德先生,便不得不反对孔教、礼法、贞节、旧伦理、旧政治。要拥护那赛先生,便不得不反对旧艺术、旧宗教。要拥护德先生又要拥护赛先生,便不得不反对旧国粹和旧文学。"并且,他明确宣告:"我们现在认定只有这两位先生,可以救治中国政治上、道德上、学术上、思想上一切的黑暗。"

② 罗岗:《五四:不断重临的起点——重识李泽厚〈启蒙与救亡的双重变奏〉》,《杭州师范学院学报》2009年第1期,第1页。

③ 陈独秀:《敬告青年》,《青年杂志》第1卷第1号,1915年9月。1919年1月,"科学与人权"正式代之以"民主"与"科学",参见注释1。

④ 高一涵:《共和国家与青年之自觉》,《青年杂志》第1卷第1号,1915年9月。

⑤ 《邓小平文选》第2卷,人民出版社1983年版,第168页。

⑥ 参见李良荣、张春华:《论知情权和表达权——兼论中国新一轮新闻改革》,《现代传播》2008年第4期,第34页。

⑦ 参见朱虹观点,引自《传媒人评点2008传媒事》,《中国青年报》2009年1月14日。

⑧ 《第六届莱茵省议会的辩论(第一篇论文)》,《马克思恩格斯全集》(第一卷),人民出版社1995年版,第176页。

⑨ 陈独秀:《旧思想与国体问题》,《新青年》第3卷第3号,1917年5月。

⑩ 华清:《切实提高舆论引导能力》,《人民日报》2008年11月3日。

⑪⑫ 陈独秀:《敬告青年》,《青年杂志》第1卷第1号,1915年9月。

⑬ 参见郭德宏:《五四精神与民族振兴》,《五四运动与二十世纪的中国》,社科文献出版社2001年版。
⑭ "二全":"大而全、小而全";"三化":"报纸杂志化、新闻文章化、报道总结化";"五个字":"假、大、空、套、长"。
⑮ "三个恢复名誉":即为"新闻的短、快、多""新闻必须用事实说话"以及"新闻要具有知识性和趣味性"正名。
⑯ 参见穆青:《新闻散论》,新华出版社1996年版。
⑰ 参见〔美〕周策纵:《五四运动:现代中国的思想革命》,周子平等译,江苏人民出版社1999年版,第247页。
⑱ 2008年6月20日胡锦涛视察人民日报社的讲话。
⑲ 《毛泽东早期文稿》,湖南出版社1990年版,第393页。
⑳ 李泽厚认为,作为革命的政治运动的"五四"与"救亡"相呼应,而作为启蒙的思想运动的"五四"则和"启蒙"相对应。参见李泽厚:《启蒙与救亡的双重变奏》,《中国现代思想史论》,东方出版社1987年版。
㉑ 王芸生:《五四,重新使我感到不安》,转引自〔美〕周策纵:《五四运动:现代中国的思想革命》,周子平等译,江苏人民出版社1999年版,第14页。

新闻道德:在职业个体与媒体组织之间*

◆ 杨保军

新闻传播业在社会大系统中是个很特殊的子系统,它与政治、经济、文化、技术以及人们的日常社会生活都有着直接的、密切的联系,因此,在不同的理论视野中,构成新闻传播业实体运行组织的新闻媒体具有不同的实体属性。比如,在经济学的视野中,新闻媒体就是经济实体,在政治学视野中,新闻媒体就是意识形态机构,在文化学视野中,新闻媒体就是文化实体,在舆论学视野中,新闻媒体就是舆论实体,在新闻学视野中,新闻媒体就是信息实体、新闻中心,如此这些说明,我们只有在多维视野中,在整合性的思维和方法中,才能真正全面理解和把握新闻媒体的实质,理解和把握新闻传播业的实质[①]。按照这样的逻辑,我们可以说,在道德哲学或者伦理学的视野中,新闻媒体也是一种伦理实体或者道德实体,并且是一类内涵丰富而复杂的道德实体。但在这里,我们并不打算讨论媒体作为道德实体与其他社会领域的关系,只讨论媒体作为道德实体与其所属的工作人员作为个体道德主体(可称为职业个体)之间的基本关系。

一、个体进入新闻媒体组织的道德意味

人的本质是社会关系的总和。人一旦进入现实社会,立即就在社会之网中成为多种社会角色的人,并且随着生存、生活、工作的展开或闭合,成为社会角色不断变换的人。在这样的过程中,人在社会中的道德角色同样多种多样、纷繁复杂。事

---

* 原载于《现代传播》2009 年第 6 期。

实上，每个人都在自己的人生中描绘着自己的道德图景。那么，从道德角度看，一个人成为一个职业新闻活动者意味着什么？进入一个新闻媒体组织又意味着什么？

从最普遍的意义上说，不管是职业新闻工作者，还是民间新闻活动者②，其新闻行为都是社会化的③，因此，他或她首先必须遵守社会规则，比如习惯、习俗、法律、道德、制度等，诚如有人所说，"社会化的行为者必须遵守规则。这些规则是集体所拥有和加强的目标和信念的表达。"④对职业新闻人来说，因为他或她不仅是社会人，还是行业人、组织人，有着更为具体化的社会角色、职业角色，因此，在新闻活动中，他或她还必须遵守新闻传播行业的、新闻媒介组织的规则、规范。

社会经验事实直接告诉人们，个体总是生活、学习、工作在不同的群体和组织之中；而且，个体所在的具体群体、特别是比较严格的具体组织，对相关个体的行为有着直接的约束性，反过来，个体对这样的群体或组织有着比较大的依赖性和比较强的归属感。这就是说，群体或组织与其成员有着更为"优先的"道德关系，他们是以整体方式面对环境、面对与其他主体的关系的。

当某一个体一旦进入一个组织，成为组织一员，便与组织建立起各种各样的关系，其中一类关系就是伦理道德关系，并且这是一种深层次的价值关系。同样，在制度化、组织化的新闻媒体中，作为组织主体的媒体与其所属工作人员之间的伦理道德关系，也是诸多关系中的一种核心性的关系。可以说，个体与组织主体之间能否达到价值认同、道德认同，是个体能否在组织中有效开展工作、愉快进行工作的重要前提。

一般来说，职业工作者，首先需要认同一定的职业规范。因为，职业规则、职业道德规范相对新进入的个体是预先的存在，已经获得了通过一定历史检验的合理性和正当性。任何一个新进入的个体，没有足够的资本和理由在一开始就对相关的职业规则、职业道德规范说三道四。同样，要在一个新闻媒介组织工作，成为一定的组织人，首先需要认同组织的规则、遵守组织的规则，否则就不可能被认定和接纳为组织人。"被人认为和自认为是棋手的人需要参照一套适当的规则。除非他们同意遵守这些规则，否则他们不能选择下棋。"⑤承诺掌握、认可和遵守游戏规则，是能被接纳参加游戏的基本前提条件。同样，承诺掌握、认可和遵守一定新闻媒体的工作规则、道德要求，是进入一个新闻媒体的前提条件。当然，这样的承诺、认可等本身也是有条件的，是建立在个体自主选择基础上的，是建立在个体与组织主体(一定新闻媒体)互动交往基础上的,是建立在主体间互留一定自由空间的基础上的,最起码从理论上说是这样。

进入一个行业,意味着进入行业共同体和相应的职业共同体,而进入一个新闻媒体组织,则意味着进入一个更为具体的职业工作共同体。进入共同体,就意味着进入一个共同体的组织网络、规则、规范体系。因而,进入一个新闻媒体,就意味着进入该媒体的规则、规范体系,包括道德规范体系。此种状态下,不管个体实际意愿如何,这些规则、规范体系便对个体形成了客观的约束和限制,并且带有一定的强制性特征。因此,只要进入一个群体、组织,实质上就等于自己主动交出了一些可能的个人自由,不只是行为的,也包括精神的、灵魂的。不过,也不应该忘记,一旦进入一个群体或组织,个体同时也就获得了进入群体、组织之前所没有的特殊权力或权利。一个非职业的新闻活动者,一旦成为职业新闻活动者,他或她就自然获得了新闻职业的一些实质性权力或权利。这些权力或权利,有些是从职业传统、职业习惯中获得的,有些则可能是国家相关法律特别赋予的或从特别政策中获得的。

二、新闻行业与职业个体之间的新闻道德实体

作为道德实体的新闻媒体,必然拥有自己的伦理道德原则,拥有自己的道德价值目标或者价值理想,它会要求组织内的所有工作人员按照这样的要求在各自的岗位上展开工作,在各自的岗位上为实现组织的目标作出自己的努力和贡献。为了实现这样的基本目的,一定的媒体组织总会采取各种各样的手段,对组织成员进行不断的"组织化"训练,就像个体一旦进入社会、进入一个行业成为一定的行业人、职业人,就会被(或主动)不断社会化、行业化、职业化一样。在组织化过程中,最重要的且最根本的一个方面,就是要组织成员接受并从内心认可组织的各种规范,包括道德规范,这些规范以外在条文形式体现了组织的价值追求和精神灵魂,这些都是组织文化的精髓。因此,组织化的直接任务,就是将组织规则、组织制订的道德规范"外烁""内化"为组织成员观念结构要素、心理结构要素的过程。

新闻职业道德,既是具体媒体组织内的,又是具体媒体组织外的道德存在。比起一定的新闻媒体组织要求,职业道德的要求具有更大的普遍性,是新闻行业(职业)从业者的道德,是超越具体媒体组织要求的道德(有些道德要求甚至可以是全

球化的、超越一定具体社会的),是更多针对新闻职业从业者个体的道德。因此,具体新闻媒体组织对所属工作人员的要求与行业对从业人员的要求只有一致时,媒体组织才是一个形式上道德的组织。⑥ 具体媒体的道德要求只能比整个行业的道德要求更高,道德规范只能比行业的道德规范更严格。因为,一般说来,越是普遍的规范,不仅越原则化、抽象化,而且越是接近"职业底线道德"的水平,以便适应所有的约束对象。这样,一个媒体要想成为高品质的新闻媒体机构,往往需要制定和实行实质内容高出行业一般道德水准的道德规范。如果一个新闻媒体的新闻道德规范,连行业的基本道德水平都达不到,那一定是低素质的、缺乏基本道德水准的新闻媒体。

在现实的新闻活动中,具体媒体组织的道德要求与普遍的新闻职业道德规范之间,既有一致性,也有不一致性甚至冲突现象。不一致和冲突常常是实质性的,而不是形式上的。在语言表达形式上,几乎所有的新闻媒体都会唱道德高调,把自己塑造成坚守行业道德原则、道德规范的模范。行业道德规范的存在具有一定的抽象性,只有落实到媒体组织的行为中,才能具体化、实在化。如果新闻媒体组织降低对自己的道德要求,那就会出现一种现象:追求道德的行业,却"养"了一些不讲道德的媒体。果真如此,行业道德的存在也就悬空了,失去意义了。因此,在行业与职业个体之间,作为组织主体的新闻媒体,在职业道德建设中有着特别的中介、桥梁地位和作用。没有这样的中介、桥梁,新闻道德建设就将断裂。

在实践逻辑上,媒体行为或媒体的利益目标,不管是正当的还是不正当的,总是要通过媒体工作人员的具体行为去实现。因而,如果新闻媒体组织背离行业的基本道德规范,就必然会要求其工作人员做一些有悖职业道德规范、有违新闻道德精神的事情。因此,组织的不道德,一般情况下,总是比个体的不道德更可怕,总是会产生更为恶劣的后果和影响。个体造成的道德灾难常常是个体性的,组织造成的道德灾难往往是大面积的;对于新闻媒体这种组织来说,由于其自身天然的社会影响就更是这样。人们经常看到,一些新闻媒体为了自身的小团体利益,降低对组织主体的道德约束,从而不仅在整体上影响了新闻媒体正常的新闻行为,也常常会以组织压力的方式扭曲一些个体职业人的新闻行为,最终的结果是扭曲新闻的形象,诚如有学者所说的,"一旦特殊利益被允许影响媒介行为,新闻扭曲变形就不可避免"。⑦

因此,新闻媒体组织的媒介品格、价值追求和新闻理想,在新闻实践中实质上要比个体工作者的道德表现更为重要。一个有道德的新闻媒体组织,尽管难以保证其每个组织成员都是有道德的,尽管难以保证其刊播的每一条新闻都是符合道德规范的,但它的组织道德一定会在日复一日的运行中濡染每个组织成员的灵魂,一定会在日复一日的运行中减少或降低新闻刊播中的道德风险。美国新闻伦理学者 H. 古德温说得好,"新闻业中最有道德的记者出自高质量的、有品位的新闻媒体"。⑧

三、新闻媒体与职业个体间的一致与冲突

新闻业有其相对独立的行业规范,新闻职业有其相对独立的职业道德规范,而任何一家独立的新闻媒体组织,如上所说,也有自己相对独立的道德追求和道德理想。同样,作为媒体组织成员的独立个体(我们主要关注新闻工作人员——新闻记者和新闻编辑),一般说来,也会拥有自己的职业道德观念和价值追求。在媒体组织与职业个体之间,其价值追求与道德理想,既有一致性,也有差异性,对新闻活动的功能、意义和价值可能会有不同的理解,因为他们必定是不同的主体存在。因此,在新闻道德论的视野中,媒体组织与职业个体之间的矛盾难以完全避免。在媒体组织与职业个体之间,正像在新闻行业与媒体之间一样,并不必然拥有完全一致的价值观念和道德观念。因此,从原则上说,职业个体与其所在的媒体组织之间的道德差异和矛盾具有恒久性和普遍性,但不同职业个体与其所在的媒体组织之间,在道德差异的大小和矛盾的强烈程度上会有所不同,因为即使面对同一新闻媒体组织,不同职业个体由于各自认知、心理、价值取向或大或小的不同,对媒体组织价值观念、道德观念、道德规范等的认同程度是不一样的。这也就意味着在媒体组织利益问题上,不同职业个体间也会经常出现不同的甚至对立的态度和看法。至于不同职业个体之间,由于他们各自的主体差别,拥有不同的职业态度、职业理念、职业理想等是很自然的事情。但是,作为同一领域的职业主体,进而作为同一媒体组织的职业工作者,在职业态度、职业理念、职业理想等方面,在常态情况下,有着更多相同和相似的内容与表现。

基于以上的分析,我们可以说,对于作为道德实体的媒体组织来说,面对自己所属的职业个体,始终有一个核心任务,就是如何将职业个体的职业道德观念进一步具体化,即如何进一步按照本媒体组织持有的价值理念、道德理念同化职业个体,使他们高度认同自己的组织,或者说,如何使本媒体组织的各种工作规范、特别

是道德规范,能够内化为职业个体的自觉意愿和指导工作行为的观念。对于职业个体来说,如何处理好自己与所在媒体组织的关系,也始终是职业生涯中最重要的事情之一。而所谓处理与媒体组织的关系,可以表现在各种各样繁杂的具体方面。但在新闻道德论的视野中,最核心的就是如何处理"自我规则或规范"与"媒体组织规则或规范"之间的关系。这种关系当然是系统性的、全局性的,但其中的价值观念、道德观念、道德规范可以说是最重要的,因为它直接关涉职业个体与媒体组织之间的深度认同问题。

一个不被媒体组织认同和不认同媒体组织的人,他或她的职业灵魂就没有合适的安放之处,因而也难以获得真实的安宁,即使在形式上也很难成为新闻职业个体。同样,一个不被自己所属的绝大多数职业个体认同的媒体组织,或者不认同自己绝大多数职业个体的媒体组织,无论其中的原因是什么,一定是一个缺乏凝聚力、缺乏吸引力从而也是一个没有竞争力的媒体组织、一个在整个行业中没有自身地位的组织,作为新闻媒体则属于那种没有新闻精神灵魂的组织。

就实际情况来看,在现实的社会运行中,个体无论相对社会还是相对一定的职业领域都是比较弱小的。因此,对于绝大多数个人来说,一旦进入一个行业,进入一个组织,成为职业人,成为组织人,通常情况下便成了相对弱势的一方。也就是说,一旦进入了一定的组织,个体更多的是接受组织的理念和规范,而不是改造组织的理念、规范。只有在比较长的历史跨度中,职业个体的整合性力量,才有可能推动一个媒体组织以至整个行业观念、规范的改进或变革。

进一步说,在媒体组织与职业个体之间,不管是情愿还是不情愿,个体通常顺从媒体组织的要求。比起职业个体工作者,媒体组织通常处于强势地位。这种强势地位造成的结果通常不是单面性的,而是两面性的:它既可能以比较强大的组织力量,引导职业个体以道德的方式生产道德的新闻和其他信息产品,同时也可能迫使一些职业个体以不道德的方式生产出不道德的(或者在形式上看似道德的)新闻和其他信息产品。

在前一种情况下,媒体组织以自己的组织力量约束、限制了一些职业个体可能的、不道德的行为,这既有利于媒体组织的利益、社会公众的利益,也有利于职业个体的健康成长。在后一种情况下,人们知道,不管是在现实性上,还是在逻辑上,媒体组织拥有的一些新闻观念并不都是正确的、合理的,媒体组织对职业个体的某些约束和规范也并不都是合理的、正当的,有些规则、规范,包括职业道德名义下的规则、规范,也很可能是不良的。因此,组织行为并不都是正确的、合理的、应该的行为,组织也会通过组织权威要求其组织成员做一些并不合乎道德要求的事情。确实,当一个个体成为媒体组织的一员,便成了职业个体,有了职业工作的场所,有了施展职业才能的舞台。因此,有人说,"一个记者只有按照其所在新闻组织的要求去做才会是道德的,因为新闻组织创造了道德新闻得以产生的条件"。[9]但事实上,这话只说对了一半,因为,诚如上文所说,媒体组织同样会犯错误,同样像一些个人一样,干出不合道德的事情。这在新闻界并不是什么新鲜的事情,比如在中国,有些新闻媒体直到今天(至于前些年,到处都是如此的景象),还在要求其所有记者、编辑必须完成一定的广告任务,并且明确要求要和采写编评等业务工作结合起来。这显然是背离新闻传播原则的要求,是不正当的、错误的。但即使在这种情况下,有些人还是会顺从媒体组织的要求,美国媒介理论家约翰 C. 梅瑞理就说:"记者们发现,他们越来越缺少发挥自身创造性的动力、鼓励和机会;记者们明白他们的组织对他们的时间和付出要求越来越多。他们只好顺从组织要求,不然自讨苦吃。因而他们通常顺从组织的要求。"[10]而顺从组织的要求,又往往表现为顺从媒体不同层级领导的要求,因为他们实际上代表着媒体组织。因此,又经常出现这样的现象,一些记者、编辑硬着头皮去做一些"领导交代"的但自己并不愿意去做不合理的事情。正如有学者所说的,"如果被上司要求去做不道德的事情,大多数人都会感到很不舒服"[11]。确实,这个世界上没有几个人愿意去做缺德的或者道德合理性不足的事情。但在很多情况下,在功利主义的权衡下,以及在生活、工作等压力的迫使下,一些人很可能背弃自己的道德良心,放弃道德性的行为选择。世界有时很复杂,并不是你想道德就能道德的。这说法很无奈,但事实往往就是这样。这也说明,成为道德的人,成为道德的组织,绝不是一件容易的事情,而是需要勇气、需要智慧、需要付出、甚至需要牺牲的事情。

一个道德的媒体,其道德性只能通过所属的工作人员在具体的新闻行为中体现出来得以实现。"企业作为伦理实体所体现的活的善,是在它的全体员工的行为实践中体现出来的。"[12]新闻媒体尽管不是纯粹的企业,但其中的道理是相通的。因此,每一职业个体都是媒体组织的道德符号和道德形象。只要一个人进入一个组织或群体,他或她的身份就立即双重化了,既是他或她自己,也是组织人或群体人。因此,不难发现,在媒体组织与职业个体之间,分享荣誉和分担责任具有一定的必然性。尽管组织是组织,个体是个体,可一旦组织成为众多个体的组织,个体成为一定组织的个体,他们便建立起主体间的必然的、客观的关系。因而,作为一定媒体组织成员的职业新闻工作者,一旦自身在职业行为中出现道德问题、行为不端,不仅自己需要承担道德责任,同时也必然会连带他或她所在的媒体组织。就是说,作为个体的道德行为,总会影响其所在组织的道德形象,组织也总要为其成员承担一定的道德责任。同样,如果职业个体获得了道德荣誉,组织也会分享个体的道德荣誉。当然,一旦媒体组织获得了荣誉,每个职业个体同样会感到光荣;如果媒体组织受到了批评,每个职业个体也会感到不怎么光彩。尽管道德荣誉分享和责任后果的承担,在组织与个体之间、在不同的个体之间总是有所不同,但由于"组织是众多个体的组织,个体是一定组织的个体",因此,荣誉的"共享"、责任的"同担"在客观上具有必然性。在媒体组织与职业个体的道德冲突中,由于不同的原因,结果也会有不同的表现。但通常是个体对组织做出各种"让步"或不得不做出的"选择"。有些人在这样的冲突中被媒体组织批评或给予某种惩罚,辞退甚至开除;有些人在这样的矛盾冲突中可能愤然辞职或转入其他媒体组织;还有一些人甚至对新闻业感到失望、绝望,从而脱离这个行业。

  这里的意思是:媒体组织必须尊重它所属的每一个职业个体,必须通过科学合理的制度、方式和方法,建立组织与个体之间的健康关系。反过来说,职业个体也必须尊重组织主体,热爱自己所在的组织,遵守组织的规范。而超越媒体组织和职业个体的新闻道德规范,是二者建立健康关系的重要前提。只有在组织与个体之间建立起良性的健康的认同关系,媒体组织才能成为一个真实的道德主体,职业个体也才能成为真实的道德个体。而什么样的关系才是这样的关系,怎样才能建立起这样的关系,则是值得我们从新闻媒体与新闻职业特征出发,进一步探讨的问题。

注释:

① 参阅杨保军:《新闻理论教程》,中国人民大学出版社 2005 年版,第 10 章相关内容。
② 关于民间新闻问题,可参阅杨保军:《新闻的社会构成:民间新闻与职业新闻》,载《国际新闻界》2008 年第 2 期,第 30~34 页。
③ 如果不是社会化的活动,也就不是新闻活动,社会性、公开性是新闻活动的本体性属性。
④⑤ 〔英〕莱恩·多亚尔、伊恩·高夫著:《人的需要理论》,汪淳波、董明珠译,商务印书馆 2008 年版,第 100、101 页。
⑥ 这里我们假定行业规定的职业道德规范是合理的。但在实际中,也可能出现行业性的要求是不合理的,甚至是不道德的。

⑦⑨ Philip Seib, Kathy Fitzpatrick: *Journalism Ethics*, Harcout Brace & Company, Orlando, 1997, p. 10,13.

⑧ H. Eugene Goodwin: *Grouping for Ethics in Journalism*, Iowa State University Press, 1983, p. 305.

⑩ Richard Keeble: *Ethics for Journalists*, Routledge Taylor & Francis Group, 2001, p. 6.

⑪ Elaine E. Englehardt, Ralph D. Barney: *Media and Ethics: Principle for Moral Decision*, Thomson Learning, Inc. 2002, p. 8.

⑫ 龚群:《社会伦理十讲》,中国人民大学出版社 2008 年版,第 186 页。

新闻传播期刊中广告学术研究成果再研究[*]

◆ 丁俊杰　初广志　李　杉

本文提出并试图回答以下几个问题：一是基于新闻传播发表体系之中的广告学术研究在 30 年的时间里呈现出怎样的状态？二是已经发表于新闻传播类学术性期刊中的广告论文取得了哪些学术进展？三是这些广告学术论文关注哪些主题，表现出怎样的阶段性特征，主导每个阶段的广告主题是什么？四是如何透过研究中的问题，反思、规范并推动广告学术研究的进程？

一、研究设计

（一）广告学术论文的发表尴尬与问题意识

从广告学学术研究的视角看广告传播类相关期刊的发表现状，我们可以非常直观地把可供发表广告文章的期刊划分为四个群组：

第一群组是广告行业杂志群组。这类杂志的文章选题带有明显的行业倾向性，致力于广告行业发展的现状描述、热点追踪、名人访谈和问题研究，他们出版时纸质优良，图片光鲜，更关注广告行业动态和广告实践操作。因此，该类杂志在行业内部知名度较高，但是刊发的广告学术论文较少，篇幅有限，体例也欠规范，不适合发表篇幅稍长、学理性强、严格意义上的学术论文。如《国际广告》《中国广告》《现代广告》等。

第二群组是广告学术专业期刊群组。这类期刊是以广告学术研究为主体的广

---

[*] 原载于《现代传播》2009 年第 6 期。

告学专业期刊,创刊时间集中在 2005 年、2006 年前后,由于起步较晚,因而影响力有限。如《广告研究》《现代广告·学刊》等。

第三群组是新闻传播类的学术期刊群组。这类期刊以发表新闻传播类的学术论文为主,同时也发表少量的广告学术论文,发表论文的学理性较强,是新闻传播类学术论文发表的聚集地。如《新闻与传播研究》《现代传播》等。

第四群组是中文社科综合类学术期刊群组。这类期刊是全面的中文社科综合期刊,其中包含数量很少的新闻传播类论文,以及数量极少的广告论文。发表时间和栏目不规律。如各高校的文科学报、《中国社会科学》等。

笔者认为本次研究选择的群组必须具备学术性较强、创刊年限较长的特征,同时范围集中,有利于执行。因此,只有第三群组新闻传播类的学术期刊群组具备发表论文的学术性较强、专业领域内影响力较大、广告学学术论文的集中起来相对容易、创刊时间基本与广告恢复 30 年历程的同步等特征,具备统计学的价值,可以进行内容分析。

(二)研究方法

1. 历史研究

1979 年是中国广告元年,至今已经 30 个年头,笔者收录了 5 本新闻传播类代表性期刊 30 年来发表的全部论文 20,968 篇,其中 1979 年以后创刊的期刊,按其创刊时间开始收录《新闻与传播研究》(1994~2000 年)共发表文章 880 篇,《现代传播》(1979~2008 年)4896 篇,《新闻大学》(1981~2008 年)3048 篇,《国际新闻界》(1979~2008 年)3664 篇,《中国广播电视学刊》(1987~2008 年)8480 篇。

2. 比较研究

本研究选择的 5 本新闻传播类期刊均为新闻传播类的核心期刊,在学界的影响力有目共睹,故对此本文不再论述。研究数据显示,5 本期刊在发表论文的数量上存在着较大的差异,我们找到了这种差异的来源:一是定位差异,五本期刊虽然同为学术期刊,但在发表论文的选择上,如篇幅、风格、格式上却不尽相同[1];二是创刊时间的差异;三是出版频率的差异;四是期刊的出版频率各有变化(见表 1)。

表1　五本新闻传播类代表性期刊出版频率变化表

出版频率 刊　名	年份 1979 1980 1981 1982 1983 1984 1985 1986 1987 1988 1989 1990 1991 1992 1993 1994 1995 1996 1997 1998 1999 2000 2001 2002 2003 2004 2005 2006 2007 2008
新闻与传播研究	无　　　　　　　　　　　　　　　　　　季刊
现代传播	季刊　　　　　　　　双月刊
新闻大学	无　共出版14期　　　　　季刊
国际新闻界	季刊　　　　双月刊　　　月刊
中国广播电视学刊	无　　双月刊　　　月刊

3. 实证研究

本文采用了实证分析的方法,对449篇广告类论文②进行了精确的分析和数据验算,对各个变量的相关关系进行了考察和检验。

二、新闻传播发表体系中的广告研究

(一)新闻传播发表体系中广告论文发表的历史与表象

1. 广告论文发表的数量分析

1979～2008年,五本新闻传播学代表性期刊共发表论文20,968篇,其中广告论文449篇,占总数的2.1%。30年来,广告论文的发表数量总体上呈现出波动性上升的状态(见图1)。2007年、2008年五本期刊发表文章总数最多(均为1441篇),1979年数量最少(103篇),其中,发表广告文章数量最多的出现在2000年和2007年(均为34篇),1989年没有广告类文章被刊发(0篇)。每年发表广告文章占全部

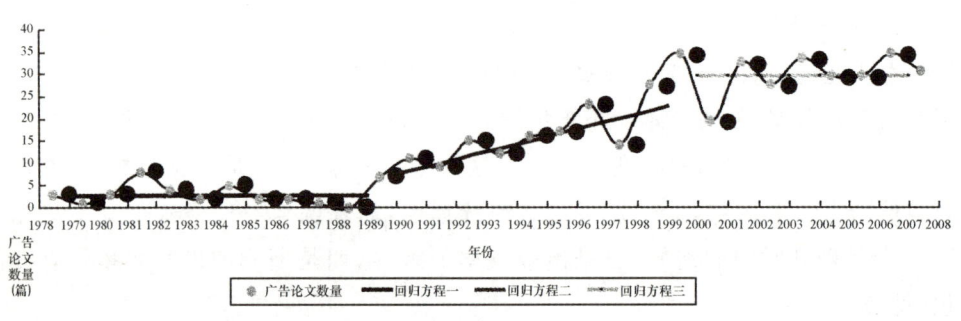

图1

文章数量的百分比(除1989年之外)在0.22%(1988年)与3.25%(2004年)之间。

五本期刊中,如果按照发表广告论文数量排序,数量最多为《现代传播》(121篇),之后依次为《新闻大学》(107篇)、《中国广播电视学刊》(98篇)、《国际新闻界》(91篇)、《新闻与传播研究》(32篇)。如果按照各个期刊发表广告论文数量占发表文章总数的百分比排序,百分比最大的期刊为《新闻与传播研究》(3.64%),之后依次为《新闻大学》(3.51%)、《国际新闻界》(2.48%)、《现代传播》(2.41%)、《中国广播电视学刊》(1.15%)。

2. 广告论文发表的主题分析

广告论文主题出现频率最高的是广告媒体研究(131篇),其次是广告文化与批判研究(59篇),再次是广告传播信息研究(58篇)、外国广告研究(53篇)、广告管理研究(49篇)。而被关注最少的广告主题是广告传播的方法论研究(5篇),其余较少的是广告教育研究(7篇)、广告传播客体研究(8篇)(见图2)。

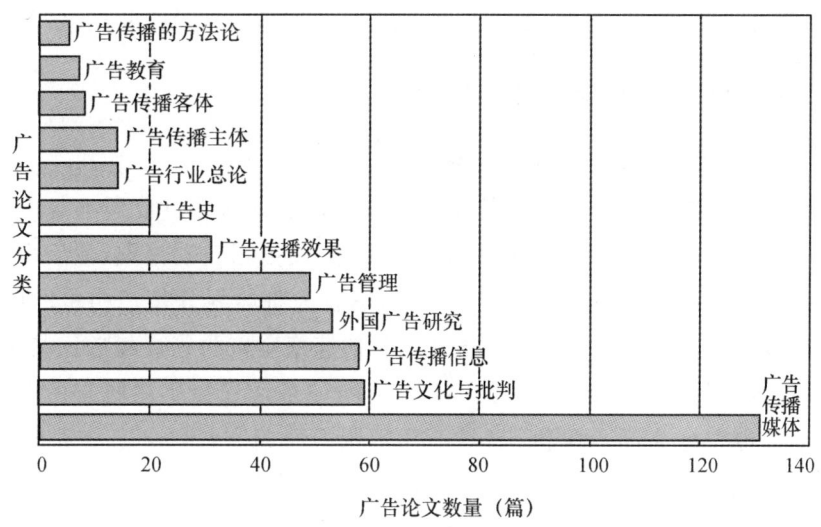

图 2

由此可以看出,广告研究者关注的主题呈现出鲜明的三大阵营的特征,广告传播媒体研究已经成为最受广告学者关注的主题,是第一阵营;其次,广告文化与批判研究、广告传播信息研究、外国广告研究、广告管理主题组成了第二阵营,也受到相当程度的关注;第三阵营是其余的六类主题,这六个主题被关注的程度较弱。

3. 广告论文的作者分析

经统计,除 24 篇论文作者姓名缺失之外,共涉及作者 449 人。发表数量最多的作者(1 人)发表了 9 篇文章,其次是发表 8 篇论文(2 人),7 篇论文(4 人),6 篇论文(1 人),5 篇论文(1 人),4 篇论文(4 人),3 篇论文(8 人),另外,仅发表 2 篇论文和 1 篇论文的人数分别是 35 人和 354 人。其中 83.29% 的作者只发表了 1 篇论文,发表 3 篇论文以上的学者只占总数的 4.71%。

外国作者的论文有 12 篇,单人独立完成的文章有 332 篇,由两人合作完成的论文有 75 篇,由 3 人合作完成的文章有 16 篇,3 人以上 2 篇。独立作者占总作者人数的 73.94%。目前可查明作者具体工作单位的有 354 篇,作者单位来源中,高校科研单位占据主流(260 人),占总数的 73.45%,其次是媒体人员(73 人),占总数的 20.62%。

作者单位来源与期刊出版社同校比例最少的期刊是《新闻与传播研究》,占其科研单位来源文章的 7.41%,最多的期刊是《国际新闻界》,同比占 61.22%。

(二)广告学术论文发表的阶段与逻辑

1. 广告论文发表的历史阶段划分

对 30 年来的数据进行阶段划分时遵循的基本原则是由数据本身的特征来自动聚类和分组。对此笔者采用了先分析数据,使数据自动聚类,然后根据聚类结果进行假设,并最终检验的方法。首先,笔者为阶段划分作了初步的假设,即在同一阶段的内部,每年广告论文数量增长的速率应该相等或相近。其次,笔者认为阶段划分的结果必须满足以下两个条件,一是增长速率相同年份必须具有连续性,才能划分为同一阶段;二是不同阶段的回归方程必须具备结构性的差异。因此,笔者先采用了"移动平均法"实现时间序列的平滑,修正数据中的奇异值。然后以 5 年为一个回归单位,依次进行重复交叉性的回归方程推演,并对生成的一组回归方程的参数进行聚类分析。参照聚类分析的结果,笔者对广告论文发表数量的时间序列进行了以下阶段划分的假设:第一阶段 1979～1989 年、第二阶段 1990～1999 年,第三阶段 2000～2008 年。针对这三个阶段的划分假设拟出三个回归方程式并进行检验:

(1) 第一阶段:1979～1989 年

表 2　回归方程式参数列表 A

模式		未标准化回归系数		标准化回归系数	T 值	显著水平
		回归系数	标准误	贝塔值		
1	常数项	4.400	1.397		3.150	.012
	年份	－.264	.206	－.392	－1.280	.233
2	常数项	2.818	.672		4.195	.002

因变量:论文总数

由检验结果可知,在回归方程式的参数中,无法拒绝斜率为 0 的原假设,在一元线性方程中 x 的系数为 0。而截距是 2.818,可以通过检验。因此,在 99.8% 的置信水平下,1979～1989 年发表的广告文章数量随着时间变化而拟定的回归方程式是:y＝2.818(本方程为常数方程,在坐标轴中对应一条平行 x 轴的直线)

即从统计学意义上看,1979～1989 年广告论文的发表没有明显上升或者下降的趋势,基本保持水平性的浮动。

(2) 第二阶段:1990～1999 年

表 3　回归方程式参数列表 B

模式		未标准化回归系数		标准化回归系数	T 值	显著水平
		回归系数	标准误	贝塔值		
1	常数项	－13.000	6.507		－1.998	.081
	年份	1.703	.389	.840	4.383	.002

因变量:论文总数

由检验结果可知,在回归方程式的参数中,斜率是 1.703,可以通过检验,而截距的情况要看研究者对于置信水平的要求,若置信水平设置在 90%,则可以拒绝原假设,若置信水平设置在 95%,则无法拒绝原假设。由于本文的样本量较少,笔者选择前者,即回归方程为:y＝1.703x－13.000

即从统计学意义上看,1990～1999 年广告论文的发表情况整体上呈上升趋势,且趋势明显,以每年增加 1.703 篇论文的平均速度增长,进入了一个快速发展的阶段。

(3)第三阶段:2000~2008年

表4　回归方程式参数列表C

模式		未标准化回归系数		标准化回归系数	T值	显著水平
		回归系数	标准误	贝塔值		
1	常数项	15.357	20.574		.746	.484
	年份	.560	.804	.273	.696	.512
2	常数项	29.625	1.772		16.717	.000

因变量:论文总数

由检验结果可知,在回归方程式的参数中,由于显著水平计算结果过大,无法拒绝斜率为0的原假设,不能通过检验。而截距是29.625,可以通过检验。因此,在接近100%的置信水平下,1979~1989年发表广告文章的数量随着时间变化而拟定的回归方程式是:y=29.625(本方程亦为常数方程,在坐标轴中对应一条平行x轴的直线)。

即从统计学意义上看,2000~2008年广告论文的发表趋势基本保持水平性的浮动,进入了一个稳定发展的新阶段。

总的来说,我们可以清晰地观察到,30年来5本新闻传播学代表性期刊中,广告论文发表的数量情况体现了整体波动性上扬的走势。具体来说,又可以将广告论文的发表分为三个阶段:第一个阶段是1979~1989年,在这一阶段广告论文发表数量较少,平均每年3篇文章,没有明显的波动趋势。到了上世纪90年代,即1990~1999年,广告论文的数量有了明显的提升,总体表现为迅速上升的趋势。进入新世纪之后,广告论文的数量达到了之前20年的最高值(2000年34篇),随后其数量进入了稳定期,每年保持在30篇左右。

2. 广告研究发展的主题性驱动力分析

在将广告研究的发展划分为三个阶段之后,本文将继续探讨在12类广告文章的主题之中,哪些主题是驱动广告论文数量增长结果的主导因素,也就是说,在广告论文数量总体上呈上升趋势的同时,哪些主题受到了更多的关注,以至于主导了该阶段广告论文发表数量的走向,对此,笔者将引入增长弹性③(增长弹性＝广告论文发表数量增长率④÷某一主题论文数量增长率)来解决这一疑问,在同一阶段,增长弹性越大的主题对广告论文数量的驱动作用越大。为了计算增长弹性,笔者将数据取自然对数,然后进行回归分析。

(1)1979~1989 年——国外广告研究引进的 11 年

表 5 增长弹性回归系数表 A

	未标准化回归系数		标准化回归系数	T 值	显著水平
	回归系数	标准误	贝塔值		
常数项	.919	.894		1.028	.331
外国广告研究	.410	.184	.597	2.233	.052

在对 12 个广告主题进行多元回归计算增长弹性的时候,计算结果显示:只有外国广告研究主题的增长弹性是统计上显著的,其他主题统计上不显著。这说明国外广告的引进和研究是推动这一阶段广告论文数量增长的主导因素,其弹性为 0.410,相关系数是 0.597。在我国广告行业刚刚兴起的 10 年中,无论在数量上还是质量上都与广告业发达的国家存在较大的差距,在"摸着石头过河"的行业发展阶段,广告学术领域对国外广告模式的引进和研究占据了广告研究的主要部分。

(2)1990~1999 年——聚焦广告作品信息的 10 年

这十年的数据分析显示,增长弹性最大的主题是广告传播信息研究,弹性系数是 0.257,相关系数为 0.386。进入 90 年代的广告行业飞速发展,广告作品的数量急剧上升,这导致了对广告作品本身的研究成为这一阶段广告研究的主流。

表 6 增长弹性回归系数表 B

	未标准化回归系数		标准化回归系数	T 值	显著水平
	回归系数	标准误	贝塔值		
常数项	3.083	.069		44.904	.000
信息	.257	.030	.386	8.577	.013
媒体	−.212	.046	−1.743	−4.658	.043
效果	.097	.006	.956	15.044	.004
管理	.036	.004	.454	9.216	.012
广告史	.051	.005	.562	9.888	.010
文化批判	.209	.047	1.626	4.492	.046
行业总论	.041	.004	.510	9.954	.010

在第二阶段,广告研究的各类主题均有增长,广告信息的研究增长较为显著,因此笔者将其定义为"聚焦广告作品信息的十年"。这种状态形成有两方面的原因,一方面是因为这时广告研究队伍初步形成,此时的广告科研队伍都是由各高校其他专业的教师调整过来的,基于其他学科的背景进行广告文本研究的切入就相对比较容易,将文学、语言学、社会学等学科的原有理论引入,得出了不同研究视角下的结果。另一方面是由于中国内地广告的快速发展,大量的本土广告作品和案例产生,国外的创意理论和创意大师纷纷被引入中国,因此这类研究的数量大幅增多。

(3)2000～2008年——广告媒体研究蓬勃发展的9年

表7 增长弹性回归系数表C

	未标准化回归系数		标准化回归系数	T值	显著水平
	回归系数	标准误	贝塔值		
常数项	2.587	.051		51.051	.000
信息	.090	.013	.297	6.887	.006
媒体	.286	.021	.508	13.507	.001
效果	.025	.003	.463	10.131	.002
管理	.059	.009	.220	6.268	.008

对2000年以来九年的数据进行主题增长弹性分析,得出的结论是:弹性最大的广告媒体的论文数量出现增长,弹性系数是0.286,相关系数为0.508,具有显著性的其他3个弹性系数是广告传播信息的增长弹性0.090、广告管理的增长弹性0.059、广告效果的增长弹性0.025。在这一阶段广告媒体的研究蓬勃发展,包括传统四大媒体和网络,以及数字新媒体的各种广告传播的渠道研究已经引起了越来越多的关注,同时随着广告行业的发展,广告的道德问题和管理问题也引起了众多研究人员的关注。

进入新世纪之后,广告研究的视野逐渐拓宽,更重要的是越来越多的学者认识到在中国广告发展的国情之下,媒体一直处于强势地位,而一次次新技术的变革,导致了传播环境变化之快,要求广告行业对于媒体和消费者的了解也要迅速变化。因此,媒介研究成了这一阶段共同关注的主题。

(三)广告学术论文发表的质量与核心

研究广告论文的刊发历史,数量和质量是两个不同的评价维度。数量的考查是衡量广告学术 30 年来发展程度最直观的表达,但是对于由数字得来的问题,则更依托于质的研究,将问题从表面深化到实质,即当我们承认广告研究在 30 年来突飞猛进发展的同时,反思数量增长的背后,质量的变化又当如何呢? 于是,笔者通读了 449 篇广告文章,认为 30 年来广告论文发表在质量上显示出如下特征:

1. 研究方法的简单和陈旧导致广告论文的整体质量提高缓慢

在 30 年里刊发的广告 449 篇文章中,除了大多数的广告专业论文之外,还有相当数量的其他文体的文章(如随笔、感想之类),其中广告专业论文 376 篇,占总数的 83.7%,其余文章占总数的 12.3%,具有论述性质和明显研究方法的文章 402 篇。主要研究方法为定性研究的 365 篇,明显采用定量研究方法的 37 篇,前者约是后者数量的 10 倍多。《新闻与传播研究》发表定量研究文章相对较多,定量研究与定性研究文章数之比为 1∶3.8,《新闻大学》发表定量研究文章较少,二者之比为 1∶42.5。

艾尔·巴比在《社会研究方法》中曾经把社会研究笼统地划分为四个层次,第一个层次是简单描述性的定性研究,第二个层次是带有简单数据分析的定量研究,第三个层次是复杂深入的定性研究,第四个层次是复杂的模型式定量研究。当然,定性研究和定量研究在方法的选择上应该视研究对象和目的而定,没有高低分别,但这里艾尔·巴比所讲的是一门研究者从进入社会研究开始,研究方法由浅入深,逐步精进的过程。30 年来广告学科的发展仍然处于十分初级和稚嫩的状态,绝大多数文章是简单的定性研究文章,大部分的定量研究一般是在基础调研工作后,进行简单的数字统计。尽管对于论文研究程度的简单或者复杂,很难得出一个精确的数字衡量,但是经过宏观的统计和分析,笔者仍然可以肯定,具有一定理论价值的复杂研究只占表面化的简单研究的 1/3 左右,而复杂的定量研究不超过全部文章数的 1/20,复杂、有深度的定性研究也在文章总数的 1/5 以内。

论证性较强、研究方法专业、数据严谨的研究型论文,大多出自于任职(或求学)于国外或者中国香港和台湾的高等学府的研究人员。这类文章有三个明显特征:一是论文最主导的研究方法是明显的实证性量化研究方法;二是大量地借鉴和援引了国外之前的研究结果,进行后续或者对比研究,研究方法较为新颖和复杂;三是研究过程相对复杂、论证过程较为严谨,主要结论是由数据统计分析计算得出,具备很强的说服力。这也说明了发达国家和地区的广告学研究水平对于我国的广告学术研究的起步而言,具有相当大的帮助和指导意义。相对于这些研究性较强的论文,其余大部分论文略显稚嫩,表现为研究方法的单一和陈旧,单纯的文献研究和简单的调查是使用范围最广泛的研究方法,论证的深度不强,论文的结论突破性较弱,纵观五本新闻传播学代表性期刊中30年的广告研究,广告论文的整体水平提高缓慢。

2. 交叉学科的特征导致论文内容"标新"而非"创新"

广告论文表现出明显的交叉学科的特征,几乎大部分中文社会科学学科理论都可以在广告研究中找到"用武之地",从"符号学""修辞学""营销学"到"社会学""心理学""经济学",可以说广告学作为一门交叉学科,其基础理论的构建很大程度上受到了相关传统学科的影响,这种影响一方面为广告学学术理论的丰富提供了积极的参考价值和拓宽视野的可能性,另一方面则为广告学自身基础理论建设的创新性和独立性提出了更高的要求。因此,我们很容易发现广告学术论文的发表中出现的另一明显特征——一部分广告论文利用交叉学科理论套用广告研究的"标新"现象。这些文章大多从不同学科出发,结合广告传播作为具体研究对象来打学术"擦边球",比如"广告的××学解读"性质的论文,实际上就是把广告当成一则特殊的"文本""符号""信息"或者"文化",从而套用其他学科已经成熟的理论框架或者概念进行广告学的再次阐释。

笔者认为,广告学的学科性质固然表现出边缘学科、交叉学科的特质,但并不等于其他学科概念与理论的引入对于广告学本身而言都是有价值的,必要性和可行性的论证在论文中往往被忽视,或者带有明显"自圆其说"的方式,他者看来漏洞不少。很多已经固定下来的说法,却要用新的名词再次地套用和阐释,不仅不能促进学术研究更进一步,反而存在整体上"自娱自乐"的嫌疑。这种理论上"新瓶装旧酒"的方法,表面上开辟了广告研究的新领域,实际上恰恰显示广告学科基础理论的薄弱。广告学术的创新更大程度上应该着力于研究方法的创新、理论独立性的创新,而非新鲜词汇、外来理论的"标新"。

3. 长久的广告学术热点和难点并未获得实质性的理论突破

广告学是一门年轻的应用型学科,它的诞生离不开广告行业的起步和发展,而广告学术关注的热点和难点,也往往都同时是广告行业发展的难点和瓶颈。因此,自改革开放后中国广告恢复以来,很多广告行业的热点问题长期存在,也成为广告研究中的难点问题,如虚假广告问题、广告效果评估问题、消费主义批判问题、广告伦理问题。这些问题在上世纪80年代末90年代初就已经被提出,如《广告新闻析论》(范炎,1985年)谈到了两类广告问题,《电视广告效果的测量及影响因素》(黄合水,1990年)提出广告效果问题,《商业广告、消费文化与社会学宣传——关于广告理论的读书札记》(孙振斌,1993年)提到消费社会的文化批判问题,《我国电视广告中女性形象的研究报告》(刘伯红、卜卫,1997年)研究了广告中性别歧视问题等。可以看出当今热点和难点的广告问题,早在20多年以前就有研究人员提出并开始着手研究,然而时至今日,理论界也未曾给出有分量的、代表性的、系统性的研究成果,同一角度的文章仍然层出不穷地提出问题,而解决问题时只是在研究的学科、视角、概念方面不断地更新变化,结论却又回到原点,止步不前。同类文章之间自成一体,几乎没有实质性的呼应关系,也未形成体系性的研究结论。

三、广告学术发展的反思与规范

(一)广告学术研究热点受到媒体信息技术发展的带动

在前文的数据研究中,我们可以看到,广告学术的研究热点受到了媒体信息技术发展的影响,从90年代中期广告研究开始重视广告传播的渠道研究,而进入新世纪以后的广告媒体研究更是推动广告学术研究的最主要动力。广告媒体的形式变迁,在很大程度上决定了广告传播的方式和内容,影响和改变了广告主和消费者之间的沟通模式,为增强广告效果提供了技术上的支撑和可能性。因此,随着数字新媒体技术的逐步研发和推广,广告媒体研究将更多地被学者关注和聚焦。同时广告传播技术的变化也带来了广告传播在效果评估、伦理、管理上的新问题,广告研究人员不仅仅要对媒体本身进行研究,更要关注广告媒体的社会影响力和随之而来的新问题。

(二)广告传播客体研究并未得到充分的重视

广告传播媒体的变化,必然导致消费者接受习惯的变化。而通过研究,笔者发现,在30年的研究之中,广告传播客体的研究一直处于较为"冷清"的状态,研究人员和显著成果都较为有限。无论广告媒体如何变化、传播手段如何多样,广告信息的接收者都是广告传播行为成功与否的关键因素。无论是品牌形象论、定位理论,整合营销理论,最终的焦点还是回归到对消费者的研究和洞察。因此,我国广告理论的构建离不开对广告传播客体的全方位研究,应该予以高度的重视。

(三)广告教育模式的探索欠缺

可以说,广告学科的形成和发展,并非学术体系自身发展分裂的结果,而是来源于广告行业实践的需求,广告学术研究的指向一方面用于为广告行业实践提供更多的理论指导,另一方面在于培养专业的广告人才,投入到我国的广告业之中。因此,对于这样一个特殊的应用型专业,广告人才的培养应该是高等学校广告研究人员的重点关注对象,而目前广告教育模式的探讨和尝试仍然处于初级阶段,各大高校的培养模式的交流仍然是不足的。因此,广告教育模式的探索,应该得到学科管理者的重视。

(四)广告基础理论相对薄弱

如果说上述三个研究方向广告媒体、广告传播客体、广告教育研究,是对于广告学术研究在微观角度上规范的建议,那么广告学科基础理论体系构建的薄弱就是对广告学科宏观发展的深刻反思。在研究中笔者发现,广告传播的方法论研究几乎处于停滞的状态,大多数的研究是针对广告现象、案例、调查、新问题的研究,而关注于广告本体的基础理论部分相对薄弱。一个学科的成熟与否,关键在于这个学科是否建立了完善的基础理论,这也是学科独特属性的表现,是这个学科之所以称之为学科的重要评价指标。因此,怎样建立、健全广告学科的基础理论部分,是值得每一个广告研究人员反思和实践的重要方向。而从世界范围来看,中国特色的广告学科体系远未形成,目前鲜有中国广告学者对广告学科作出创新性贡献。

注释:

① 《新闻传播研究》1994 年之前的前身为《新闻研究资料》(创刊于 1979 年),1994 年之前的《新闻研究资料》本研究并未收录。《现代传播》期刊 1979 年时名为《北京广播学院学报》,1994 年改为《北京广播学院学报——人文社会科学版》,后于 1994 年 8 月再次更名为《现代传播——北京广播学院学报》,2005 年改为《现代传播——中国传媒大学学报》。《国际新闻界》1994 年第 6 期期刊缺失,笔者多方查找未果。80 年代末、90 年代初的《国际新闻界》风格与学术期刊不符,类似于新闻稿件和大众娱乐消息的短文较多,如"巩俐与×××"或"日本皇妃的×××××"。但是为了保持分析的连贯性,本研究并未去除这一阶段的文章,仍然将其计入文章总数,但并未影响其中广告学术论文的数据与分析。《现代传播》1979 年仅出版 2 期。《新闻大学》1981 年出版 1 期、1982 年出版 4 期、1983 年出版 1 期、1984 年出版 2 期、1985 年出版 3 期、1986 年出版 2 期、1987 年出版 1 期。《国际新闻界》1979 年出版 3 期、1980~1988 年每年出版 4 期、1989 年出版 3 期、1990 年出版 4 期。《国际

新闻界》1995年仅出版3期。《中国广播电视学刊》1987年仅出版3期。
② 广告论文是指以广告学科为核心,围绕广告传播的各个过程的全局和要素而展开的研究文章,文章的重心和关键词必须是广告学科之中的。
③ 胡鞍钢、张晓群:《中国传媒普及率追赶的实证分析》,《新闻与传播研究》2004年第4期。
④ 发表论文数量为0的年份,取自然对数时按0.0001计算。

新闻评论传播范式的话语转型与构建[*]
——以中央电视台《今日观察》栏目为例

◆ 尹韵公　王凤翔

　　胡锦涛总书记2008年6月20日《在人民日报社考察工作时的讲话》(以下简称胡总书记《讲话》)强调:"新闻舆论处在意识形态领域的前沿,对社会精神生活和人们思想意识有着重大影响。"大众传媒在社会转型期与网络社会语境下,如何构建如戴维·波普诺所说的"一套社会成员所共有的价值观、意义和物质实体"①一样的文化与价值的传播力、影响力与凝聚力,推动社会和谐、经济发展、政治进步与科技创新,是当前一个急需的、重要的和新型的课题。这不仅是网络媒体的现实任务,也是电视等传统媒体的历史责任。在现有社会语境与媒介环境下,亟需一种新的新闻报道与评论范式实现和形成科学的、释压的、良性的舆论合力、观点能量与舆情导向。电视等传统主流媒体的新闻报道与评论备受网络媒体生存与发展空间的挤压,但是其传播主流与主体影响依在,对建设社会共识、价值共享与秩序和谐,具有极为重要的、积极的舆论意义。

　　在网络发展中,Web1.0、Web2.0,众所周知;Web3.0、Web4.0,在传播话语中也已出现。新闻评论基于媒体发展技术与媒体自身发展规律,在新闻评论的历时性发展过程中,同样经历了类似的四个阶段。

　　新闻评论1.0主要是指以平面媒体为主流媒体的新闻评论时期。基于平面媒体版面空间有限,内容须短小精悍;写作主体或评论员大多是社会精英,"天然地就是一个创造、批判、评价的垄断中心",甚至有"政治家思想的知识分子操纵的技巧和手段",历史地承担启蒙、引导、批判与意识形态的创造者和解释者的角色。②新

＊ 原载于《现代传播》2010年第1期。

闻评论1.0发展历史趋势是政论性评论向新闻评论方向发展，有论者甚至认为报刊等平面媒体的"评论是历史的草稿"。③新闻评论1.0传播模式强调听觉延伸，基本上是直线型大众传播，依赖人际传播，纸质媒介便于保存与携带，促进大众传播。新闻评论2.0是广播电视成为主流媒体的新闻评论时期。广播、电视等电子媒介是一场技术革命，而且是一场传播革命。"在世界所有地区，大众交流工具中最为普遍的是无线电"④，针对当时媒介发展的社会地位与有效性而言，电视是传播的"第一媒介"。评论的深度与深刻等虽受时间限制，是一种大众传播媒介传播与接受的"终端"，可增强与加速人际传播，仍是一种单向度的大众传播模式。新闻评论3.0是网络媒体(互联网、手机等)成为主流媒体的时期。Web2.0等为网络评论注入大众互动的技术基础。网络评论以各种网络论坛、博客、微博客、新闻跟帖、手机短信等各种途径与表述手段，形成全球同步的评论、全民参与和多维的互动评论和个性十足的"客"评论，不但是民情民意表达的新语境与新通道，而且形成消极网络民主、媒介暴力与媒介审判。

新闻评论4.0是网络社会语境下一种全新的媒体传播范式，有如下内涵：第一，充分重视网络媒体的新闻评论，融合传统媒体的新闻评论，是各种媒体评论内容"打包"的舆情传播平台与媒体互动传播。第二，既避免传统媒体评论的单向度传播，又避免网络媒体评论的全民"乱弹"性、互动杂序性与传播乱序性。第三，形成网络媒体与传统媒体之间媒体新闻报道与评论的全面互动、积极互动与和谐互动。

CCTV2《今日观察》栏目是深入学习胡总书记《讲话》后，央视经过四个月酝酿而推出的重磅栏目。该栏目是演播室评论节目，推出时间是2008年10月27日，播出时长30分，播出时间为周一至周五21:50～22:20，重播两次(23:50～00:20，13:00～13:30)。介入角色为演播室的一个主持人和两个评论员、视频延伸到场外专家与媒体观点、网络延伸到普通网友评论，三个话语空间构建观点和引导舆情。该栏目"看懂中国经济"的议题选取与议程设置的原则，以胡总书记《讲话》为指导方针，坚持经济舆情"从群众中来，到群众中去"的传播路线，以网络舆情为毂和多元(海内外各种媒体、各种观点、各种舆情等)平衡原则，构建观点交流平台、央视舆情引领平台与传播公共语境，创新性地构建聚焦辐射平台传播的新闻评论4.0舆情传播范式。

一、舆论话语聚焦:"看懂中国经济"的议题选取视角、议程设置与话语原则

对央视网《今日观察》栏目 2008 年 48 期和 2009 年 146 期节目(至 8 月 31 日)的研究发现:该栏目坚持发掘当日舆论广泛关注的经济舆情、民生问题与社会发展环境的核心话语线索,构建舆情传播的议题与议程。

第一类是对海内外舆论密切关注的中国政府在经济危机中与经济发展中内外重大决策事件与宏观经济的即时解读、科学评价与舆情引领。主要包括金融危机对中国经济的影响、中央与地方政府在金融危机中对内所采取的措施与行动、国外金融危机与经济危机发展情况、中国经济发展与产业发展状况等问题。尤其是 2009 年中国政府应对金融危机的行动与措施的专题节目影响比较大,对重大经济新闻事件加强舆论引导,如为中国参加 20 国伦敦峰会前周小川、王岐山对"终结美元霸权"的舆论呼吁,栏目作了共五期"货币变局"节目专题(3 月 24~30 日);面对中国企业到海外进行企业收购,作了四期"海外抄底"专题(6 月 25~30 日);为 7 月 27 日至 28 日首轮"中美战略与经济对话"作了四期"四问中美新对话"专题(7 月 21~24 日);为地方政府在金融危机中的对策作了三期"中国经济新思维"专题(3 月 9~11 日)。

第二类是大众传媒争相报道的、海内外传媒与社会舆情重大关注的经济发展社会环境问题,需要科学解答与正确引导。

第三类是当时段舆论最为关注的中国经济事件,是与老百姓生活密切相关的大事,如金融危机与经济发展中事关老百姓衣食住行、生老病死、教育等民生经济发展问题。

三类节目的数量与比例如下:

	所占数量	所占比例(%)
中央政策、宏观经济发展等	93	47.9
民生问题	53	27.4
经济发展社会环境问题	48	24.7
总计	194	100

二、话语平台构建:各种舆论话语形成观点传播与议程设置的舆情传播合力,构建观点交流平台与央视喉舌平台

(一)特别重视网络民意及其网络主流舆情,搭建网络主流民意民情表达的交流与传播平台。以网络民意及其网络主流舆情作为评论之毂在中国新闻评论史上是第一次

该栏目不同于其他新闻评论或其他媒体形态评论的独特之处,就是对网络舆情的重视达到前所未有的高度,把网络主流舆情作为主题框架、舆情支点与传播动力,是实现胡总书记《讲话》精神的一个经典之作。胡总书记《讲话》强调:"互联网已成为思想文化信息的集散地和社会舆论的放大器,我们要充分认识以互联网为代表的新兴媒体的社会影响力,高度重视互联网的建设、运用、管理",该栏目通过央视、腾讯、搜狐等主流政府网站与商业门户网站,以网络大众关注热点为新闻价值与评论的尺度与支点,撷取网友即时评论,搭建网络主流民意民情表达的交流与传播平台。

传统媒体如何重视与实现对网络主流舆情的表述与引导,是当今传统媒体不能回避的一项重大任务。该栏目"把坚持正确导向和通达社情民意统一起来,尊重人民主体地位,发挥人民首创精神,保证人民的知情权、参与权、表达权、监督权"⑤,通过重视网络舆情实现传播创新。发达的信息技术使得网络传播呈立体化发展(如视频、带宽、博客、论坛等),舆论信息表达更加客观、更具观赏性、更具传播力与影响力,网民的海量参与把新闻议题与论坛议题等予以强化与整合,从而构建舆情议题的公共性,形成网络主流民意与主流舆情。网络主流舆情具有新闻价值,自然成为该栏目当天的或然议题,议题不一定是当天的主流舆情,但是随着网络主流舆情的关注度而会成为选题与被确定主题。即使新闻事件发生在一周后,只要网络媒体关注度大,仍是栏目必然设置的议程。本文选题选取 2008 年 10 月 27 日至 2009 年 3 月 31 号栏目共计 98 期作为分析对象,主要以播出节目的时间与新闻事件发生时相隔的天数作关系比较,研究发现,前两天议题选取率达 53%,超过四天后的网络舆情选取率达近 30%。对照中国人民大学方正网络舆情研究平台的 2009 年每月网络舆情排列顺序,发现栏目月度选题、议题与主题基本囊括方正网络舆情平台的重要舆情(方正网络舆情未公布,本文采信而不公示数据)。

播出节目与新闻事件相差天数	所占期数	所占比例(%)
1 天（当天）	42 期	42.9
2 天	10 期	10.2
3 天	10 期	10.2
4 天	7 期	7.1
5 天	5 期	5.1
6 天	7 期	7.1
7 天	4 期	4.1
8～10 天	13 期	13.3
总计	98 期	100

一是把网络主流舆情作为当日栏目选题、议题与主题的一个根本原则。将当前网络言论的"网站转发言论""网站原创言论"和"网民交互言论"三类传播形态，作为选取当天新闻事件栏目评论的参考依据。该新闻事件在哪些主流网络媒体或重要门户网站加以报道了，在各个主要网络媒体的强调状况如何，一定时期内网络媒体各个重要论坛的评论、新闻跟帖与点击率发展状况怎样，与传统媒体的关注度与互动是否一致，国外网站与媒体的关注度与评价如何。如果属于网络主流舆情关注的公共性议题，则会成为当日节目选题的备项，否则就会被选题弃置。对选题、议题与主题的扬弃哲学是对新闻规律的深刻认知与切实把握。

二是每期节目在"为什么"和"怎么办"这两个时空节点上，每个节点直接把实时的网络主流民意与网络调查对该问题的两三种看法、态度、意见与评论加以强化与陈述，把网络主流舆情和民意充分、全面和科学地融入栏目陈述的思维框架、主题框架、话语框架、时空框架、结构框架和舆论引导框架。

三是实行网络文字直播，网友实时互动，主持人和评论员可直接与网友交流，实现真正意义上的双向传播，完全展现传统媒体与新媒体的舆情嫁接与主流传播。

把中国数亿网民共同心理与诉求构建的主流舆情作为传播的支点模式，网络主流舆情在传统媒体的嫁接与活化，搭建网络主流民意民情表达的交流与传播平台，构建《今日观察》栏目新闻评论的典范性与创新性，实现中国现有大多传统媒体的新闻评论在有效时空语境下与网络社会媒境下难以企达的广度、深度、力度与高度。这是新闻评论史的一个重大转型，为中国新闻评论史发展方向构建的一座新坐标。

(二)充分重视主流媒体,以主流媒体加强对网络媒体的舆情引导,以官方主流视角构建主流思想与观点传播平台,是新华社、人民日报社、省级官方媒体、海内外主流媒体与网站新闻报道、言论评说等资讯的交汇展示,或对中国政府相关部门及其政策信息展示与解读

主流媒体又叫"精英媒体"(Elite Media)或"议程设置媒体"(Agenda-setting Media),这类媒体设置着新闻框架(the Framework)⑥。基于大局意识的主流媒体在重大问题、敏感问题、热点问题上能够把好关,掌握好度,"在同群众交流互动中形成社会共识,在加强信息服务中开展思想教育,用事实说话、用典型说话、用数字说话","在为推进党和国家事业发展凝聚强大精神力量方面发挥积极作用,在营造健康向上、丰富生动的主流舆论方面发挥积极作用,在促进社会和谐方面发挥积极作用"。⑦每期节目在"为什么"和"怎么办"的两个时空节点上,嵌入3~6家海内外主流媒体的报道与评论,更好地宣传党和政府的主张,充分地弘扬社会正气,全面地通达社情民意,艺术地引导社会热点,善意地疏导公众情绪,科学地发挥舆论监督作用。

(三)通过对海内外各种媒体新闻报道、评论、漫画等话语形态的撷取,力求海内外媒体、传统媒体与网络媒体的多元平衡,构建海内外舆情交流、交锋的平台

栏目按照传播规律办事,紧扣新闻时效的精准度,力求画面语言表达(背景、数字、调查结果、Flash等)的精致,加强语言表述的大众化(民众喜闻乐见)与经典性,引领舆情传播良性发展;充分运用多种电视传播手段:报道词、同期声、字幕、照片、图表、漫画,充分显示出"形象化评论"的特色,改变了以往评论节目一两个人,你来我往的单调乏味的评说方式;围绕新闻事件的公众价值点进行立体开掘,包括海内外媒体对新闻事件中的利益关系分析、原因探讨、观点差异化展现、国内国际的视野拓展和媒体报道评论多元的对立、交流与交锋。

(四)以全球化、本土化的学术视野,构建评论员、海内外特约评论员等专家与学者权威观点表达的专家话语平台与网络传播

重报道、轻评论的传播范式已经不再适用社会和时代发展的要求,也不符合电视媒体自身发展的规律。该栏目新闻评论员的定位是"价值守望,民意表达、观点整合,做最有价值观点的传播者",与作为思想者、叙事者、整合者的主持人,共同构

建新闻与评论叙事。评论员主要是专职媒体评论员与专家评论员,海内外特约评论员包括各方面造诣较深、影响较大的学界专家、政界官员与媒介人士,旨在"打造中国经济的意见领袖"。CCTV－2频道副总监任学安认为:在全球化与网络社会语境下,媒体格局嬗变与各种观点如潮之涌,评论员观点引领舆情发展。中央电视台《今日观察》等栏目的电视评论员不仅代表着我们时代新闻传播与媒介发展的水平,而且代表着党国喉舌、民族良心与公众心声,其传播价值更具共享性、历时性和穿透力。

(五)栏目积极整合、科学积聚网络媒体与传统媒体的表达、交流与传播平台,展示舆情流,传播言论观点,构建舆论力量,最终舆论多元地平衡构建央视主流媒体与主流观点的喉舌平台

央视话语在新闻与评论构建中以央视领导强调的"反映民意,充满善意,展示媒意,彰显公意"("四意论")作为评论宗旨。反映民意就是要强调"三贴近",想群众之所想,急群众之所急,评群众之所念。充满善意,就是对待各种问题与矛盾,不回避,不夸大,不媒介审判,实事求是,客观评论,善意批评,为政府增强执政能力可以提出合情、合理与合法的建设性建议。展示媒意,就是对海内外网络、电视、报纸、杂志等各种媒体与社会舆论的各种话语、观点与立场进行整合,充分地、多元地展示与构建媒体的"意见交流市场"。彰显公意,就是央视评论员构建的公共评论平台是党、政府和人民的喉舌,代表党、国家和人民的最高利益。这不但增强了舆论传播的亲和力、吸引力和感染力,而且提高了舆论引导的权威性、公信力和影响力。

三、平台传播辐射:栏目利用电视媒介的优势、中央媒体的强势与媒体联动,推动"央视话态"的新发展,拓展主流话语传播平台的公共语境,创新舆情导向传播的发展模式

该栏目通过各种观点的分析、交流、整合,不但构建央视观点,而且形成另一轮良性舆情传播,拓展央视语态发展的公共语境,创新舆情导向传播的发展模式。

构建辐射传播的媒体互动平台。该栏目和重点商业门户网站"新浪、搜狐、腾讯"形成战略伙伴关系,与"人民网、新华网、网易、中国金融网、金融界"等网站达成紧密的合作伙伴关系。栏目每天节目内容,以上各大网站均以重点推荐和专题形

式,或以评论员的直接观点作为重要标题出现在各大网站上的"媒体言论""观点""时政新闻版""每日评论""分析综述"等板块上。栏目节目往往一经播出,就成为新华网、人民网、新浪、搜狐等多家主流政府网站与商业门户网站媒体头版、论坛的焦点新闻。《1000亿投资"急行军"谨防"摔跟头"》节目,"投资不是'唐僧肉'明细账应网上公布""要杜绝仓促上阵的五边工程"等观点,人民网、新华网等均以首要位置转载栏目节目。该栏目播出的诸多节目,在新的媒体形态上广为传播,普受赞誉。如《廉租房,管好比建好更重要》一文,一天内栏目博客点击率达到两万多次;诸多节目内容与观点在网络论坛与网页(如天涯社区等)被转载并热评。当节目"沈阳72家房地产联盟 注定要土崩瓦解"还在播出中,天涯网友以此话题自动发帖,两万多名网友一齐赞叹。多家平面媒体与广电媒体,以栏目相关节目为由头,展开焦点讨论,或把栏目内容作为第二天头版头条的内容,对节目进行转载转播,或广为引用与报道,形成社会舆情热点。《今日观察》和《华西都市报》《重庆晨报》《西部商报》《新晚报》《潇湘晨报》等10多家地域性主流报纸达成合作联盟,每天开设专栏,刊登评论员重要观点2000字左右。这些报刊经常以评论员的观点为重要标题转载刊登,并时常以栏目中评论员的观点作为文章卖点。如"沈阳72家房地产联盟 注定要土崩瓦解"节目播出后,迅速引起了社会各界的关注,一时成为街谈巷议的热点话题。节目播出的第二天,各大报纸如《检察日报》《齐鲁晚报》等就都以央视《今日观察》这期节目为由头,展开焦点讨论,形成一个新的社会热点:"不降价联盟"说明开发商不懂市场之变、请对"不降价联盟"扬起法律之剑等主题性讨论形成民众的关注潮,起到对房地产市场的客观公正的舆论导向。

善于利用网络语言构建传播主题,形成传播链。如2009年8月21日节目《"楼歪歪"该纠正谁的行为?》,以"脆脆""歪歪""断断"等语言构建为中国房地产问题的代名词与网络语,在海内外网站等媒体上大为流行,达到了良好的舆论效果,形成了良好的舆情效应。如北京《法制晚报》2009年9月3日(星期四)B03版文章——《致信开发商 别再"墙脆脆"》的"脆脆"之语,而北京市常营两限房社区网民的"两线联盟"网页以"墙歪歪"进行了再次话语改造,用流行歌曲谱曲,自创歌词,制作成为MP3《墙脆脆》在网络流传。

以博客形式强力推荐评论员的话语、观点,评论员博客按照题材的不同出现在各大网站。这种推荐效果很好,其中评论员的博客点击率单期竟可以超过17万次。同时与网友面对面的网络交流不可或缺,《今日观察》以"网络在线访谈"形式让评论员和网友面对面交流。

栏目还拟在新浪等重要网络媒体上,设立"今日观察特约评论员"的博客圈,分"传媒圈、法学圈、社会学圈"三大圈建立 200 位专家的博客。以博客圈为核心,联合不同网站、联合不同的学术机构,结合栏目具体节目内容,进行"评论员与网友见面会"。

CCTV-2《今日观察》栏目发展和构建新闻评论 4.0 的新舆情传播模式,不但改善了 CCTV-2 栏目板块生态与舆情传播系统,而且优化了中国当今的媒介生态与媒介环境。

平面媒体难以达到电视媒体的深度与深刻,在农村相关受众中没有较大阅读市场。电视媒体尽管具有深度报道、即时传播、方便遥控、老少皆宜、城乡普及、受众群体极大的特点,但是电视娱乐至死与电视剧为王的娱乐化现象比较严重,在市场语境下受制于万恶的收视率,受制于网络媒体的媒体融合。无论是平面媒体还是电子媒体,其报道与评论的内容和形式均受到广告主的影响与控制⑧,编辑与广告"防火墙"的打破,广告话语权"变成了有特权的私人利益侵入公共领域的入口";公共交往消失,"消费控制"通过"产品起着思想灌输和操纵的作用"⑨,严重威胁到新闻媒体自身的独立性,严重威胁到广大受众群体的舆情知情权、表达权与监督权,严重削弱党和国家对大众传媒的话语权。《今日观察》栏目基于新闻规律的聚焦辐射平台传播的新闻评论 4.0 范式,不但构建绿色收视率导向,避免电视媒体自身的媒介缺陷,而且解构全球私有化与广告主力量产生的"不平等享用权及媒体内容的变迁的市场压力"⑩,构建和优化中国媒介生态与媒介环境。

胡总书记《讲话》强调:"按照新闻传播规律办事,创新观念、创新内容、创新形式、创新方法、创新手段,努力使新闻宣传工作体现时代性、把握规律性、富于创造性,不断提高舆论引导的权威性、公信力、影响力。"在中国社会转型期、矛盾高发期和信息传播高度发达期,《今日观察》栏目聚焦辐射平台传播的新闻评论 4.0 范式,在党政议题、媒体议题、民众议题和海外关注议题方面实现科学整合,达到舆情认同的一致性。该栏目不仅是中国电视栏目第一档具有鲜明经济特色和独特风格的高端评论节目,而且是经济舆情平台的一个蓝本、电视经济评论栏目的一个精品和主流媒体传播的一个范式。

注释:
① 〔美〕戴维·波普诺:《社会学》(上),刘云德译,辽宁人民出版社 1987 年版。
② 王凤翔:《〈新青年〉对北洋政府合法性的解构和对中国共产党合法性的构建》,《新闻与传播研究》2005 年第 4 期。
③ 周伟:《思想原声:新闻评论》,光明日报出版社 2003 年版,第 2 页。
④ 联合国教科文组织:《多种声音,一个世界 》,中国对外翻译出版公司 1981 年版,第 82 页。
⑤⑦ 胡锦涛:《在人民日报社考察工作时的讲话》,人民网 2008 年 6 月 20 日。
⑥ Noam Chomsky,"What Makes Mainstream Media Mainstream",*Z Magazine*, October, 1997。
⑧ 王凤翔:《广告主对大众媒体的影响与控制分析——基于"广告话语权"视角并以中国医药、保健品广告为例》,《新闻与传播研究》2007 年第 3 期。
⑨ 〔德〕哈贝马斯:《公共领域的结构转型》,曹卫东等译,学林出版社 1999 年版,第 220 页。
⑩ Murdock,*Redrawing the Map of Communication Industries*,London:Routledge,1990。

舆论监督与社会政治生态环境*

◆ 范以锦　杨　凡

　　舆论监督是中国新闻界创造的"具有中国特色"的概念,在西方文献中,找不到"舆论"与"监督"这样的搭配①。"舆论监督"和"批评报道"是既有关联又有区别的两个概念②,本文涉及了这两个方面,"舆论监督"中包含了"批评报道","批评报道"也涉及了"舆论监督",为便于表述,本文统称为"舆论监督"。唐惠虎在《舆论监督论》中指出:"社会主义舆论监督,是人民群众依法管理国家事务、经济事务和社会事务的民主权利的体现。社会主义舆论是制约权力、监督权力的重要组成部分,是制约权力、监督权力的重要途径。"尽管舆论监督的范围比较广、手段也多样,但主要载体是媒体,重点是公共权力的监督。因此,本文确定在这个范围内进行阐述。

　　衡量媒体是否开放,很大程度上要看舆论监督的生态环境如何。这种生态环境指舆论气候、舆论氛围,亦即舆论监督存在的实际情况,其中包括舆论监督具体实施过程中的外部多维复杂环境及媒介自身环境因素③。

一、舆论监督与社会政治生态环境的互为作用

　　舆论监督与社会政治生态环境有着密不可分的因果联系。社会政治生态环境对舆论监督能否顺利进行有着至关重要的作用,是确保舆论监督往良性发展的基础;而舆论监督的效果显示出来了,又反过来优化社会政治生态环境,反之就有可

---

* 原载于《现代传播》2010 年第 12 期。

能弱化。因此,两者相辅相成、互为因果。

(一)政治生态环境是舆论监督赖以生存和发展的基础,良好的政治生态环境能强化舆论监督并达到良好的效果

"文革"期间正常的舆论监督完全消亡,正是当时的政治生态环境使然;真理标准问题讨论的时候,舆论监督得到恢复和提升,也正体现了当时政治生态的优化。

媒介生态理论认为,媒介系统与其所处的社会生态环境之间形成一种依存关系。媒介只有通过物质流、信息流、能量流与社会生态环境进行循环互动才能生存。④舆论监督依存于良好的政治的生态环境,及在这种环境作用下的周边社会环境。舆论监督的良好生态首先体现在政治生态环境,也就是要得到有民主政治素养和新闻执政理念的管理者的理解和支持。良好的舆论监督生态还体现在有良好的民意舆论环境,以及明晰的、宽严适度的法律环境等。没有这些适宜的生态环境作保障,舆论监督将寸步难行。我国党管媒体的特殊性质决定了在这一系列的生态环境之中,政治生态环境是保障舆论监督顺利施行的最重要的因素,它从一开始就牢牢地把握着舆论监督,影响着舆论监督的全过程。

在良好的政治生态环境下,媒体可以放开手脚对社会上不当、不公、不义的问题进行揭露和批评,让公众可以畅所欲言。上可通民意,下可达政令,舆论监督在这时就起到了积极的效果。反之,在封闭的政治生态环境下,媒体只能蹑手蹑脚地进行一般化的信息传达,不能发掘社会深层次的问题,不利于民意的通达,社会风气每况愈下,舆论监督效果微乎其微,形同虚设,最终导致社会的安全阀承受不住而崩溃。正如中医所说"通则不痛,痛则不通",舆论监督带来信息的通达能够让社会处于一种和谐的氛围之中,倘若不通畅只会使矛盾越积越深,最终一发不可收拾。

自新中国成立以来,舆论监督经历了几次起伏,每一次的起伏无一例外地都与当时政治生态环境的变化有关,后文对此有详细的论述。可以说,政治生态环境是决定舆论监督能否发挥积极效果的基础,没有良好的政治生态环境作保障,舆论监督只能是摆设。

给舆论监督创造一个有利的政治生态环境,并不等于说政府可以放任不管。政府一方面不应该过分地干预媒体应该报道什么、不报道什么,应为公众提供更多的讨论空间,让人们拥有更多畅所欲言的自由,使信息达到良好的沟通;另一方面,也要经常对舆论监督的走势进行分析,职能部门加强与媒体的协调,对出现的问题

及时地进行处理和解决,做好这一工作也是对舆论监督环境的优化。

(二)舆论监督能反作用于政治生态环境,影响和推动政治生态环境更加优化

舆论监督一方面蕴含着政治参与者的政治意识、政治倾向、价值判断,另一方面又代表着一定程度的社会意识、民情民意、公众价值取向,它既是监督公共权力、遏制权力腐败的"利剑",又是保障公民权利免受侵犯的"盾牌"[⑤]。因此,舆论监督的成效如何关系到政治意识与社会意识能否实现无缝连接,从而影响政治生态环境乃至整个社会生态环境的走向,它是政治文明的重要维度,是社会文明的风向标,是衡量和检验现代社会中公民人格的独立意识和自治水平的重要指标。在我国,"舆论监督"的概念已经写进了党的工作报告,是我党倡导的推进社会主义民主政治建设的一项重要内容,是广大人民行使民主权利管理国家和社会事务的一种有效形式,也是对公权力进行监督和制约机制的不可或缺的组成部分,可见其对社会政治生态环境的优化有极其重要的作用。舆论监督对政治生态环境的影响主要体现在如下三个方面:

1. 对科学决策的影响——舆论监督能够保障行政决策的民主化与科学性

决策的背后是权力的运用,对于决策的监督,实际上还是对权力的监督。没有制约的权力决策,是没有公益性保障的决策。通过新闻舆论监督决策过程、决策方式和决策结果,不仅能确保决策的科学性,也是政治文明建设所必需的。

一方面,有效的舆论监督可以促进行政决策的民主化。大众传播媒介是广大公民参政、议政的重要手段,也是最直接让行政决策者了解公民意愿和要求的有效途径。充分发挥舆论监督的作用,赋予公民对政府工作建言献策和批评监督的充分权利,体现行政管理的民主化,行政决策才能更准确地体现公民的意志和要求。可见,舆论监督既是社会主义民主的根本要求,也是促使行政决策走向民主化的重要途径。

另一方面,有效的舆论监督有助于促进行政决策的科学化。行政决策的根本目标是要科学化,信息的获得作为科学决策的前提和基础,要充分借助舆论监督去辨别真伪,决策目标的确定也有赖于从舆论监督中检测公民对政府前段工作的满意程度。最后,行政决策的追踪和完善更需要舆论监督的持续关注。

这几年,党中央、国务院大力推进以政务公开为基本内容的依法行政,重大决策必须实行公众听证,广泛听取意见,而媒体正是听证活动的重要载体。从发展趋

势来看,新闻媒体对政府工作的监督已经由过去主要对政府工作作风进行监督,变成包括对政府的重大决策的全面监督。这不仅是我国新闻媒介对政府工作进行监督的重要进步,同时也是广大人民群众的民主参与意识明显增强的体现。

2. 对决策执行的影响——舆论监督有助于保证国家政策法令的正确执行

行政决策制定以后,由于主客观条件的变化,以及执行者的理解与实施能力的不同,在执行中很难一步到位,而且还有可能出现"上有政策、下有对策"的情况,甚至在"三令五申"下也不执行。为了保证国家政策法令的正确执行,除了借助行政、法律手段之外,舆论监督也是必不可少的一环。借助舆论监督可以及时反馈信息,检查行政执行是否偏离决策目标,是否有不当的执行方式,还可以从数量和质量上对行政执行过程进行监督和衡量。舆论监督的内容包括检查行政执行工作的进度和效果,检查行政经费的使用情况,检查工作制度的遵守状况,检查行政执行中是否有违法乱纪、失职渎职、扯皮拖拉等问题。其检查结果见诸报端、网络、电视、广播,即刻就会在广大公民中产生反响,相关领导部门迫于舆论的压力也会给予重视,及时采取措施,这样,就可以及时有效地制止违法乱纪行为,保障行政执行工作按预定的轨道前进。

3. 对勤政廉政的影响——舆论监督像一只无形的手,对腐败及失职、渎职现象有强大的震慑力

新闻舆论监督是制约权力的有力武器。腐败与权力的滥用是民主政治的最大天敌,实施新闻舆论监督是遏制腐败现象的有效措施。新闻舆论监督之所以具有强大的威力,主要是因为它的公开、广泛传播,往往会在社会上产生强大的心理震慑力,从而给被批评的当事人造成道德方面的谴责。在新闻舆论的监督下,被监督者的一举一动都处在众目睽睽、众口评说之下,由此形成的压力必然迫使不少人悬崖勒马、幡然醒悟;那些劣迹昭著、以权谋私的行为将原形毕露,受到人民群众的谴责和有关部门的查处,起到惩前毖后的作用。这几年,我国查处诸多领导干部腐败、违纪违法行为,有些是直接源自新闻报道,有些则在事情查处以后,经由新闻媒体的广泛报道,在社会上产生了不小的舆论震荡波,这种监督成效功不可没。

舆论监督与社会政治生态环境作为一对密不可分的要素,它们相互依存、互为因果,社会政治生态环境的一些要求催生出了舆论监督,反过来,舆论监督又影响着社会政治生态环境的发展。我们应当重视舆论监督与社会政治生态环境之间的内在联系,创造有利的条件,从外部及内部的各个方面在两个要素上同时加强,以

期达到舆论监督与社会政治生态环境的良性循环。

二、我国舆论监督的六个时期

新中国成立 61 年来,根据各个时期社会政治生态环境状况和舆论监督的强弱,舆论监督可划分为六个时期——20 世纪 50 年代:兴盛期;"反右"之后:衰退期;"文革"时期:重挫期;真理标准讨论前后:恢复和提升期;社会转型期:徘徊期;新媒体时代:突破期。

其中,20 世纪 50 年代、真理标准讨论前后、新媒体时代这三个时期,是舆论监督的最好时期。在这三个时期中的前两个时期,传统的主流强势媒体在舆论监督中起到引领潮流的作用;而最后一个时期则是新媒体、传统媒体与民间舆论形成合力的立体式的新型舆论监督的出现,把舆论监督推上了新的发展阶段。

三、各时期社会政治生态环境对舆论监督的影响

这里,我们对六个时期的舆论监督状况及社会政治生态环境对舆论监督产生的影响,逐一进行分析。

(一)舆论监督第一时期——20 世纪 50 年代:兴盛时期

从中央机关报《人民日报》到地方党报都高度重视反映群众的呼声和要求,对那些目无法纪政纪、以权势压人以及官僚主义作风等现象的批评,经常见诸报端。华南分局机关报《南方日报》创刊后第一个著名的批评报道,是 1950 年 2 月在第一版显著位置批评了广州的一名局长,批评他的官僚主义和强迫命令作风。1950 年至 1953 年,《南方日报》批评县以上党政领导干部的报道、读者来信和评论达 100 多篇。

当时的政治生态环境:新中国刚成立,我们党的威信很高,底气十足,希望通过开展批评与自我批评保持和发扬优良传统。1950 年颁布了《中共中央关于在报纸刊物上展开批评和自我批评的决定》,提出报社可负独立责任,放弃了过去的刊前预审制,批评报道有了宽阔的空间。新中国成立初期,中共中央华南分局第一书记叶剑英就指出:"《南方日报》应该在思想批判工作上做出成绩来。"他指的思想批判其实就是批评报道。1953 年 1 月,华南分局第四书记陶铸在华南分局宣传工作会

议上的讲话中指出,当前,报纸最需要做好的有两点:第一,联系实际,多登载群众创造的典型,更有力地推进工作;第二,加强批评,要敢于与一些违法乱纪和各种落后倾向作斗争,力求从各方面来改进我们的工作。

在这个时期,批评报道不得力,是要受到批评的,现在看来,有点不可思议。因为,"正面宣传"做得不好或不太好,受批评是很自然的,很少听说过因批评报道不得力而受批评的。然而,当时的情况就是这样。1953年1月8日,《人民日报》地方报纸组给南方日报社来函,批评《南方日报》开展批评与自我批评不够经常有力。2月1日,《人民日报》发表报纸工作述评,公开批评《南方日报》在反官僚主义斗争中,批评与自我批评工作做得不够,表现了很大的软弱性。2月12日,《人民日报》报纸工作述评,再次批评《南方日报》开展批评不力。

从现在的角度来看,《南方日报》当时的批评报道已经做得很好。但《人民日报》为何还再三对《南方日报》进行抨击? 在他们看来仍属不够得力,而导火线是广州市税务局第二分局长扣压人事件。《人民日报》认为,此事严重侵犯人权,受害人申诉了8个月,南方日报社并非毫不知情,主要是不敢揭发。后来广州市机关给这位局长作了处分,《人民日报》认为处分太轻,批评《南方日报》报道处分决定时未表示任何意见。面对《人民日报》的批评,南方日报社的领导者不仅没有去抵制、去批驳,而是老老实实、认认真真地进行整改,还主动向上级党委报告。因为,南方日报社的领导者是非常赞同搞舆论监督的,《人民日报》的批评其实就是为《南方日报》开展舆论监督壮了胆。1953年1月22日,《南方日报》编委会对《人民日报》8日来函作出答复并上报华南分局。2月13日,《南方日报》发表社论表明对舆论监督的态度。3月23日,《南方日报》编委会讨论《人民日报》报纸工作述评,进行检查,并就《人民日报》的批评作出答复。4月2日,编辑部召开大会,报社领导自觉进行自我批评,在会上作了认真的检查。

上级党委又是什么态度呢? 华南分局第四书记陶铸针对《人民日报》来函和《南方日报》的答复批示:"来信与复信应即发各级机关首长一阅。"这实际上是告诉各级领导,《南方日报》的批评报道还做得不够,必须支持《南方日报》搞好批评报道。有了《人民日报》和上级党委的支持,《南方日报》的批评报道又进入一个新的阶段。

(二)舆论监督第二时期——"反右"之后:衰退期

"反右"之后,批评报道受到打压,只能讲好听的话、讲形势大好。这样的情况一直延续到1966年"文革"前。当然,其间也有起有伏。

当时的政治生态环境:"反右"时,曾把报社提供批评报道的一些同志被打成右派。后来又有"反右倾机会主义"的运动,有些媒体领导因对浮夸风问题发了内参,便在运动中被打成右倾机会主义分子,受到撤职处分。如新华社广东分社社长杜导正就因写了对浮夸风问题的情况反映和内参而受到撤职处分。后来,由于严重的经济困难引起中央高层的关注,为了纠偏又可让人"出气"谈问题了,许多被打成右倾机会主义分子的人得到平反,批评报道又宽松了一些。但毛主席发出"千万不要忘记阶级斗争"的口号之后,舆论监督又收紧了。

(三)舆论监督第三个时期——"文革"时期:重挫期

"文革"时期的监督是颠倒黑白的"监督",即当时被称为"四大"的大鸣、大放、大辩论、大字报,表面上很民主、很自由,想"监督"谁就"监督"谁,实际上是少数人对多数人的专政。如果监督到"四人帮"及其身边的人,肯定有牢狱之灾。

这个时期的政治生态环境:"四人帮"利用"四大"之名打倒一批老干部,以达到其篡党夺权的目的。

(四)舆论监督第四个时期——真理标准讨论前后:恢复和提升时期

这个时期从党的十一届三中全会、真理标准讨论开始,再到全党深入开展反腐败斗争,跨越逾十年时间。《人民日报》《光明日报》等在真理标准讨论中,冲破思想禁区,批评思想僵化和背离三中全会精神的错误行为,为恢复党的优良传统、落实党的方针政策鼓与呼。后来,随着反腐败斗争的开展和深入,《南方周末》、中央电视台的《焦点访谈》——被人们称为一南一北的重要舆论监督力量,开创了舆论监督的新局面。恢复舆论监督比较好理解,为什么叫提升?因为上世纪50年代的舆论监督就事论事比较多,而现在说它"提升"就体现在深度报道的出现。传媒不满足就事论事,要追踪台前幕后的问题,要找出发生问题的原因,反思某些体制机制的弊病。这个时候的批评报道,就不是一两篇短文,可能是长文甚至是一两版的连续追踪报道。广东的《南方日报》的舆论监督有几年曾有过这样的辉煌:每周至少有一篇批评报道发在头版,每年有四至五篇批评报道刊登在头版头条。

当时的政治生态环境:"文革"结束后,我们国家需要通过舆论力量拨乱反正,落实政策,重塑形象。在反腐败斗争中,也希望借助舆论力量加大力度。因批评报道做得好,纪委一再给报社写信表扬和感谢,对一个报社整体的批评报道予以肯定、支持,这是十分难得的。这件事就发生在广东。1988 年 10 月 28 日,广东省纪律检查委员会写信给《南方日报》,表扬《南方日报》在惩腐倡廉报道中作出的贡献。信中列举了《南方日报》一批批评报道之后指出,这些报道对党员、干部、群众来说,都是很好的教育,对保证党的路线、方针、政策的贯彻执行,具有重要作用,广东省纪律委员会希望继续努力更好地发挥舆论监督作用。1990 年 12 月 23 日,省纪委再次致函勉励《南方日报》。信中说:"在这场反腐败斗争中,作为省委机关重要喉舌,立场坚定,旗帜鲜明……充分显示了舆论监督的威力……再次向你们表示衷心的感谢和崇高的敬意!"

(五)舆论监督第五个时期——社会转型期:徘徊期

这一时期的特点是:总体收紧,时紧时松,徘徊不前,艰难地进行探索。

出现这种情况,与此时社会政治生态环境相关:一是转型期社会矛盾突出,突发事件尤其是群体事件不断,国家管理部门要求传媒"多帮忙,少添乱",对社会问题的报道要谨慎一些、理智一些。有些社会问题是前所未有的,传媒对此如何报道也缺乏经验。在这种情况下,管得紧一点,并希望在实践中进行探索,逐步摸索舆论监督的办法,是可以理解的。二是利益集团干扰。利益集团中的某些人出于某种特殊利益压制正当的舆论监督,这是不正常的。三是某些媒体对舆论监督权利的滥用,比如"封口费"问题。这不仅使媒体自身不能理直气壮地开展批评报道,还使社会对媒体公信力产生了怀疑,影响了监督的权威和力量。

(六)舆论监督第六个时期——新媒体时代:突破期

这是新媒体、传统媒体与民间舆论形成合力的立体式的新型舆论监督时期。新媒体与传统媒体实现互动,并且与民众的监督结合起来,打破沉闷的局面,把舆论监督推向了新的阶段。一般来说,先是受众发现问题后议论纷纷,然后通过上网,引发众多网民的关注、议论,形成网上热点,传统媒体再介入,与网络媒体互动,形成强大的舆论监督的力量。比如,山东济宁副市长下跪事件,最先出现在网站上。随后,《南方周末》对此公开报道后,其他传统媒体也跟进报道,迅速引起一场"地震",最终纪委介入,将腐败分子的问题查清。黑砖窑事件、PX 事件、虎照事件、"躲猫猫"事件和邓玉娇案,都充分显示了新媒体时代监督的力量。

为什么这个时期舆论监督会实现新的突破,而且是由新媒体来引领呢？因为社会生态环境出现了新的变化:互联网技术快速发展,在网上发表各种声音的环境较宽松,先进的传播手段传递的信息更直接、更迅速,并可以与受众互动。它的这些快速、互动、海量的特性,使得他人难以对它封锁和消减它的影响力。科学技术推动新媒体的发展,推动人们观念的转变、新闻的开放和舆论监督的新突破。

四、要进一步优化传统主流媒体舆论监督的环境,使其保持舆论监督的强势地位

陈力丹在几年前发表的文章中对于舆论监督有这样的认识:"舆论监督永远都是传媒自身的功能之一,而不具备强制力,这就是它的社会角色。什么时候大家都能用法治的、理性的心态看待舆论监督;什么时候全社会都能意识到舆论监督是公民参与社会活动、保证社会公正的不可缺少的手段,那时,我国的舆论监督便真正走上了正轨。"⑥如今,进入新媒体时代,开放的社会生态环境和通达的信息网让更多的人能够有意识地参与到舆论监督中来,我国的舆论监督又进入了新的历史阶段。然而,值得我们思考的是,在新媒体时期,强势主流媒体在舆论监督方面成为新媒体的"跟随者"。尽管最终强势主流媒体也参与并形成合力,但它的顺序是:网络等新媒体介入——非强势传统媒体跟进——强势主流媒体最后进入,强势主流媒体在时间上还是走在了最后面。

即使传统媒体在新媒体时代的舆论监督的被动状态有其技术等方面的客观原因,但也有我们在认识上和管理上的误区。有的报道线索本来是传统媒体先掌握的,但由于某些政府部门的不当的阻挠,不能及时报道出去,等到网上炒到沸沸扬扬且偏离事实真相时,才容许传统媒体介入报道,试图"后发制人",而此时局面已显得十分被动了。现实中,强势主流媒体舆论监督存在的弱化状况应当得以改变。正如科学技术进步推动突发事件公开报道的观念转变,网络等新媒体的强大舆论力量也应促使我们思考,改变我们对舆论监督的管理方式。

那么,党报、电台、电视台等传统强势主流媒体应如何适应新形势的要求,改变"跟随者"的地位,在新媒体时代继续发挥舆论监督的引领作用呢？具体来说,应从四个方面着手:

第一,要给传统媒体创造有利于舆论监督的良好社会政治生态环境。党的"十

三大"报告首次在党内文件中写进"舆论监督"的概念。⑦在这之前,传媒的批评报道和舆论监督早就有之,但"舆论监督"的概念进入党内的重要文件,说明党中央是非常支持舆论监督的。因此,传统媒体履行舆论监督的责任,与民众对公共权力监督的期待和我们国家高层对开展舆论监督的要求是一致的。但有些地方政府及职能部门由于认识上的偏差,或者为了维护某些方面的不正当利益,将舆论监督视为"负面报道",尤其是以行政的力量直接干预他们能掌控的传统主流媒体,极力压制舆论监督。他们对客观存在的事实视而不见:传统媒体不发布,新媒体发布;境内不发布,境外发布;权威渠道不畅通,谣言满天飞。网上可以看到许多事实,也有不少谎言,需要对非理性方面加强引导。我们的强势传统媒体为何不积极介入舆论监督,将"真实"的发布权更多地掌握在自己手中,以避免谎言的流行?党委和政府部门直接掌管的媒体,其权威性、可信度高,受众量和影响力大,依靠其强势地位完全有能力也有责任搞好舆论监督。

第二,充分利用传统媒体自身办的网站,牢牢掌握"监督"的话语权。传统主流媒体采编人员多、分布广,还有一批通讯员队伍和热心报料人,触角渗透到方方面面,能较早拿到许多有关舆论监督的线索。由于报纸出版时间的局限,无法抢先其他新媒体。但事实上许多传统媒体都有自己的网站,我们可以依托自己的网络平台,加快传播速度,然后再反馈到传统媒体进行互动,将舆论监督置于领先地位。

第三,在各类传播手段都在传播,说法不一、真假难分时,运用传统媒体的"可信度"发挥舆论引导优势。虽说网络时效性强、互动性好,再加上拥有匿名性这一特点,从一定程度上说,有利于舆论的形成和舆论监督作用的发挥。然而辩证地来看,也正是由于它的匿名性和低门槛,导致网络舆论的主体较为复杂,网络言论也必然具有很强的自发性和无序性,不可避免地有大量失真的信息甚至谣言夹杂其中,偏激的言论和网络暴力比比皆是。传统媒体有高素养采编队伍,善于把握尺度,不易被网上虚假的信息和偏激的言论所蒙蔽,不会随意将舆论监督升级到某些网络舆论的无节制程度上。传统主流媒体可加强网上监测,发现新情况后适时介入发挥舆论引导作用。

第四,传统主流媒体善做高度、深度文章且具有特殊地位,可以发挥其权威性的后发优势。传统主流媒体一直以公正、权威著称,天生便具有进行舆论监督的固有优势。在新媒体抢先的情况下,可以在调查性的报道和言论方面予以提升,体现传统权威媒体的高度、深度。比如河南杞县的"钴60故障"引发居民离家"避难"事件,虽引起网络舆论的最先关注,但随后跟进的传统主流媒体却体现出其反思的分量,尤其是《人民日报》的调查性报道《"杞人忧钴",真相为何没跑过谣言》及人民时评《失语背后的隐忧》⑧,以独有的视觉和犀利词锋,发出了最权威的声音。

从这四个方面入手,尤其是政府部门积极为传统主流媒体排忧解难,创造良好的政治生态环境,将能更好地发挥传统强势主流媒体的优势,确保其舆论监督引领者的地位。

注释:

① 李欣人、马文娟:《测量舆论监督报道力度的初步尝试》,载展江、白贵主编:《中国舆论监督年度报告》,社会科学文献出版社2006年版。

②③ 郭镇之:《关于当前舆论监督的结论和建议》,载展江主编:《中国社会转型的守望者》,中国海关出版社2002年版。

④ 支庭荣:《大众传播生态学》,浙江大学出版社2004年版。

⑤ 张文镝:《政治文明语境下的舆论监督》,载展江、白贵主编:《中国舆论监督年度报告》,社会科学文献出版社2006年版。

⑥ 陈力丹:《论我国舆论监督的性质和存在的问题》,《郑州大学学报》2003年第4期。

⑦ 见党的"十三大"报告《沿着有中国特色的社会主义道路前进》。

⑧ 见《人民日报》2009年7月22日。

新媒体时代中国舆论监督的新议题:网络揭黑*

◆ 吴廷俊

据称,2007 年被称为"网络民意年",2008 年被称为"网络舆论年",2009 年被称为"网络反腐年",这表明互联网在我国的社会改革、政治文明建设中越来越充分地显示出它的价值,尤其是在公共事务和公共决策中发挥了民意表达、民主监督的积极作用。其中,网络揭黑成了一种可以引起社会轰动的传播现象,每一次对揭黑的反响,都如一石激起千重浪,有人为之拍手叫好,有人为此胆战心惊,有人为之推波助澜,有人在欢呼的同时希望更加规范,有人则千方百计围追堵截。一句话,网络揭黑成为新媒体时代舆论监督的一个新议题。

对于这样一个新课题,亟待人们从理论上进行研究,回答其中一些根本性的问题,比如,作为传播技术的网络新媒体 20 世纪后期在世界各国迅速普及后,为何它在揭黑和反腐、推进社会民主化进程中施展拳脚,在中国的表现似乎尤为突出?为什么中国社会对网络媒体的揭黑和反腐行为毁誉参半?如何看待网络揭黑和反腐的前途,等等。

一、网络揭黑:中国舆论监督另辟新径

舆论监督主要是指公众利用大众传播媒介对国家机关、国家机关工作人员和公众人物与公共利益有关的事务进行揭露、批评和提出建议的行为。[①]在我国,网络舆论监督的主要形式有:新闻跟帖、网站论坛(BBS)、舆论监督网站和网络民意调查等。网络揭黑指网民通过网络平台,借助网络舆论的力量,为维护社会公平正

---

* 原载于《现代传播》2011 年第 1 期。

义,揭露事实真相,引起社会关注,从而引起政府相关部门重视并使事件得到迅速"合理"的解决的行为。在我国传统媒体舆论监督功能缺失的情况下,网络揭黑是舆论监督开辟的一种新途径。

按郭镇之的说法,"舆论监督"是一个具有中国特色的词组,在西方国家中(主要指英美国家),虽然没有"舆论"(public opinion)和"监督"(supervision)这样的搭配词组,但是,"西方媒介机构在社会生活中也扮演着极为重要的角色,是设置社会舆论议程者和声音最响亮的喉舌。"②这说明,在不同意识形态的国家,媒体在引导舆论、发挥社会监督职能上是一脉相通的。

如果说历史有惊人的相似之处的话,我国当前的社会与100年前的美国有很大的相似性。其一是社会转型。19世纪后期,随着南北战争结束和社会重建的开展,美国步入所谓"镀金时代",经济发展进入快车道,科技水平不断提高,工业产值迅速增长,经济社会实现了空前的历史跨越,由农业社会转向工业社会,由自由资本主义社会进入垄断资本主义社会。一个世纪后的20世纪后期,中国也进入社会转型期,即从传统计划经济体制转向社会主义市场经济体制,从以农业为基础的传统农村社会转向以工业和服务业为主导的现代城市社会,从封闭、半封闭社会转向开放社会。其二是两国的社会发展都呈现二律背反特征,一方面经济快速发展,一方面社会矛盾激化。当年,美国出现了揭黑作品中描述的各种社会问题,如"社会达尔文主义、政治腐败,以及当代社会普遍的社会偏离(卖淫、赌博、吸毒、不当行为、犯罪、放荡、流浪、自甘潦倒、性倒错等)。当今,中国社会除了美国当年出现的问题外,还有中国特有的问题:诸如极'左'意识形态的终结与真空、人口超饱和、地区发展失衡、民族问题、作为社会稳定因素的道德力量(包括宗教)的缺失、作为后发国家受到的信息挑战等等,"③尤其是贪污腐败几乎成了"政治之癌",严重地影响了国家现代化、民主化的进程。

面对严重的社会问题,美国杂志、报纸等传统媒体掀起一场急风暴雨般的"黑幕揭发运动",俗称"扒粪运动"。这些"扒粪者"大胆地对美国的政治腐败、经济腐败、食品安全、劳工问题、医疗卫生问题等黑暗面进行了全方位、深层次、多角度的揭露,将美国立法、司法与行政方面的巨大黑洞暴露无遗。这场运动充分凸现了新闻媒体舆论引导与舆论监督的社会功能,唤起了公众良知与责任感,也为当时美国社会变革奠定了良好的群众基础,促使美国社会政治经济运行步入了健康有序的轨道,顺利完成了社会转型。由于我国政治体制改革的相对滞后,新闻改革也随之滞后。自上个世纪 70 年代末以来,国家实行改革开放已经 30 多年了,新闻改革走的是一条"边缘突破"的路径,数量大发展,质量少变化,业务大改革,体制少改变。传统媒体在强调当"党的喉舌"的时候,其舆论监督功能则陷入政治权力制约的困境中,加上秉持"正面宣传为主"的报道方针,传统媒体基本上是报喜不报忧,对社会上和党政机关出现的各种黑幕问题似乎视而不见,或者见而不报;再加上有些地方官员和部门官员为了自己的政治升迁,一旦身边发生问题,往往是千方百计地掩盖,有黑不揭、有黑不认、有黑护黑,甚至以白掩黑、以黑为白的情况也是不乏其例。他们把新闻媒体作为自己政绩工程的鼓吹者,"只准说好,不准说坏"。因此,中国内地传统媒体的批评报道难、舆论监督难成了公认的事实。一些有良知的媒体和记者面对种种社会黑幕,也只能是"望黑兴叹",无能为力。于是,揭发社会黑幕、暴露社会问题,行使舆论监督责任的重担便历史地落到网络等新媒体的肩上。

网络新媒体之所以能够"勇挑重担",一方面是因为它自身的技术优势,一方面是其规模发展。从前者看,网络新技术使上网门槛降低,为实现"所有人对所有人的传播"提供了物质基础,人人、时时、处处上网成为可能;再者,网上交互传播使网上信息像决堤之水,呈几何级数迅速风传,势不可挡,政府对此"防不胜防",并且网络议题的生成与网络舆论的动向一般随意见领袖的意向而风生水起,政府很难控制。从后者看,经过近 20 年的发展,网络平台在中国基本上已经建构起来了。当下,我国已经涌现出了许多人气很旺的品牌网站与论坛,例如,强国论坛、凯迪论坛、天涯论坛、西祠胡同等等,同时也出现了民间自发成立的舆论监督网站,例如中国舆论监督网、晒黑网、中国揭黑网、中国百姓喉舌网、人民维权网等。网民发表意见通常会首先选择点击率比较高的"大众"网络媒介,如门户网站、网络社区(BBS)、聊天室(Chat Room)等,也可以通过舆论监督网站的"网友之声"栏目揭黑反腐,一些专家学者也在自己的博客中"著书立说",他们在一定程度上引导着网络舆论。随着网络平台的建构,网民社会也基本形成。2010 年 7 月 15 日,中国互联网络信息中心发布的《第 26 次中国互联网络发展状况统计报告》显示,截至 2010 年 6 月,我国网民规模(4.2 亿)、宽带网民数(3.63 亿)、国家顶级域名注册量(1346 万)三项指标仍然稳居世界第一,互联网普及率稳步提升,网民规模较 2008 年年底增长 8600 万,年增长率为 28.9%。[①] 网络公众参与的绝对数量超过同一时期的传统媒体,网民的意见和要求在一定程度上也具有普遍意义。再者,随着社会的改革开放,物质生活水平的提高,我国人民的公民意识也在逐渐增强,对满足知情权、参与权、监督权的呼声越来越高,为网络社会注入了精、气、神,从而使网络舆论的质量大为提高。自 2003 年"非典"事件以来,网络舆论逐渐引起政府的重视,2009年,网络舆论开始在一定程度上影响着整个社会的舆论走向和政府决策。可见网络新媒体承担舆论监督重担,底气十足。

二、网络揭黑摧枯拉朽:以 2009 年为例

网络平台的建构与发展,为网络舆论监督提供了坚实的技术基础;公众意识的增强,网民社会的形成,为网络舆论监督提供了坚实的群众基础;政府的日益关注,为网络舆论监督效果提供了坚实的保障。于是,网络揭黑由自发转为自觉,由最初的愤怒发泄转为舆论监督,并且带有明显的目的性和指向性,进一步凸显了网络舆论监督的效应,从 2009 年的情况看,网络揭黑大有摧枯拉朽之势。网民纷纷利用网络平台,通过发帖、博客、论坛等形式,对各种社会问题发表自己的看法和意见,追求真理,揭发真相,并取得了一次次的"胜利"。笔者通过分析 2009 年由互联网曝光的 20 件网络热点事件和 2009 年度网络热点事件(见表1),看到了网络揭黑发挥出来的威力,维护了社会的公平与正义。

从 2008 年以来的周久耕事件、林嘉祥事件、浙江温州"出国门"事件,再到 2009 年的云南"躲猫猫"事件、河南灵宝王帅案、湖北邓玉娇案、杭州飙车案、上海"钓鱼执法"事件等无不借助网络曝光而迅速演变为全国瞩目的舆论焦点,并最终促使事件真相逐渐浮出水面。

网络揭黑之所以有如此威力,主要在于在网络舆论形成过程与传统媒体有很大差别,尤其是网络舆论中有一个网民质疑环节。在纷繁嘈杂的网络舆论洪流中,"质疑"几乎是所有网络热点事件引发舆论的起点。正是由于网民的广泛的、一波又一波的质疑,一件件普通的案件(或事件)才演变成一起起受到舆论关注的网络公共事件;也正是由于网民的广泛的、一波又一波的质疑,公众通过不同方式从网上到网下追踪、分析、讨论,探求事情的真相;还是由于网民广泛的、一波又一波的质疑,网络媒体与传统媒体通过互动,形成了巨大的监督声势,给当事者与政府有关管理部门强大的舆论压力,为迅速揭开事实真相注入强大的动力,迫使政府迅速介入并采取相应措施,加速揭开事实真相的进程。

表1 2009年由互联网曝光的20件网络热点事件效果分析

序号	网络曝光时间	事件	监督效果/备注
1	2月3日	段磊发帖举报曹县庄寨镇书记郭峰	段磊被逮捕,后司法机关撤诉并道歉
2	2月12日	王帅发帖举报政府违法征地	王帅被拘留,后警方承认是错案并公开道歉
3	3月3日	浙江温州市官员低价购拆迁安置房	官方证实该事件属实,随后司法介入,三责任人被判刑
4	6月2日	陕西汉中市残忍打狗	经过市县有关部门调查,这些帖子的内容是虚假的,将狗尸体抛河也是别有用心的人恶意所为
5	6月15日	江西南康市家具业主聚集示威	该网友被警方带走调查
6	6月9日	山东东明县"甲状腺肿瘤"事件	官方澄清不实传言,严查责任人
7	6月18日	央视谷歌新闻涉嫌造假	网友搜索出节目中被采访者为央视实习员工
8	6月23日	严晓玲案"内幕"	发帖网友被拘留,其中三名被以"诬告陷害罪"逮捕,一名被释放
9	6月23日	湖北29岁市长"打伞照"	官方无回应
10	6月25日	重庆市高考状元造假	高考状元没有被录取
11	6月26日	广东韶关市劳工群殴	政府及时处置,救治伤员,依法严肃处理责任人员
12	7月3日	河北鹿泉市地方干部暴打请愿群众	官方证实该事件属实
13	7月10日	河南杞县"钴60"事件	民众大量外逃后,官方开始辟谣,并抓获事件造谣者5名
14	7月16日	贾君鹏事件	发端于网络,红遍网络的无厘头娱乐
15	7月24日	浙江杭州飙车者胡斌"替身"案	警方通过调查证实为谣言,并对网络发帖造谣者进行行政拘留
16	8月29日	北京经适房资格公示"最牛身份证号"	网友和媒体从政府公示信息中共同发现线索,相关部门做出解释
17	9月10日	上海市交通管理部门"钓鱼执法"	当事人发帖求助,司法介入,纠正执法错误,罚款退还
18	10月8日	新疆建设兵团"最牛团长夫人"打人	夫妇均被免职
19	10月12日	"艾滋女"闫德利公布"嫖客"手机号码	前男友发帖诽谤闫德利,司法介入
20	11月9日	南京徐宝宝住院死亡事件	网友参加的调查组推翻官方结论,值班医生的确在玩游戏,患儿母亲曾下跪求救

表2 2009年度网络热点事件效果分析

	事件/话题	监督效果
1	邓玉娇案	邓玉娇"故意杀人"改判为"防卫过当"免刑,无罪释放
2	重庆打黑风暴	揪出黑帮,称霸一方、作恶多端的黑势力分子纷纷落网并判刑
3	云南"躲猫猫"事件	相关人员受到处分;揭开了"牢头狱霸"的潜规则
4	"钓鱼执法"事件	浦东新区政府和闵行区政府认错;直接责任人问责;组织开展执法大检查,登记"被钓鱼"车主信息
5	网瘾标准与治疗	公众期待网瘾诊治标准出台
6	强制安装"绿坝"软件起争议	工业和信息化部紧急宣布推迟预装,后称此前文件考虑不周、表述不清引发误解,绝不会强制安装"绿坝"软件
7	杭州飙车案	官方对之前"70码"的车速认定向社会道歉,并表决心将开展专项整治行动,被告人胡斌被判有期徒刑三年
8	吉林通钢暴力事件	吉林省国资委发布了《关于终止建龙集团增资扩股通钢集团的通知》,主要犯罪嫌疑人纪宜刚被警方抓获
9	长江大学三学生舍身救人	警方调查见死不救渔船,真相呈现从"渔家见死不救"到"挟尸要价"
10	央视曝光谷歌涉黄	谷歌中国被处暂停部分搜索业务
11	河南农民工"开胸验肺"	河南省委、省政府高度重视,立即成立了调查处置领导小组,依法追究有关部门、有关人员的责任,农民工张海超获赔61.5万
12	贾君鹏红遍网络	网络炒作
13	郑州市副局长"替谁说话"	副局长逯军被停职,接受调查
14	昆明"小学生卖淫"案	检察机关依法对此事进行调查,对相关责任人员依法依规给予行政记过处分,对唆使卖淫父母刑事拘留
15	成都"6·5"公交车燃烧事件	警方查明,此案是一起特大故意放火刑事案件,犯罪嫌疑人张云良已当场死亡
16	河南王帅案	官方道歉,相关官员受处分,王帅获国家赔偿
17	99%访民"精神病"说	不了了之
18	罗彩霞被冒名顶替上大学	冒名者之父王峥嵘获刑
19	贵州习水县嫖宿幼女案	经警方调查涉案公职人员获刑
20	湖北石首市骚乱	政府道歉,相关闹事人员判刑

从以上2009年众多典型的网络揭黑事件中,我们看到了"质疑"的强大威力。就拿"躲猫猫"事件来说,正是网络中广泛存在的质疑声音,才使得云南省委宣传部门迅速组织了由网民代表参与的网友调查委员会,尽管这个调查委员会不具有一定的法律效力,也并没有取得最终的实效,但让公众感觉到了官方的重视,感受到了官方公开透明执法的态度。网络舆论聚焦,对于警方公布的结论持续质疑,毋庸置疑这对推动"躲猫猫"事件真相的调查进程发挥了不可低估的作用。正如云南省委宣传部副部长伍皓说的一样:"我现在看到网上有一些质疑。质疑是一剂良药和

清醒剂,可以帮助我们进一步改进工作。"⑤如果没有网民对李荞明死亡原因"躲猫猫"的质疑,也许事情就这么不了了之了。

表3 地方应对网络舆情能力排行榜⑥

	地区	事件	政府响应	信息透明度	政府公信力	恢复秩序	动态反应	官员问责	总分	应对能力
1	四川成都市	"6·5"公交车燃烧事件	7.57	6.79	6.74	3.30	1.20	1.18	26.77	蓝
2	陕西神木县	全民免费医疗	6.73	6.65	6.88	0.00	1.02	0.00	21.28	蓝
3	上海市	户籍新政	6.03	6.49	6.03	0.00	1.00	0.00	19.55	黄
4	河南灵宝市	王帅案	3.78	5.16	5.08	0.00	2.44	1.43	17.88	黄
5	云南晋宁县	躲猫猫事件	4.88	4.74	4.68	0.00	1.91	1.19	17.40	黄
6	浙江杭州市	飙车案	4.78	3.91	3.45	2.00	2.40	0.20	16.74	黄
7	河南郑州市	副局长"替谁说话"	3.70	4.77	1.73	1.11	1.72		13.03	橙
8	重庆市	高考状元造假事件	3.82	2.55	3.36	0.00	1.45	1.43	12.61	橙
9	湖北巴东县	邓玉娇案	2.16	0.36	2.29	2.15	2.41	1.09	10.47	橙
10	湖北石首市	骚乱	−0.37	−1.64	−0.82	0.64	−0.09	−0.37	−2.65	红

说明:黄色警报提示政府应对有待进一步加强;橙色警报显示政府应对存在明显问题;红色警报提示政府应对严重失当,存在重大缺陷。

网络揭黑的威力不仅表现为使一个个社会事件的真相被揭发出来,更重要的表现为促进政府对公共突发事件的重视,并在处理和应对公共突发事件中提高自己的执政能力。近些年发生的网络揭黑事件表明,政府积极主动地应对网民质疑,公开透明地对黑幕进行调查,不仅可以消除公众的疑惑,迅速地解决问题、平息事端,还可以树立起良好的政府形象,提高政府公信力,比如云南的"躲猫猫事件";反之,不仅造成事件进一步升级,一发不可收拾,还导致政府处于被动地位,对其声誉造成不可挽回的负面影响,比如湖北的"石首事件"。应对网络舆情的能力成为政府执政能力的重要组成部分。

三、中国舆论监督的这条新路径能走多远

既然,在中国网络揭黑有如此威力,那为什么社会上对网络揭黑的议论是毁誉

参半？中国舆论监督另辟的这条新路径能走多远？为了回答这些问题,我们不妨将中国当下的"网络揭黑"与100年前美国的"黑幕揭发运动"做一个简单比较。

前面已作的介绍说明,100年前美国的黑幕揭发与100年后中国的网络揭黑的社会背景基本相同:都是社会转型期,经济发展、矛盾突出、腐败丛生、道德滑坡;诉求也基本相同,均为揭露社会诸多腐败黑幕、维护公平正义。而具体进行过程中参与的揭黑主体、揭黑载体、官方态度均有诸多相异,见表4。

表4 美国:"扒粪运动"v.s. 中国:"网络揭黑"

	美国:"扒粪运动"	中国:"网络揭黑"
参与者	多为新闻业内人士(进步人士、精英分子)	多为新闻业外人士(网民、社会大众)
参与者出发点	新闻专业精神;环境监测	憎恨不公、腐败等丑恶现象,出于义愤
揭黑载体	传统媒体:主要为报刊	网络媒体打先锋,传统媒体跟进
官方态度	表面嘲讽,实则积极支持	禁止→关注→被迫重视
积极意义	推动立法、促进社会成功变革和转型	保障了公众的表达权、参与权、知情权、监督权,在一定程度上影响政府决策

从表4可以看到,中国的揭黑主角已不限于当年美国的社会精英和政治精英,而是广大的网民,这些网民,尤其是诸多草根网民,揭黑者置身新闻业外,缺少必要的新闻专业精神与媒介素养,他们的揭黑行为多半出于对各种腐败的义愤,只是想借助网络平台言所欲言,一吐为快,因此,不可避免地会存在各种不规范的地方,这就成了利益集团及其代表者反对揭黑的口实。因此,要使网络揭黑走得远,发挥更大作用,就必须对之加以规范,确立网络监督权的边界,防止出现网络暴力、网络侵权等诸多问题。

第一,在网络舆论监督中,监督主体网民不能成为哄客、判官,甚至暴民。网络舆论监督的力量何在？主要在于网民在网络上表达的铺天盖地的舆论对被监督者及其相关当事人所产生的巨大压力,因此,不能过于夸大网民个体的作用,导致网民角色定位的迷失。由于网络的匿名性、虚拟性,部分网民在进行网络舆论监督的过程中不免缺少一定的道德与法律约束,将网络平台作为情绪发泄的"垃圾桶",甚至作为谋取利益、报复他人的工具。在众多网络事件中,有不少网民成为围观者,热衷于观光、看热闹,哄客心理非常突出;也有相当一部分人自诩为腐败的斗士,甚至成为对腐败分子的判官,从"监督"到"谩骂",使整个参与活动变成一种对当事人进行的"网络审判";还有少数网民通过发帖、博客、恶搞等形式,歪曲事实,发表情绪化舆论……目前,网络中已经出现了专业的"职业帖人",他们为了谋利,替人在网络论坛中发布有利或不利的信息,删除对己不利的帖子,扰乱了网络舆论监督的秩序,形成了公众民意的假象,不利于公众的独立理性思考与健康监督。

第二,网络监督必须遵守准确、客观、公正的准则,否则,网络舆论监督不但达不到目的,还会带来许多负面影响。如杭州飙车案一审判决后,湖北鄂州一名网民熊忠俊以"刘逸明"的名字在网上发布大量文章,制造各种证据,称"受审的胡斌是替身,而非本人",引发网民的种种猜疑,误导公众舆论,对司法部门的形象造成大大的负面影响。在多方调查后,证实熊忠俊所说不实,鄂州市公安机关对其进行行政拘留10天的处罚。这也更好地说明了,网民的言论自由并不是绝对的、无限度的,网民行使网络舆论监督权应建立在客观真实的基础上,共同创造一片纯净、理性的网络舆论空间。因此,制定这方面相应的法律刻不容缓。

第三,网络揭黑要防止网络侵权。在我国,由于网民的素质良莠不齐,有关网络舆论监督行为的法律规范也不够完善,使得网民在网络揭黑过程中有意或无意地侵犯了他人的名誉权、隐私权等基本权利,违背网络揭黑的本意。比如,"人肉搜索"用得好,可以发挥出良好的社会效应,如在"躲猫猫"事件和杭州飙车案中,人肉搜索在其中一些关键环节发挥了很好的作用,但这种方式也存在很大的法律风险和隐患。实践表明,人肉搜索的滥用,对网络事件中的相关当事人造成隐私泄露、污辱、诽谤等侵权伤害,带来了一系列的问题。

第四,网络舆论监督缺少法律保障,"政治认可与法律缺失并存,宏观支持与微观无力同在,这就是当下的网络监督现状,其势必使常常大快人心的网络舆论监督呈现一种乱象和迷局:司法在模糊的法律规定下,自由裁量权的弹性过于强大"。[⑦]网络舆论监督在重大事件中也处于一种"尴尬地位",如在河南灵宝王帅案中,网民王帅发帖遭跨省追捕,司法机关甚至炮制出"诽谤政府罪"。实际上,王帅是在多次通过在线信访申诉无果之后,借助网络发帖,只是行使公民合法的言论自由与监督权,况且发帖内容并无虚假夸大之词。正是由于网络舆论监督目前还极其缺乏相关的法律与制度的保障,才导致王帅被无辜地关押数天,并背上了"诽谤政府罪"。

到目前为止,我国对网络监督的界定仍然存在较大争议,国家尚没有一部权威的法律对网络监督的认定、程序、方式等作出明确的规定。现有的相关的网络管理法规主要针对网络知识产权的行为,对于网络侵权行为,现行的司法实践只是比照民事法律规范来解决,还没有通过网络进行公众参与的机制和保障。尽管目前随着中国网民数量的增加,网络舆论监督的广泛性和代表性已经使其成为维护社会公平正义的重要的民间力量,掀起了一股网络揭黑浪潮,网民中还逐渐分化出一批专业的"网络独立调查人",如李新德的"中国舆论监督网"、姜焕文的"中国民间举报网"等,但由于没有明确权力机关能赋予调查人调查的权利,也没有明确国家部门能给调查人发放采访许可证,其调查的合法性经常遭到质疑,并曾几度遭到封杀。

对于以上这些问题,必须予以高度重视,制定相应的网络伦理和网络法规,从自律和他律两个方面加以解决,使网络揭黑这条具有中国特色的舆论监督新径越走越宽广。

结 语

在社会转型的关键时期,作为舆论监督的一种形式,网络揭黑不仅满足了公众的知情权、参与权、监督权,也在一定程度上推动着社会公平正义,促使社会的不断进步与发展。但是,作为一种新生事物,网络揭黑也只是在近几年发挥出了舆论监督的效应,它必然会有一个逐步完善的过程。对此,我们不仅要有一个客观理性的认识,更要通过全社会的努力使其不断规范完善,充分发挥其积极作用,尽量减少和避免其可能产生的负面影响,使我国的舆论监督的影响有一个历史性的突破。

"尽我们所能披露黑幕,尽我们所及洗涤墨迹""追求公平正义,探索事实真相"……这些都成了网民参与网络舆论监督的口号、标语。现在,中国的网络社会已经开始从"虚拟自由"向"真实沟通"过渡,我们有理由相信,在经历了最初的狂热与冲动之后,中国的网民也逐渐体现出理性的一面。⑧在经历了越来越多的网络揭黑事件后,网民们在行使网络舆论监督权利时将会逐渐熟悉和遵守舆论规则,培养专业精神,减少因出于一时义愤而导致社会混乱的情况。再者,相关的法律制度也将逐步完善。可以预计,网络揭黑与其他形式的网络舆论监督将会进一步全方面、深层次地介入我们的现实生活中,并发挥出其特有的不可低估的能量。

同时,随着我国政治体制改革的推进、传统媒体自由度的增加,它们对网络媒体揭黑的跟进与呼应会越来越积极,可以保证网络揭黑的实际效果。

注释：

① 周甲禄:《舆论监督权论》,山东人民出版社2006年版,第17～25页。
② 郭镇之:《舆论监督与西方新闻工作者的专业主义》,《国际新闻界》1999年第5期。
③ 展江:《中国社会转型的守望者》,中国海关出版社2002年版,第2页。
④ 中国互联网络信息中心:《第26次中国互联网络发展状况统计报告》。
⑤ 徐春柳:《"躲猫猫"事件始末是突破？作秀？还是危机公关？》,《新京报》2008年2月24日。
⑥ 《2009年上半年地方应对网络舆情能力排行榜》,http://yq.people.com.cn/htmlArt/Art322.htm,2009年07月22日。
⑦ 马九器:《网络立法,应有网络监督的一席之地》,华商评论博客,http://news.sina.com.cn,2009年3月13日。
⑧ 《温家宝给"网聊"背书》,2009年3月2日,侨报网,http://epaper.usqiaobao.com:81/qiaobao/html/2009—03/02/content_143995.htm。

论新闻学的学科影响力*

◆ 丁柏铨

一

特定学科的学科影响力,是指该学科对相关方面产生的影响所达到的程度,从相应侧面折射出其学科地位。学科影响力,一般都会在它所能影响的一定的对象上体现出来。一定的对象通常包括决策者、研究者、实践者和学习者。

本文着重要讨论的是新闻学的学科影响力问题,然而许多数据往往以新闻学与传播学为统计单位,因此行文中常常会将两个学科并提。这是需要说明的。新闻学与其他学科一样,有自己的研究对象、学科内涵、体系框架、内在逻辑、话语系统;作为显学,新闻学与现实联系紧密,受到人们的密切关注。人类社会生活和新闻实践处于永恒运动和发展中,因而新闻学有随社会生活与新闻实践的发展而发展和不断提升自身影响力的广阔空间。

改革开放以来,新闻学学科发展态势良好,学科影响力不断提升。郑保卫教授说:"经过几代人的不懈努力,目前我国新闻学已经摆脱了过去那种在'新闻无学论'的冲击和桎梏下受歧视与贬损的被动状况,得到国家的权威认可和学界的普遍认同,其地位逐渐巩固,学科建设正在进入一个良性发展的大好时期。但是也要看到,'新闻无学论'依然还有市场,来自各方面的冲击和影响仍然存在,我们需要正确认识当前我国新闻学学科发展所面临的机遇和挑战,在此基础上,提出应对的策

---

* 原载于《现代传播》2011年第6期。

略和方法。"①

新闻学的学科影响力,大致体现在以下四个方面:

一是对决策者的影响力。这主要是指对党政领导机构、决策机关和有关管理部门的影响力。诚然,新闻学研究有自己的对象和内容。作为一门学科,它应当具有独立性的品格,遵循自身发展的规律,不因政治风向的变化而改变其最重要、最根本的内容。新闻学研究的终极目标,并非就是用学术成果去影响领导机构、决策机关和管理部门的相关工作。但是,倘若能为上述机关和部门提供科学决策和合理管理的参考或依据,使新闻学和新闻学研究的价值在这一领域有所体现,无疑也是新闻学的影响力在一个重要方面的彰显。笔者认为,新闻学研究可以分为基础研究和应用研究两种类型。对两类不同研究的要求应有所不同。基础研究完全可以与现实保持一定的距离,这样可对问题看得更清楚和透彻,使对此的学理把握更具有学术性和学术研究追求的真理性。但也不排除对现实问题作出学理思考并对实践产生相应的指导意义。而应用研究则必须关注由现实提出的问题,围绕问题进行调查研究和学理思考,并探讨具有可操作性的对策,以供相关机构作为决策参考。

二是对实践者的影响力。这里主要是指对新闻从业人员及其实践的影响力。新闻学是对世世代代包括当下新闻工作者实践的科学总结、理性概括。在这一点上,新闻学与不具备对应行业的学科(例如哲学、历史学等)存在差异,甚至与同样是社会生活反映的文学也多有不同,而与法学、经济学等学科有较多相近之处。法学与立法、司法实践有着明确的对应性;经济学以经济实践、经济规律、经济现象为研究对象。与此相类似,新闻学有自己所对应的行业及实践。新闻业界所进行的内涵丰富的新闻实践,为新闻学提供了研究的对象和内容,引发了学界对此所作的具有相当深度的学理思考。新闻学研究者在回答实践所提出的问题的过程中进行科学的理论概括,并且这些理论概括被用于指导相应的实践,由此而发挥了"智囊"和"思想库"的作用,并获得业界人士的认可,体现了新闻理论与新闻实践之间的良性互动关系。对新闻业界及其实践具有较大影响力,是新闻学富于活力和价值的体现。

三是对学习者的影响力。学习者是一个相对宽泛的概念。所指中尤为重要的是新闻学专业的教学对象——各层次学生(博士生、硕士生、本科生等)。他们是新闻学研究成果的直接的学习者、接受者、使用者,同时也是有一定发言权的评价者。

多年来,接受过高等新闻教育而最终成为优秀新闻人才的人大量涌现,其中不乏高端人才。这是高校新闻院系具有存在价值的体现,也是新闻"有学"的重要证据。但是,如下事实毋庸讳言:认为"新闻无学"的人中,有些就是新闻学专业各层次的学生,是我们的教学对象。这就更加说明新闻学进一步提升自身影响力有其不可忽视的必要性。

四是对研究者的影响力。研究者可分为两部分:其一是本学科研究者,是专业内之人,大量接触本学科研究成果;其二是他学科研究者,是"隔行"之人,相对超脱。衡量学科影响力的评价体系中不能不包含本学科研究者的认同度这一指标。认为"新闻无学"的人中,有一部分是新闻学者。他学科研究者则涵括了新闻学学科以外的学者。新闻学对他们的影响力,既表现为学科的研究成果和学者的重要观点能进入他们的视野、引起他们的关注,又表现为这些成果或观点在其学术研究中被采用、被借鉴、被吸收。不同学科研究者之间学术观点的引用与被引用、借鉴与被借鉴,是不同学科得以交叉交融、特定学科学理性研究得以深入进行的重要和必要条件之一。然而长期以来,这一方面存在着明显"逆差":新闻学研究者引用他学科研究者的成果(包括观点)较多,他学科研究者引用新闻学研究者的成果(包括观点)则较少。这与该学科的特点及固有学术辐射力不无关系,同时也折射出它在历史积淀、学术底蕴、学术规范和影响力等方面的相对不足。新闻学者有就此进行深思的必要。

二

据教育部社科司提供的资料,2008年度在全国高校从事人文社会科学研究工作的总人数为397,431。新闻学与传播学为6267人,略多于社会学(5321人),略少于哲学(7539人)。

(一)对教育部高校人文社会科学研究优秀成果奖数据的考察分析

以获奖奖项数作为衡量学科影响力的重要依据或唯一依据,难免偏颇,但作为参考的一个方面自有价值。自1995年始,教育部此奖项共评过5次。按学科进行分类,依据参评成果多寡确定奖项数额。现将人数略少于新闻学与传播学的社会学作参照进行比较:奖项数额比较;加权处理后得分比较。特等奖为7分,一、二、三等奖分别为 5 分、3 分、1 分。

第一届(1995)共评出 498 个奖项。新闻学与传播学共获 1 个二等奖项,占总奖项数的 0.2%;社会学共获 16 个奖项,占总奖项数的 3.21%。后者是前者的 16 倍。

第二届(1998)共评出 412 个奖项。新闻学与传播学共获 4 个二等奖项,占总奖项数的 0.97%;社会学共获奖 15 项,占总奖项数的 3.64%。后者是前者的 3.75 倍。

第三届(2003)共评出 412 个奖项。新闻学与传播学共获 6 个奖项,占总奖项数的 1.46%;社会学共获 11 个奖项,占总奖项数的 2.67%。后者是前者的 1.83 倍。

第四届(2006)共评出 427 个奖项。新闻学与传播学共获 7 个奖项,占总奖项数的 1.64%;社会学共获 12 个奖项,占总奖项数的 2.81%。后者是前者的 1.71 倍。

第五届(2009)共评出 634 个奖项。新闻学与传播学共获 15 个奖项,占总奖项数的 2.37%;社会学共获 17 个奖项,占总奖项数的 2.68%。后者是前者的 1.13 倍。

从以上数据可看出,在首届评奖中,新闻学与传播学处于低谷。在以后四届,该学科从总体上说呈现上升趋势,与社会学的差距在缩小,但尚未有过成绩优于社会学的纪录。

经加权处理后,社会学及新闻学与传播学在历次评奖中的得分情况如下:第一届,社会学 58 分、新闻学与传播学 3 分(19.3 倍);第二届,社会学 31 分、新闻学与传播学 12 分(2.58 倍);第三届,社会学 21 分、新闻学与传播学 14 分(1.50 倍);第四届,社会学 18 分、新闻学与传播学 11 分(1.64 倍);第五届,社会学 29 分、新闻学与传播学 25 分(1.16 倍)。可见,新闻学与传播学同社会学之间的差距从总体上说是在缩小。该学科的曲线呈上升趋势,只有第四届稍显拐点状,但第五届较之前有明显突破,从而展现出光明前景。

(二)对全国优秀博士学位论文统计数据的考察分析

全国优秀博士学位论文评选,既是对各学科高层次人才培养质量的检阅,同时也是学科影响力的比拼。与教育部中国高校人文社会科学研究优秀成果奖这类主要按学科门类进行纵向评奖不同的是,优秀博士学位论文的参评论文首先要获得所在学校的推荐,或者要在省、市、自治区教育厅组织的评选中胜出,然后才能进入由教育部学位管理和研究生教育司(国务院学位委员会办公室)组织的评选程序。这些评选较多体现出横向选拔的性质。学科的影响力和被认可度客观上必然会发生作用。从1999年开始,教育部一年一度评选全国优秀博士学位论文,至今共评选过12次,获奖博士学位论文总计1182篇,其中人文社会科学论文190篇,新闻学与传播学获奖论文4篇(平均每3年入选1篇)。新闻学与传播学优秀博士学位论文占人文社会科学优秀博士学位论文的2.1%,占所有学科优秀博士学位论文总数的0.34%。在这一领域,该学科尚未摆脱地位较低和影响力偏弱的弱势学科的困境。

(三)对2008年CSSCI刊物上新闻学与传播学和他学科论文引用与被引用情况考察分析

以上分析都涉及奖项的评定,可理解为少数评委专家的行为选择和意见表达,对新闻学学科影响力的评价反映了他们的判断。而基于CSSCI刊物所载论文的引用与被引用篇/次所作的比较研究,则反映出学者个人对新闻学的认可度和该学科对他们的影响力。因此,新闻学与传播学论文被引用情况是其学科影响力的重要表征。从统计数据来看,情况不容乐观。

笔者在上文中曾谈到新闻学学者与他学科学者论文的引用与被引用的问题,提出了"逆差"说。以上简表为"逆差"说提供了一定的实证依据。

根据对新闻学与传播学和其他19个学科CSSCI刊物所载论文引用、被引用篇/次的统计,最大的"逆差"存在于新闻学与传播学同历史学之间,前者引用后者达296篇/次(占8.43%)和被引用13篇/次(仅占0.32%)之比为296:13,达到近23倍。"逆差"超过3倍的有8个学科:经济学、中国文学、政治学、法学、社会学、语言学、马克思主义、民族学。存在"逆差"但小于3倍的有5个学科:管理学、哲学、考古学、统计学、综合社科。存在"逆差"的共计有14个学科。无"逆差"而表现为持平之态的学科为1个,即教育学(49:49)。新闻学与传播学同他学科相比被引用数大于引用数的有5个学科,即:图书馆、情报与文献学、艺术学、体育学、文化学。而后面三个学科同新闻学与传播学论文的引用与被引用数非常接近。只有同图书馆、情报与文献学的引用、被引用关系是一个特例,被引用数是引用数的2倍以上。

该学科同新闻学与传播学的学科相关度甚高,这是造成这种情况的一个重要原因。

CSSCI 刊物所载新闻学与传播学与其他学科论文引用与被引用篇/次统计表[②]

	新闻学与传播学引用	所占比例(%)	新闻学与传播学被引用	所占比例(%)
历史学	296	8.43	13	0.32
图书馆、情报与文献学	330	9.40	699	17.12
经济学	154	4.39	46	1.13
管理学	108	3.08	40	0.98
中国文学	71	2.02	19	0.47
政治学	62	1.77	18	0.44
法学	62	1.77	17	0.42
社会学	51	1.45	14	0.34
语言学	50	1.42	14	0.34
教育学	49	1.40	49	1.20
艺术学	35	1.00	45	1.10
体育学	32	0.91	35	0.86
文化学	25	0.71	28	0.69
哲学	19	0.54	10	0.24
民族学	9	0.26	2	0.05
马克思主义	7	0.20	1	0.02
综合社科	6	0.17	5	0.12
考古学	2	0.06	1	0.02
统计学	2	0.06	1	0.02

三

新闻学有待进一步提升自身的学科影响力。以下几点是任何时候都不可以忽视的。

第一,致力于将研究做深、做实。近年来带领团队坚持每年撰写中国新闻传播学研究年度报告的童兵教授,密切关注新闻学学科领域的研究成果。他在 2010 年的年度报告中指出,纵观 2009 年新闻传播学学科研究,明显存在两个不足:其一,基础性研究下功夫不够,缺少标志性成果;其二,对策性研究深度不够,缺少理论性成果。[③]笔者认为,需要有若干年磨一剑才形成的成果,不少新闻学著述已达到这种水准。但仍有一些成果仅停留于谈感性经验和工作体会的层面,止步于罗列材料和描述案例。有的作者满足于撰写应景之作和提供速朽成果。总之,要紧的是增强本学科的实力。毕竟,发展才是硬道理,实力才是硬道理。应体现"三个力戒":(1)潜心研究,力戒浅尝辄止。潜心研究,有赖于发现值得探索的问题,有赖于通过恰当的方式详细占有材料,有赖于对问题进行独立思考和学理探讨。对于研究者中在行的专家学者(无须分本专业、他专业)来说,他们对面前的成果是否为潜心研究的结果,是否具有比较高的学术价值,研究的难易程度如何,并不难以判断。他们不认同只需举手之劳就能获得的、无学术价值可言的成果。吸纳外国学者的思想、学说、见解中的养分,或者借以拓展自己的学术视野,或者以之为新闻学研究中的参照系,都是可取乃至必需的;但只是把外国学者的思想、学说、见解拿来,简单地套用到中国的研究对象上,则不值得提倡。这是缺乏潜心研究的典型表现。缺乏潜心研究的另一典型表现是:理论与通过理论想要解决的问题呈现为"两张皮"状态,所用的理论说明不了实际问题。如此,新闻学研究成果又如何体现学科影响力?(2)追求深度,力戒泛泛而论。学科影响力所涉及的四方面人士,均不认同泛泛而论、缺乏深度的成果。常常有人评价新闻学门槛太低,甚至是"零门槛"。从事其他专业学习和研究的人,转行从事新闻学专业的学习和研究,可不必花费很大力气,也不存在难以逾越的障碍。这与新闻学各分支学科的话语系统没有艰深晦涩的表述和"拦路虎"、几乎人人都能看得懂有关。这是该学科的一个特色。但是这并不表明新闻学研究注定没有深度。其实用浅近的文字表达深刻的道理,也可以达到一定的学术高度。对此不仅不应贬抑,相反倒是应该提倡的。许多获得好评的新闻学著述都具备这样一种可贵品格。新闻学的优秀研究成果,不应是"举轻若重"型的,而应是"举重若轻"型的。将研究成果写成"天书"、让人根本无法读懂,不一定就是学问深的表现。(3)体现新意,力戒人云亦云。学术研究鼓励创新,注重创新,成果"多有原创品自高"。相反,重复他人的意见,或者只是为他人之论做注脚,或者说的是尽人皆知的话,都不可能获得同学科以及其他学科研究者的高度认同。学术研究中的新意不是唾手可得的,需要在较长时间里对研究对象进行凝神思考,不断排除平平之见和一般之论,才可能获得有新意的见解。

第二,致力于把学科做强、做大。这里所说的"把学科做强、做大"中的"做大",与把办学规模做大是不同的概念。新闻学的办学规模不可谓不大,发展速度不可谓不快。按一般的说法,全国高等学校的新闻传播学类专业现在已经有了15万左右的在校生,教学点也已超过800个,已经有了一定的规模。④但在学科发展的一些主要指标上（CSSCI 刊物发文数、获得纵向科研项目数、优秀社科成果获奖数等），新闻学却难言"强"和"大"。在学科先"做大"还是先"做强"的问题上，人们难免会有不同的看法。笔者的意见是："做强"和"做大"，很难说孰先孰后。仅仅满足于"做大"（铺摊子、扩规模、跑马圈地）而不致力于"做强"（增强实力和深化内涵），当然是不可取的。但这只是问题的一个方面。问题的另一方面是：如果学科不能"做大"，则往往会影响和制约学科的"做强"。从申报教育部和各省、市、自治区人文社会科学成果奖项的情况来看，新闻学仍然属于基数偏小、处于弱势的学科。由此，新闻学与传播学获得的奖项配额相对较少；而按照设置奖项等级的"金字塔"原理，高等级奖项则往往空缺。在这种情况下，"做大"成了"做强"的前提性条件。

第三，致力于消除人们对新闻学的刻板印象。笔者认为，有必要就新闻学学科影响力的提升情况加以广泛传播。以教育部举办过的五届中国高校人文社会科学研究优秀成果奖为例，新闻学与传播学获奖成果所呈现的曲线，清楚地说明了该学科在影响力方面的明显进步。评奖结果与现实情况是相吻合的。然而无论是评奖结果的趋于优化还是现实情况相对于历史情况所体现的进步，在本专业和他专业的学者及学子之中，充分知晓者尚少。许多人对新闻学学科状况的认识，仍然停留于以往所形成的刻板印象。这种刻板印象与现实的状况不相吻合甚至大相径庭。如果任由它存在而不据实加以纠正，那么，人们的刻板印象还会继续存在下去并不时地产生负面影响。根据事实加以实事求是地传播，虽并不是学术问题，然而又是新闻学与传播学学者必须做且必须做好的事情。

所有新闻学人对本专业的发展现状有清醒认识并勉力去做，是提升新闻学学科影响力的关键。相信假以时日，通过不懈努力，新闻学在提升学科影响力方面将会取得显著成效。

注释：

① 郑保卫：《当前我国新闻学学科发展状况分析》，《当代传播》2009 年第 6 期。
② 南京大学社会科学研究评价中心白云老师提供了关于新闻学与传播学同其他 19 个学科 CSSCI 论文引用与被引用的数据和表格，特此鸣谢。
③ 童兵主编：《中国新闻传播学研究最新报告（2010）》，复旦大学出版社 2010 年版，第 31 页。
④ 陈彬：《学科 30 年嬗变之新闻学：从"分支"成长为"大树"》，《科学时报》2008 年 11 月 25 日。文中引用了吴廷俊教授提供的一组数字：从 2000～2004 年的 5 年间，全国高校共增加 355 个新闻学专业点，每年平均增加 67 个；到 2006 年，新闻学专业点数量已经达到 661 个；到了 2008 年，全国共有新闻学专业点 877 个，两年时间，平均每年发展 108 个，在校学生超过 15 万。

重大事件舆情监测指标体系与预警分析模型的再探讨*

◆ 柯惠新　刘绩宏

引　言

本研究曾经尝试建立一套监测指标体系以及对应的评价指数,以实现对重大事件网络舆论发展状况的适时监测,乃至对相关舆论爆发可能导致的不良后果的预警决策。[①]但是最初设想的模型在具体的监测实践中遇到了一些操作化的困难;同时,随着对舆论本质及其发展规律的深入认识,发现既有的用于考察舆论发展状况的预警指标体系也存在着缺陷。所以本文有针对性地对最初设想的舆情监测指标体系和预警分析模型进行了部分修订和补益。

一、调整的内容和必要性

(一)"解析度"指标的操作化困难以及相应的调整

既有的重大事件舆情监测指标体系由四个一级指标构成:扩散度、聚焦度、解析度、参与度。其中"解析度"指标是考察民众对重大事件相关信息,尤其是对矛盾冲突性信息的思考情况。具体来说,就是探寻民众围绕该重大事件,对于舆情客体对象[②]内在的不满情绪/否定态度以及反对/批评类意见的形成情况,同时包括民众运用语言/行为来表达其内在态度/意见的意愿水平。

---

* 原载于《现代传播》2011年第2期。

对"解析度"指标的操作化是围绕三个态度维度——信任度、满意度、信心度，以及一个预示显舆情趋势的维度——立言倾向展开的，笔者原计划以这四个维度为中心编制量表，测量民众对重大事件乃至其背后的社会冲突、矛盾热点的思考程度，以及由此导致的民众的情绪态度、意见看法的形成水平。原计划对该指标的测量方法如表1所示。

表1 既有"解析度"指标的意义及其测量方法

一级指标	二级指标	三级指标	指标意义	测量方法
解析度	满意度	对相关政府部门的满意度	思考环节上舆情的发展水平	网络问卷调查
		对事件引发主体的满意度		
		对事件（处理）进展的满意度		
	信任度	对相关政府部门的信任度	潜舆情的活动水平	
		对主流媒体报道的信任度		
	信心度	对事件得到妥善解决的信心度		
		对相关问题未来得到规避的信心度		
	立言倾向	博客网站上的发表意愿	态度、诉求表达的意愿强度	
		新闻网站上的发表意愿		
		社区论坛上的发表意愿		

鉴于建立重大事件监测指标体系，进而构造评估重大事件舆情综合水平的指数，其最终目的都是为预警判别分析提供对照信息的选择依据。也就是说，要将具有同一舆情活动水平（实际表现为舆情综合水平的指数）的某一具体事件和过往已经发生的重大事件进行对比，才能估计出该事件在未来演变成为爆发舆论危机的重大事件的可能性。因此，监测指标数据收集的对象不只是需要被预警分析的某一具体事件，还包括作为预警判别对照标准的过往的各个重大事件。

监测指标体系中的其他三个一级指标都可以完成对于当下事件信息和过往重大事件信息的收集。但是解析度指标按照原有的操作化定义便无法实现数据收集，因为问卷调查不能实时收集过往重大事件发生当时民众的内在态度形成水平。所以本研究抓住"考察民众对该重大事件进行相关思考的程度"这一指标的本质，将该指标的操作化定义调整为处于酝酿思考、形成明确态度过程中的民众数量，即网络舆情空间内对该重大事件相关信息[③]的页面[④]点击量与民众发表的与重大事件相关的网络舆情表达(新闻评论、主帖及跟帖、博文及回复等)的数量之差。相应的"解析度"指标数据的收集方法也就从"网络问卷调查法"调整为"基于 Web 数据挖掘技术软件的、网络信息数量和文本的数据分析"的方法。

(二)舆论本质的再认识与预警分析指标构建思路的调整

根据本研究对于重大事件舆论的定义,即在一定的社会空间内,围绕重大事件的发生、发展和变化,作为主体的民众集体对作为客体的社会管理者及其决策行为产生和持有的,具有相对的一致性、强烈程度和持续性的社会政治态度,我们可以确定:重大事件舆论的本质是由相似的个人态度汇聚而成的、呈现统一评价取向的民众集体态度。而态度是个人系列心理反应活动的结果,是个人在认知和情感方面对事物进行的评价性判断。从计量心理学角度来看,态度是一个向量,其具有三个基本维度,即"起点""方向""长度"。个人在这三个维度上的心理特征和活动内容,决定了其最终态度的情况。

其中"起点"指态度形成的前提和基础,涉及一些既有的心理体验,比如相关的认知、情感经验乃至习惯性的评价倾向,它反映了个人评价性判断的初始状态;"方向"指态度的指向性,即评价性判断的指向,它描述个人对于态度对象的评价取向,是积极正面的肯定、支持还是消极负面的否定、反对;"长度"则是指态度的强度,即评价性判断的强烈程度,表现在四个特征维度[⑤]上:(1)坚持性;(2)抵抗性;(3)影响信息加工过程;(4)影响实际行为。态度强度描述的就是某一态度在这些特征维度上的程度水平。态度强度也间接反映了该态度改变的难易程度和态度—行为一致性程度等信息,是预测态度所产生后果情况的有效依据。

此外,作为刺激—反应系列心理活动过程的结果,描述态度发展情况不能忽略另一个坐标轴——时间,对于态度在这个维度上的描述,可以使用某一态度达到其现在的情况水平所用的时间长度。为了便于统一地考量比较,可以用单位时间内态度的发展程度,即"速度"来表示。它说明作为向量的态度发展的迅速程度。

这样"起点""方向""长度"和"速度"就是全面描述个体态度发展活动情况的主要维度。而由相似的个人态度汇聚而成的,呈现一致性的民众集体态度——舆论,也要从这四个维度上进行描述考察。只要确定某个事件的舆论在这四个维度上的水平情况,就准确地把握了该事件舆论发展的现状,进而将这样的舆论发展情况与同等舆情活动水平下的重大事件舆论发展情况相对比,就可准确地判断该事件的舆论发展轨迹是否符合重大事件舆论发展模式,从而有效地预测该事件在未来引爆舆论危机,成为重大事件的可能性,最终实现防控性的预警,进行疏导性的干预。

本研究就如上所述,引入计量心理学中态度的测量维度作为测量舆论发展情况的理论依据,对事件相关的群体态度的"起点""方向""长度"和"速度"各维度分别设计相关指标进行考察,形成了如下重大事件舆论危机预警分析核心指标,希望借此能够全面准确地考察某事件舆论发展的情况特征。

重大事件舆论危机预警模型主要由四个预警指标构成,分别是舆情发展速度指标、舆论危机潜力指标、负向舆论潜力指标、强烈舆论潜力指标,它们与舆论的四个主要考察维度的对应关系,如图1所示。

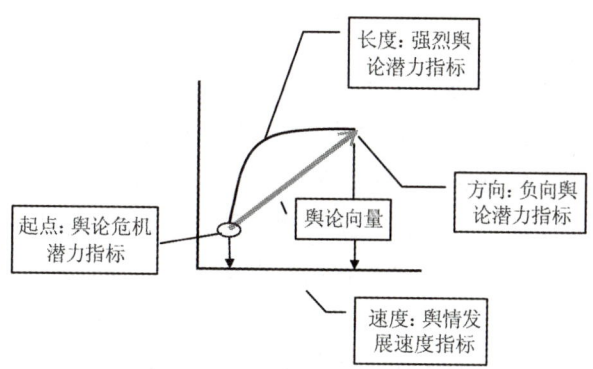

图1 舆论向量考察维度与预警分析指标的对应关系

下面分别对以上四个指标的含义以及其操作方法进行简要的说明。

1. 重大事件舆情发展速度指标⑥

该指标测量的是重大事件相关的群体态度的发展速度,直接反映了某项重大事件达到某一舆情活动水平所用的时间,间接表现了民众对该事件的关注程度和反应速度。我们用这一指标来侧面考察某事件舆论发展的速度。

具体操作化为重大事件的舆情综合监测指数某一具体得分值与该重大事件的舆情综合监测指数从0上升到所用时间⑦的比值。即重大事件的舆情综合监测指数某一具体得分值为分子,该重大事件的舆情综合监测指数从0上升到所用时间为分母。

2. 重大事件舆论危机潜力指标

该指标表示的是某重大事件本身具有的引发未来舆论危机爆发的可能性。主要通过考察该重大事件所包含的舆情因变信息要素和对应的社会心理热点,并将其与既往引发过舆论危机强烈爆发的重大事件进行质与量的对照比较来作出水平判断。它反映了某事件在群体态度形成的起点,即在包含能够引发既有认知、情感经验和评价倾向的敏感刺激信息层面上,对民众舆论的引发潜力。

具体操作分为两个部分,分别是对该事件包含舆情因变事项要素情况的考察和对该事件对应的社会心理热点情况的考察。具体的指标信息获得过程,就是按照梳理后的各个舆情因变事项要素、社会心理热点在既往重大事件中重复出现的次数赋予其相应的权重值,之后根据某一事件对这些不同权重的舆情因变事项要素和社会心理热点包含的结构和数量进行加权合计,其得分值就是该重大事件引发舆论危机潜力的判断依据。

3. 重大事件负向舆论潜力指标

该指标主要考察重大事件负向舆论未来出现的可能性。它从舆论方向这一维度预示着该事件未来舆论危机的形成概率和可能的活跃水平。

具体的操作化是通过内容分析方法,测量民众关于重大事件的负向情绪态度、意见看法的趋同程度[⑧],主要是分析在舆情空间中民众发表的与重大事件相关的网络舆情表达信息(新闻评论、主帖及跟帖、博文及回复等)中负向意见数量占所有意见数量的比例。而这一比例说明的负向态度在民众中的一致汇集水平,就预示着全面负向舆论(即舆论危机)的形成程度。

4. 重大事件强烈舆论潜力指标

该指数主要考察重大事件强烈舆论未来出现的可能性。它从舆论强度这一维度预示着该事件未来舆论危机的形成概率和可能的强度水平,也是判断该事件舆情是否属于舆论危机型舆情模式的重要依据之一。

具体的操作化是通过内容分析[⑨]测量民众关于重大事件的态度强度在较高水平上的趋同程度[⑩],主要是分析在舆情空间中民众发表的与重大事件相关的网络舆情表达信息(新闻评论、主帖及跟帖、博文及回复等)中持有较高强度的意见数量占所有意见数量的比例。而此比例所反映的群体态度的强度水平,就预示着其舆论的持续性、对疏导劝说的抵抗性以及对个体实际行为的影响性,因此该指数的水平能够有效地预测该事件当前舆情进一步升级发展为强烈顽固的负向群体态度，即舆论危机的可能性。

二、调整后的重大事件舆情监测体系和预警分析模型

调整后新的重大事件舆情监测体系和预警分析模型如图2所示。

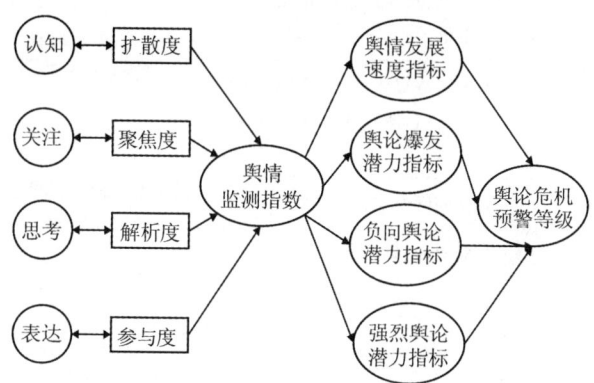

图2 重大事件舆情监测指标体系和预警分析模型

（一）重大事件舆情监测指标体系

经过如上对"解析度"指标操作化的调整，我们建立了如表2所示的重大事件舆情监测指标体系。

（二）重大事件舆情监测指数模型

1. 单项指标的指数模型

本研究定义，某个具体的重大事件在某个时间段内的针对某项监测指标的监测指数 T_i ＝该指标的实际得分值 x÷既往引发过舆论强烈爆发的若干重大事件在该指标上的平均值 $\overline{X}$。为了比较方便，将其乘以100，转化为整数值。用公式表示为：

$$T_i = \frac{x}{\overline{X}} \times 100, \text{其中 } \overline{X} = \frac{\sum_{j=1}^{n} x_j}{n} \qquad (公式1)$$

表 2 重大事件舆情监测指标体系(调整后)

一级指标	二级指标	三级指标	指标意义	测量方法
扩散度	含有重大事件相关信息的页面的点击量	新闻网站的点击量	认知环节上舆情的发展水平	基于 Web 数据挖掘技术软件的,网络信息数量和文本的数据分析
		博客网站的点击量		
		社区论坛的点击量		
聚焦度	对重大事件相关信息的搜索量	主流的专业搜索工具(Google、百度、Creative Commons)的搜索量	关注环节上舆情的发展水平	基于 Web 数据挖掘技术软件的,网络信息数量和文本的数据分析
		各网络媒体自己的搜索工具(新闻网站、博客网站、社区论坛)的搜索量		
解析度	含有重大事件相关信息的页面的点击量与重大事件相关的网络舆情表达的数量之差	新闻网站点击量与评论量之差	思考环节上舆情的发展水平	基于 Web 数据挖掘技术软件的,网络信息数量和文本的数据分析
		博客网站点击量与评论量之差		
		社区论坛点击量与评论量之差	潜舆情的活动水平	
参与度	与重大事件相关的网络舆情表达的数量	新闻网站(新闻评论的数量)	表达环节上舆情的发展水平	基于 Web 数据挖掘技术软件的,网络信息数量和文本的数据分析
		博客网站(博文及回复的数量)		
		社区论坛(主帖及跟帖的数量)	显舆情的活动水平	

在公式 1 中:

i 为各个监测指标的编号,包括:扩散度、聚焦度、解析度、参与度,i 的取值为 1~4

T_i 为某个具体的重大事件在某个时间段内[11]的针对监测指标的监测指数

x 为在该段时间段内,该重大事件对应指标的实际得分值

$\overline{X}$ 为既往的引发过强烈舆论爆发的若干重大事件[12]在舆情发展高峰时间[13]上对应指标的平均得分值

n 为既往的引发过强烈舆论爆发的重大事件的数量,本研究在测试阶段暂取为 14,具体内容见注释 13

2. 多项指标的综合监测指数模型

综合监测指数模型将针对所有监测指标的单项指数综合成一个总指数 G,公式如下:

$$G = \prod_{i=1}^{4} T_i^{w_i} \qquad \text{(公式 2)}$$

在公式 2 中：

T_i 为某个具体的重大事件在某个时间段内[14]的针对监测指标的单项监测指数

G 为在该段时间内，该重大事件舆情监测综合指数的得分值

w_i 为单项指标 i 在综合监测指数模型中的权重[15]

i 为各个监测指标的编号，包括：扩散度、聚焦度、解析度、参与度，i 的取值为 $1\sim4$

(三)重大事件舆论危机预警分析指标体系

将上文中的四个预警分析指标的操作化定义进行细化梳理，可以建立如表 3 所示的重大事件舆论危机预警分析指标体系。

1. 单项预警分析指标的指数模型

本研究定义，某个具体的重大事件在某一舆情发展水平上（具体操作化为某一具体舆情综合监测指数得分值上），针对某项预警分析指标 m 的预警分析指数 $Q_m=$ 该指标的实际得分值 $x \div$ 既往引发过舆论强烈爆发的若干重大事件在该指标上的平均值 $\overline{X}$。为了比较方便，将其乘以 100 转化为整数值。用公式表示为：

$$Q_m = \frac{x}{\overline{X}} \times 100, \text{其中} \; \overline{X} = \frac{\sum_{j=1}^{n} x_j}{n} \qquad \text{(公式 3)}$$

在公式 3 中：

m 为各个预警分析指标的编号，包括：舆情发展速度指标、舆论危机潜力指标、负向舆论潜力指标，m 的取值为 $1\sim4$

Q_m 为某个具体的重大事件在某一舆情发展水平上[17]预警分析 m 指标的监测指数

x 为在某一舆情发展水平上，该重大事件对应的预警分析指标 m 的实际得分值

$\overline{X}$ 为既往的引发过强烈舆论爆发的若干重大事件在舆情发展高峰水平对应预警分析指标 m 上的平均得分值

n 为既往的引发过强烈舆论爆发的重大事件的数量，在测试阶段暂取为 14，具体内容见注释 13

表3 重大事件舆论危机预警分析指标体系（调整后）

一级指标	二级指标	三级指标	指标意义	测量方法
舆情发展速度指标	某项重大事件达到某一舆情发展水平所用的时间	舆情综合监测指数某一具体得分值G÷该重大事件的舆情综合监测指数从0上升到G所用时间[13]	舆情发展的状态和趋势	基于Web数据挖掘技术软件的、网络信息数量和文本的数据分析
舆论危机潜力指标	重点舆情因变事项因素的包含水平	矛盾主体因素的包含水平	舆论危机的触发可能性	Web文本内容分析
		冲突缘由因素的包含水平		
		后果危害因素的包含水平		
	社会心理热点的对应水平	道德伦理热点的对应水平		
		经济民生热点的对应水平		
		行政管理热点的对应水平		
		立法司法热点的对应水平		
负向舆论潜力指标	民众态度在方向（负向）上的趋同程度	与重大事件相关的网络舆情表达信息中负向的态度意见数量占所有态度意见数量的比例	负向舆论形成的可能性	Web文本内容分析
强烈舆论潜力指标	民众态度在强度（较高）上的趋同程度	与重大事件相关的网络舆情表达信息中具有较高强度的态度意见数量占所有态度意见数量的比例	强烈舆论形成的可能性	Web文本内容分析

特别说明

x是发展中的某项重大事件舆情在某一具体的发展水平上[14]测量得到的预警分析指标水平，而$\overline{X}$测量的是既往引发过舆论强烈爆发的重大事件的舆情活动高峰[15]时在预警分析指标上的对应水平的平均值，$\overline{X}$在公式3中主要起到无量纲化和对照标准的作用。

2. 重大事件舆论危机预警分析模型

本研究以某项重大事件某一舆情发展水平对应的上述四个预警分析指数为判别变量，将引发过舆论强烈爆发的重大事件和随机抽取的普通的事件在同样的舆情发展水平上，对应的四个预警分析指数得分值作为模型拟合数据，建立Logistic多元回归模型，再利用该模型对该重大事件的这一舆情发展水平上的四个预警分析指标指数得分值进行判别，就可得出该重大事件未来舆论危机爆发的概率，从而实现对重大事件舆论危机爆发的预警。

$$P=f(Q_m)+e \qquad (公式4)$$

在公式 4 中:

P 为某个具体的重大事件未来爆发舆论危机的概率

m 为各个预警分析指标的编号,包括:舆情发展速度指标、舆论危机潜力指标、负向舆论潜力指标,m 的取值为 1~4

Q_m 为某个具体的重大事件在某一舆情发展水平上[20]预警分析指标 m 的对应指数

结　语

综上,本文围绕我们的研究目标——监测重大事件相关舆情活动情况,预警可能爆发的舆论危机的概率,结合监测应用的实际,通过分析网络舆情形成环节、影响因素及其如何向舆论转化机制,调整了重大事件舆情监测指标体系。在此基础上,我们从舆论的特征本质和测量维度出发,设置相应的判别指标,完善了重大事件舆论危机预警分析模型。希望这样调整补益后的监测体系和预警机制,能有效规避新发恶性冲突事件可能衍生的社会心理危机,促进政府与民众的良性协商沟通,为重大事件相关问题的妥善解决,作出绵薄贡献。

当然,以上研究属于理论构建阶段,所提出的监测指标体系和预警模型正在通过实际的监测应用来拟合验证,相关参数也正在利用数据估算来确定,迫于篇幅所限,相关的研究结果将另撰文章就教于诸方家。

注释:

① 本文主要是对于既有的监测指标体系和预警分析模型进行修正、补充,涉及内容有限,关于该体系和模型的详细内容和构建说明请另见文章《重大事件舆情监测指标体系与预警分析模型的探讨》,发表于《新闻传播学前沿 2009~2010》,中国传媒大学出版社 2011 年版。

② 舆情客体即舆情爆发的对象,例如以部分无良官商为代表的强势阶层。

③ 指包括事件信息和评论信息,以下含义相同。

④ 对于该类页面的确定,主要是根据其是否含有重大事件核心关键词的定向搜索结果,以此确定该页面含有重大事件相关信息。而该类页面的点击量就代表了接触到重大事件的相关信息的网民数量。

⑤ 这里的四个定义特征立足于强烈态度的结果对态度强度进行描述:(1)坚持性:是指该态度是否随时间流逝而发生改变,越强烈的态度越不随时间变化,具有历时稳定性;(2)抵抗性:是指该态度能否抵抗反向劝说信息的影响,越强烈的态度越是能够不受其他信息影响而坚持自己的评价判断,具有攻击防疫上的稳定性;(3)影响信息加工过程:是指该态度能否影响个人的信息加工过程,越是强烈的态度越会对个人认知、情感策略产生大的影响,左右认知处理结果;(4)影响实际行为:是指该

态度能否对个体行为产生影响,越是强烈的态度越能够形成相应的行为倾向,导致实际行为。总之,从以上四个定义特征来看,越强烈的态度越稳定、越坚固,对个体相应认知、情感以及行为的预示性、联动性越强。

⑥ 我们知道,舆情和舆论都是对于群体态度发展情况的说明,只不过舆情侧重于群体态度形成的范围和程度,而舆论侧重于群体态度汇聚统一的程度。它们反映了群体态度的两个发展层面。那么测量群体态度的发展速度,采用舆情发展速度和舆论发展速度的表述都是可以的。但是本研究使用了舆情发展速度而不是舆论发展速度,原因如下:首先,鉴于舆论发展水平所涉及的维度众多,全部作为速度公式的分母不便于实现。其次,比起测量达到某一比例的统一意见所用的时间,测量持有明确意见的民众数量更加能够说明民众对于该事件的关注程度和反应速度。最后,速度公式的分母得值各个事件统一,能更便于对比出其各自达到目前的舆情活动状态所用时间的长短,方便最后的预警判别对比。所以综上三个理由,我们通过测量对该事件的意见态度在民众中的扩散速度,来说明与该事件相关的群体态度的发展速度。

⑦ 即从该重大事件被媒介披露至该综合监测指数被实际测量的时间间隔的长度。

⑧ 通过具有相同的强烈负向态度意见的被试个体占被试全体比例的计算,来实现对此指标水平数据的收集。

⑨ 我们制定编码表对舆情载体(主题以及回复)进行内容分析,以实现舆论强度潜力指标数据信息的收集。该内容分析使用的编码表也依据社会心理学家 Wegener 归纳的态度强度测量维度而设计,包括精细加工(Elaboration)、极端性(Extremity)、和结构一致性(Structural Consistency)三个考察维度。具体内容,我们会在数据分析和模型拟合的相关论文中详细介绍。

⑩ 需要说明的是,此指标也是对于民众内在心理态度的考察,而且与舆情监测指标—解析度的考察内容紧密相关,所以可以通过对解析度量表测量出的,具有相同的强烈态度意见的被试个体占被试全体比例的计算,来实现对此指标水平数据的收集。

⑪ 该时间段的起始时间点为该重大事件第一次在媒介上被披露的时间,截止时间点为该指标指数值的测量时间,此外以下提到的各个指数对应时间段如无特殊说明,界定都相同。

⑫ 本研究对既往引发过舆论强烈爆发的重大事件的判定主要是依据舆情发表量(发帖量和博文量)两个维度水平,并结合考虑重大事件相关舆论活动造成的实际影响(对公众和对政府相关部门)而做出。而判定的来源主要是人民网舆情监测办公室发布的《中国互联网舆情分析报告》(2010 年版)中列出的年度网络热点事件(前 20 位),和人民网舆情监测室发布的《地方应对网络舆情能力报告》(2010 年 4 个季度)剔除其中的非重大事件,依据以上的判断标准进行筛选,得出的 2010 年间的引发过舆情强烈爆发的重大事件包括:李刚之子校园撞人致死、宜黄强拆自焚事件、山西"问题"疫苗、上海胶州路大火、浙江温州钱云会案、宁夏吴忠跨省抓捕王鹏案、湖南凤凰少女坠楼案、湖南常德抢尸案、西安药家鑫杀人案、张家港市第一人民医院患儿夏臣森医疗纠纷、广西来宾烟草局长"日记门"、山东新泰:选拔 23 岁副局长、清华博士生就家被强拆致潍坊市长许立全的公开信、湖北十堰被精神病,所有事件的舆情发表量都不低于 6000 篇,各事件的舆论发展都涉及民众的实际行为参与,也都导致了政府相关部门在压力下做出必要的问题处理和矛盾调和。以下的既往引发过舆论强烈爆发的重大事件,不再特殊说明的情况下,皆使用如上的内容定义。

⑬ 高峰时间点的获得,主要是将既往引发过舆论强烈爆发的重大事件舆情综合监测指数按照其发展变化的时间顺序(以周为单位)绘制出时间序列,根据时间序列上综合监测指数得分值的最高点对应的时间点为测量选择标准,进一步获得该重大事件在对应的舆情监测指标上的得分值水平。对于涉及民众内在态度的负向舆论潜力指标,因为无法获得过去时间点上民众即时态度意见的调查数据,所以我们就近似地取该指标得分值的极限最大值,即持有强烈负向意见态度的被试个体数占

被试总量的比例是100％。当然这只是在无法获得过往实际数据的情况下,主观设定的极限最大值,指标实际的最大得分值不一定就能达到100％。

⑭ 该时间段起止时间点的说明,同单项指标指数的说明。

⑮ 权重系数经过归一化处理,累加总和为一,即 $\sum_{i=1}^{i} W_i = 1$,的取值为1~4。

⑯ 该舆情综合监测指数从0发展到所用的时间＝该综合监测指数被实际测量的时间点 - 该重大事件被媒介披露的时间点。

⑰⑱ 操作化为综合监测指数的某一具体得分值,以下对重大事件舆情发展水平采取相同的操作化定义。

⑲ 高峰时间点的获得,主要是将既往引发过舆论强烈爆发的重大事件舆情综合监测指数按照其发展变化的时间顺序(以周为单位)绘制出时间序列,根据时间序列上综合监测指数得分值的最高点对应的时间点为测量选择标准,进一步获得该重大事件在对应的舆情监测指标上的得分值水平。对于涉及民众内在态度的负向舆论潜力指标,因为无法获得过去时间点上民众即时态度意见的调查数据,所以我们就近似地取该指标得分值的极限最大值,即持有强烈负向意见态度的被试个体数占被试总量的比例是100％。当然这只是在无法获得过往实际数据的情况下,主观设定的极限最大值,指标实际的最大得分值不一定就能达到100％。

⑳ 该重大事件舆情发展水平具体操作化为对应的综合监测指数得分值。

参考文献：

① 张红涛、王二平:《态度与行为关系研究现状及发展趋势》,《心理科学进展》2007年第1期。
② 陈志霞、陈剑峰:《矛盾态度的概念、测量及其相关因素》,《心理科学进展》2007年第6期。
③ 李小平:《群体态度转变的非线性动力学研究方法》,《复杂系统与复杂性科学》2008年第1期。
④ 吴明证、梁宁建:《态度的自动激活效应的初步研究》,《心理科学》2003年第1期。
⑤ 尹明:《网络舆论与社会舆论的互动形式》,《青年记者》2009年第2期。

从"党的耳目喉舌"到"公众话语平台"*
——"人民网"意见表达与整合研究

◆ 涂光晋　吴惠凡

20世纪90年代,因特网迅猛发展,成为继报纸、广播、电视之后的"第四媒体",对传统媒体提出了新的挑战。在这样一个传媒业大变革、大发展的时代,传统的印刷媒介和电子媒介纷纷上网,开拓新的媒介形态,通过"媒介融合"的方式将内容生产拓展到新的领域。《人民日报》作为中共中央机关报,在"报网融合"方面进行了一系列探索与尝试,形成了一套行之有效的运作机制,在全国媒体中起到了率先垂范的作用。1997年1月1日,依托着《人民日报》这一强大平台,人民网正式接入国际互联网。如今,经过十余年的发展创新,人民网已经成为集文字、音频、视频于一体的新闻信息与观点意见的发布平台,特别是在意见表达方面,人民网探索出了一条全新的道路,形成了独具一格的、全方位、立体化传播模式,逐渐成为各类观点、意见的发布与集散中心。

一、从"电子报纸"到"网络媒体"——多个频道构建主流舆论阵地

当前,互联网为人们提供了比报刊、广播、电视等传统大众传媒更加方便的信息接收渠道和意见表达机制,为人们广泛参与公共事务提供了技术上的可能。它比任何一种传统媒体都更开放、更互动、更及时,并且"大大改变了传统政治运动中必须近身集结的模式,把个人电脑变成了公共生活的'界面端',让人可以在客厅、卧室等'幽暗'处'公开喊话',以互动方式直接进行公共参与,公共与私密空间的

---

* 原载于《现代传播》2012年第1期。

感知界线变得模糊,"流动空间"(Space of Flow)取代"地点空间"(Space of Place),成为"政治表达的聚集地"。①人民网作为"报网融合"大军中的先行者,通过技术和内容的结合,不断拓展着自身的话语空间和舆论平台,积极调动公民政治表达的意愿和效度。

创办伊始,人民网只是《人民日报》的"纸媒翻版",每天用中文发布《人民日报》的电子版,内容与主报完全一致,只有文字和图片两种形式,发表的评论也只是《人民日报》上的社论、评论员文章、短评、编者按语及各类专栏评论,没有网站独立发表的评论,因此每天的访问量不过万余次,未收到应有的传播效果。可以说,"报网互动不是'网+报'的简单组合,而是静态新闻向动态新闻的转化,文字新闻向视频新闻的融合"②,最终要能产生新的传播内容以及用户互动。

经过十几年的发展,如今人民网已拥有 14 种语言 15 种版本,采用文字、手机、音视频、网上直播等多种手段,全天候发布信息,不仅通过《人民日报》重要言论库"将《人民日报》上的所有评论分门别类地进行发布,同时还开辟了"观点频道""舆情频道""强国论坛""强国社区""强国博客""人民微博"等多个意见交流和言论发布平台,打造出了"人民时评""人民网评""网友拍案""观点周刊""观点 1+1"等诸多品牌栏目,并且设立了评论员专栏和原创作者专栏,为权威人士、专家学者以及平民百姓提供可以自由发表观点、抒发情绪、建言献策的渠道。

在打造舆论平台的过程中,人民网进行了一系列有益的尝试,成为国内第一个开通时政论坛、第一个推出网站时评、第一个设置舆情监测室、第一个给各级党政领导建立留言板的网站,这其中许多栏目都汇集了颇高的人气,吸引了一大批较为活跃的意见表达群体的关注并积极发言。当前,人民网"日均页面访问量超过 2 亿,最高达到 2.67 亿,去年全年日均页面访问量同比增长 40%。其中,人民网 1/4 的访问量来自海外,网友遍及世界 200 多个国家和地区,是国内外中文互联网最重要的信息源之一"③。

2000 年 4 月,人民网在全国网站中第一个开设了专门的评论频道——观点频道。不同于国内其他门户网站的评论频道,人民网观点频道充分利用《人民日报》60 余年来积累的作者资源、作品资源、栏目资源和品牌资源,搭建起一个以原创评论为主体,以多个富有个性的栏目为基础,以深度整合其他媒体评论为手段,集"报纸评论""网络评论""漫画"和"电视评论"四位一体的言论平台,将《人民日报》的资源优势、品牌优势、专业优势和人才优势进一步发挥和运用,合力提升媒体的公信力、影响力和传播力。

由于互联网具有海量存储、及时传输、互动便捷的特性，因此人民网上的评论议题比《人民日报》更丰富，评论时效性更强，能够针对当天发生的新闻迅速发表观点或评论，并且可以针对社会热点事件和现象开设评论专题，形成各类观点的交锋和回应。如针对广东佛山"小悦悦"事件引发的舆论风波，人民网观点频道连续刊载了《中国青年报》《新京报》《广州日报》《扬子晚报》等多家媒体的评论文章，从道德反思、制度拷问、心理剖析等多个方面展开讨论，在大多数文章都指责公众冷漠的同时，也有文章运用心理学理论解释旁观者未必都是"冷血"。这种多个角度、多家媒体针锋相对的观点碰撞，在传统的纸质媒体上是难以实现的，人民网较好地利用了互联网这一平台，实现了一定程度上的"观点的自由流动"。

在人民网观点频道不断发展的同时，2010年1月7日，《人民日报》也推出了自己的言论版《观点》，并且将人民网观点频道作为网络支持。观点版的开办，标志着一向以评论见长的《人民日报》，开始借用言论版这种新的言论整合方式，将更为多样的体裁、更为丰富的选题、更为广泛的主体、更为多元的观点融入纸质媒体的评论。其中，网络选题、网络言论的引入成为一大亮点，如"郭美美"微博炫富事件、女民警打人事件、联防队员涉嫌强奸案，这些在互联网上引发网友普遍关注的事件，如今也成为《人民日报》的评论对象。而在"微博之论"栏目中摘录"人民微博"上的相关言论，以及在"反馈"栏目中刊载读者和网友对往期评论的反馈意见等做法，也进一步促进了报网之间的互动。

被誉为"网上第一评"的《人民时评》是人民网2001年3月21日开办的网络时事评论。它邀请《人民日报》资深编辑记者、部分知名专家学者以及一些活跃的评论作者担任特约评论员，围绕国内外新近发生的重大事件或热点问题展开评论，评论内容主要涉及时政经济、社会民生、科技教育和文体娱乐四大类，选题丰富、事件性强、评述权威、有力，语言明快、犀利，因而点击率高，转载率高，网友反馈率高。2005年4月14日，该栏目开设到主报的"视点新闻"版，6年来一直是人民网与《人民日报》的共享栏目，也是《人民日报》时效性最强的品牌栏目。2011年5月起，人民网开始新一轮改版，6月1日，推出了专属于自己的"人民网评"，而"人民时评"将成为《人民日报》的专属栏目，这也开创了网络时评栏目"移师"报纸的先例。

观点频道的"观点周刊"是人民网在评论方面的又一创新。这一模仿新闻周刊封面版式的栏目,每周出刊一期,截至 2011 年 11 月 21 日,已出刊 252 期。进入"人民观点周刊"的页面,在由大幅新闻图片和标题新闻组成的封面报道左侧是"编辑点题"和"精品推荐",此外还有"一周人物""一周事件""本网评论一周排行"和"一周媒体评论精华"四个栏目。在页面右上角,可以进行评论检索,只要输入关键词,就能搜索出人民网刊载过的包含此关键词的所有评论,这一做法极大地发挥了互联网的集纳、整合及存储作用。

在开发新的互联网应用方面,人民网也在进行积极的尝试。2010 年 2 月 1 日,人民网自主研发的微博产品"人民微博"正式对外开放,并支持与"强国论坛"等人民网互动社区的互通。与国内其他媒体微博不同,"人民微博"大力邀请各部委和地方党政官员、媒体编辑记者以及专家学者进驻,这部分"意见领袖"对待不断加剧的社会矛盾,能够较为理智、客观地进行分析,并且大多坚持体制内改革的立场。通过这批"意见领袖"的带动以及编辑的议题设置,"人民微博"上网友关注的话题主要集中在政治、经济和民生领域。

笔者将新浪微博与人民微博的热门话题进行了比较:截至 2011 年 11 月 21 日 21 时,新浪微博"本周话题榜"上的热门话题为:电影《鸿门宴》、单曲循环症、甘肃幼儿园校车事件、2011 快乐女生全国巡回演唱会、你会称老师为您吗、聊聊好校车的标准、大学教给你的事儿、电影《杨门女将》、2011ELLE 风尚大典、3D《泰坦尼克号》中文版预告片发布;而人民微博"一周热议"上的热门话题为:中国网络媒体论坛、动车事故、网上售票、校车安全、公务员考试、官段子大赛、拒绝冷漠 温暖你我、随手拍文化新风。比较后发现,除了甘肃"校车事件",新浪微博和人民微博的议题重合度不大,新浪微博上休闲娱乐类话题所占比重较大,而人民微博的话题则以国计民生为主,这同人民网的媒体定位和功能属性是一致的,同时也体现了人民网的"网络问政"特色。在互动性和更新速度上,新浪微博除了"本周话题榜",还提供了"1 小时话题榜"、分类"话题榜"以及分类"热词榜",以此更为有效地引导和激发公众讨论,而人民网的更新速度则较为缓慢。因此,在网络言论频道和栏目的建设中,如何加强对网络传播规律以及网民心理特征的把握,使人民网在舆论生成和共识培养中更具主动性,将是摆在人民网及其他网络媒体面前的下一个难度较大的问题。

二、从"官方声音"到"民间舆论"——多类主体拓展公共话语空间

在中央重点新闻网站中有"排头兵"之称的人民网,具有主流媒体与新兴媒体的双重身份。一方面,背靠人民日报社,以中共中央机关报《人民日报》为依托,人民网必然承载着宣传党和政府的政策主张,客观报道国际时事消息,团结各族人民群众,加强公民思想道德建设的重任,是中国共产党网上宣传的重要阵地和对外宣传的重要渠道。另一方面,互联网的开放、自由、匿名、加密等技术特征使得人民网能够为更广泛的人群提供意见表达的通道,这也就使其承担起反映民情民意、疏通引导舆论的重任。人民网"权威性、公信力、大众化"的办网宗旨正好体现了这一"党性"和"人民性"。

2006年7月1日,人民网"中国共产党新闻网"全新改版后正式推出,成为互联网上最集中、最系统、最全面地介绍中国共产党的权威网站,是"传播党的声音、密切党群关系、推进党务公开、展现党的形象"的最权威信息源之一。此外,人民网"中国人大新闻""中国政府新闻""中国政协新闻""中国工会新闻""中国妇联新闻"等栏目构成中央网群板块,已成为发布国家重要新闻、权威解读政策法规和与人民群众沟通的重要桥梁。

相比于内外宣传、决策发布和政策解读,人民网在上情下达和疏通民意上的作用则更为引人关注,其中之一就是建立了全国性的领导干部网络留言系统,使普通网民无须注册,就能给中央领导、代表委员、部委领导以及各省市政府领导留言。打开"地方领导留言板"的页面,网友可以点击中国行政区划图上的省份名称,给该省的行政领导留言,而相关领导也会对一些问题进行回复和解决。如今,该留言板已为全国60多位书记省长、近1000位副省、地市级党政正职官员及1000多位县委书记分别开通了页面,成为中国互联网上最受瞩目的官民互动平台,标志着"网络问政"已经向更高层次迈进。

可以说,互联网上相对宽松、自由的言论环境有力地推动了政治民主化进程,使得长期处于喑哑状态的各种民间话语找到了发声的渠道,为"网络公民"构建起意见表达的新平台。互联网技术正在改变人们政治参与的结构与模式,"电子政府"的构建由此成为可能。人们可以从不同的渠道获得政府的各种政策信息和服务,政府与社会之间通过电子化渠道进行相互沟通,并依据人们的要求和使用的方法提供各种不同的服务选择(见表1)。

表 1　传统政府和电子政府的区别①

传统政府	电子政府
实体性	虚拟性
区域性	全球性
集中管理	决策权下放
政府实体性管理	系统程序式管理
垂直化分层结构	扁平化辐射结构
在传统经济中运行	在以知识为基础的数字经济中运行

人民网的做法无疑是对"电子政府"理念的一种实践。政府可以借助互联网增强传递政策信息、汇集民情民意的能力,加强对各种社会矛盾的协调力和控制力。然而,尽管人民网为此提供了一个平台,但在具体操作层面上依然存在缺陷。如在"地方领导留言板"上,领导们对于网民留言的回复数普遍偏少,一些省份甚至出现了零回复(在黑龙江省的留言板上,除了大庆市有28篇回复,其余的省市领导均为零回复)。在"对党说心里话"的微博手机参与区,网民的发言并不踊跃,从2011年10月21日到2011年11月21日,一共只有9条网友留言。可以说,技术的进步赋予了人们获取信息自由、表达自由的客观条件,但文化、心理、制度等因素影响了意见的自由表达和交流。为了避免网络资源的浪费和闲置,除了媒介使用者的表达热情和媒介素养有待提高,网络编辑也可以通过议题的设置,组织和引导网友发言。

在汇集舆情方面,人民网开通了"舆情频道",通过"人民舆评"发布主流声音,并开辟"人民在线"集中整理和发布舆情动向;"两会"期间,开设了"每日舆情报道"栏目,专门摘录、节选网友的留言。在整合网友言论方面,人民网陆续开设了"网友说话""网友拍案""网友文集""网友热评""评论靶子"等栏目。其中,"网友文集"收录了几十位网友的评论集,点击每一位作者的名字,即可链接进入其评论集页面。"评论靶子"由"评说由头""观点争锋""编辑点题"和"留言板"构成,"评说由头"是一段简短的话概括供网民评论的新闻事实,"观点争锋"对此新闻给出了三种不同看法,"编辑点题"则由编辑针对此事进行提问,引发网友进入留言板进行讨论。"网友热评"则是由网友对编辑选取的新闻由头发表评论。这一形式是媒体主动进行议程设置的典型,一度收效良好。此外,从2006年3月2日起,《人民日报》开设了"人民网网友留言板"栏目,摘编网友对《人民日报》前日所载报道的评论。目前,在人民网各评论员的专栏主页、一些评论栏目的首页,以及一些新闻专题的页面下方,都附有留言板的链接供网民展开讨论。

人民网上另一个汇集民意的窗口就是"强国论坛",其前身是1999年5月9日开设的"抗议论坛",同年6月19日改版为"强国论坛"。它是中国第一个网上时政论坛,同时也是官方媒体与民间社区的成功结合。依托着《人民日报》的政治资源,"强国论坛"搭建起了普通百姓同政府高层官员的沟通桥梁。2008年6月20日,胡锦涛总书记考察《人民日报》时曾在"强国论坛"同网友在线交流,这一年也因此被称为"网络问政"元年。随后,每年全国"两会"期间,"强国论坛"都邀请全国人大代表、政协委员与网友交流。在搭建与外国领导人的交流平台方面,"强国论坛"也首开先河。2008年2月,"强国论坛"远赴莫斯科,邀请梅德韦杰夫与中国网民交流。此外,世界贸易组织总干事拉米、墨西哥前总统塞迪略、法国前总理米歇尔·罗卡尔、美国前财政部长保尔森等国际政要都曾做客"强国论坛"。这种网络在线嘉宾访谈的形式,在解读政策法规、评论热点话题、沟通干群关系、澄清模糊认识、剖析国际局势、加强中外交流等方面发挥着重要作用。可以说,"强国论坛"既是人们观察中国政治动向、了解中国民意的一个窗口,又是世界了解中国、中国了解世界的平台。

与中国整体的网民构成相比,"强国论坛"的网民素质较高。"根据人民网所作的调查,'强国论坛'的网友以在科研、教育事业单位和党政管理机关工作的人最多,其中专业技术人员占35.2%,国家行政机关管理人员为18.9%,两者占到一半。从学历上看,大专以上学历占到80.6%,其中本科比例最高,为42.9%。"⑤这样的网民构成使得"强国论坛"的话题更多地涉及政治经济、国计民生。笔者从2011年上半年和下半年各抽取一个月份,分别为5月和10月,对"强国论坛"的"一语惊坛"栏目进行话题统计(见图1)。

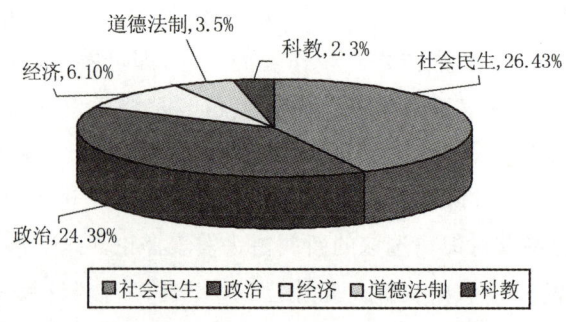

图1 "强国论坛"的"一语惊坛"栏目话题统计

从图 1 可以看出，在抽取的 61 个样本中，社会民生类话题最多，为 26 个，接近话题总数的一半；其次是政治类话题，为 24 个；经济、道德法制和科教类话题所占的比重较小。其中，民生类话题又以"楼市调控""物价上涨""食品安全"和"公路收费"这四类议题最为热门，出现的次数分别为 6 次、5 次、4 次和 3 次。在所有话题中，出现频率最高的议题是在政治领域，是关于"反贪腐"的，一共出现了 17 次，占政治类话题的 71%。这一方面反映出"强国论坛"中的网友对此类话题的关注度高，另一方面也反映出"强国论坛"在议题设置方面的倾向。网络编辑着重关注政治民生议题，将当日热烈讨论的话题进行整合，收集论坛中或睿智深刻、或生动有趣的短评快语，生成热帖。这些帖子的浏览次数少则上万，多则十几万，以"多对多"的交流形式在电子空间里形成"蝴蝶效应"，迅速扩大传播半径，形成"二次传播""多次传播"。

通过"强国论坛"这一舆论通道，中国社会各阶层民众能够进行利益表达、情感宣泄和思想碰撞，人民网汇集民意、反映民生、排解民怨的功能得以强化。值得注意的是，尽管"强国论坛"初步具备了尤尔根·哈贝马斯（Juergen Habermas）提出的"公共领域"的三要素，即"参与成员的平等性，讨论议题的开放性，参与成员的广泛性"⑥，但它仍然只是一个公共话语空间而非理想的公共领域，管理者的干预、强势话语者的影响、从众心理的干扰以及情绪化宣泄导致的"网络暴力"等诸多因素，削弱了论坛中"自由、公开和理性的辩论"，形成了"沉默的断层"，在一定程度上阻断了客观、公正民意的形成。

20 世纪 90 年代以来的"技术决定论"认为，网络将改变传播者支配传播的局面，消除传播者与受众之间的角色差别，从而实现信息均等，并且这种平等最终将带来社会关系的平等，人的社会地位差异将会消失，城乡差异将会消失，人与人之间的知识水平差距也会消失。然而，在现实的媒介环境下，由于受到政治、经济、人文等多种因素的影响和制约，这种"电子乌托邦"的理想依然难以完全实现。

三、从"一家之言"到"博采众议"——多家言论实现多元观点碰撞

相比于传统媒体，互联网具有许多优势，包括支持人际互动的交互性、兼容不同媒介形态的融合性、瞬时传递信息的即时性，以及信息存储容量的无限性等。这些特点使得互联网在言论的收集、聚合以及分类上更为便捷。人民网在意见整合方面充

分利用了互联网的这一优势,在许多评论栏目和专题事件中将原创评论、《人民日报》报系评论、各地媒体评论以及网站评论整合到一起,而这一点是《人民日报》观点版难以做到的。例如,在"七日谈"栏目中,从周一至周五,编辑每天选取一个热点话题,并提供三四篇国内媒体评论,周末则是提供"观点周刊"封面报道的媒体评论(见表2)。

在同其他媒体进行观点互动方面,人民网也进行了尝试。如"观点1+1"栏目,这是人民网的一个编读互动栏目,由编辑"小蒋"主持,每天拿出1~2个话题,每个话题都由一段简要的背景、一段媒体相关评论的节选和一段类似于编后的"小蒋随想"组成。尽管只是一来一往的观点碰撞,却能激起人们对事件更深层次的思考。其中,"小蒋随想"的文体内容类似于杂文,短小犀利,生动幽默,具有较强的口语化和文艺化色彩,得到了许多网友的好评,并引发了大量网友留言。

表2 "七日谈"一周议题一览表(2011年11月14日至2011年11月19日)

序号	时间	议题	评论来源
1	2011-11-14	"擦鞋爷"暴露傲慢和做派	《新京报》《华西都市报》《大连日报》
2	2011-11-15	卵子买卖背后的伦理和法律问题	《新京报》、四川新闻网、湖南红网
3	2011-11-16	"狼爸式教育"已太多而非太少	《新京报》《中国青年报》《济南日报》
4	2011-11-17	别惊诧于地沟油流入政府食堂	《中国青年报》《济南日报》、新华每日电讯
5	2011-11-18	政府"奖励"开发商2亿元暴露了什么	《华西都市报》《北京晨报》《西安晚报》
6	2011-11-19	"狼爸式教育"太多还是太少	《扬子晚报》《济南日报》《羊城晚报》《西安晚报》

在事件专题方面,人民网同样进行了各类媒体评论的整合。如上海地铁追尾事故,人民网观点频道共整合了北京、江苏、浙江、广东等多家媒体的11篇评论(见表3)。伴随着事件的进展,这些评论从不同角度着眼,为人们提供了更为多元的观点并引发了更加深入的反思。

通过表3可以看出,其他媒体评论的引入,突破了《人民日报》和人民网自身资源的局限,使评论的形态和内容、观点的立场和角度得到了前所未有的丰富和扩展,也为人们更加理性、客观、全面地看待一些社会现象和热点事件提供了更多的参考。

可以说,互联网的跨时间、跨地域、跨媒体特性,极大地丰富了人民网的评论形态,除了社论、时评、短评、述评("舆情频道"的"人民舆评"采用这一形式)、编者按、杂文、时事漫画等评论形式,人民网还融入了一些视听表现形式,以及口语化的意见表达,可以是一句话、一个短语、一个"热词",甚至是一串表情符号,这些言论原本是与实体世界的人际传播相伴随但无法通过传统媒介表现的,如今却在网络世界得以呈现。作为包容不同层次、不同种类传播活动的泛传播媒介平台,互联网正在演化为由符号形式及其所表达的意义构成的"符号世界"。

表3 人民网观点频道上海地铁追尾事故媒体评论一览表

(2011年9月27日至2011年10月8日)

序号	时间	标题	评论角度	作者	发表媒介
1	2011-09-27	又一次事故警钟响起,能否让上海地铁清醒	呼吁提高安全意识,及时公开事故原因	张玉珂	人民网观点频道
2	2011-09-28	地铁追尾再敲安全警钟	安全隐患应彻查	伊路	《人民日报》
3	2011-09-28	应从上海地铁事故中汲取教训	要提高应急反应能力	吴乔	《京华时报》
4	2011-09-28	又到考验事故处理时,请至少"五公开"	事故调查处理应保证信息公开透明	肖华	《扬子晚报》
5	2011-09-28	用海恩法则审视上海地铁事故	防微杜渐,消除安全隐患	李继彦	《扬子晚报》
6	2011-09-28	走出中国铁路的"卡斯柯定律"	质疑信号设备供应商	付瑞生	《钱江晚报》
7	2011-09-28	地铁追尾,彻查是最好的"安全承诺"	彻查事故原因,提高安全意识	社论	《新京报》
8	2011-09-28	地铁事故考验危机公关,谁来彻查信号疑云	排除安全隐患,建立问责制度	张玉珂	人民网观点频道
9	2011-09-29	上海地铁道歉莫止于危机公关	重视道歉后的调查整改	乔子鲲	《京华时报》
10	2011-09-29	上海地铁追尾是敲给地铁时代的警钟	拷问事故中的设备原因及人为原因	王石川	《羊城晚报》
11	2011-10-08	上海地铁追尾事故处罚是否偏轻	质疑事故处罚结果,认为处罚力度过轻	社论	《新京报》

然而,当人们可以从互联网上获得来自世界各地纷繁复杂的观点言论时,必然会对这些言论的针对性、有效性、准确性和权威性产生更多的期待。美国著名学者约瑟夫·奈(Joseph Nye)说过:"当我们被面临的大量信息所湮没时,就很难知道该关注什么。注意力而不是信息就成了稀缺的东西,那些能够把有价值的信息与虚假信息区分开来的人就取得了优势。"[②]因此,在多元信息源的传播环境下,网络编辑的"把关人"作用就显得十分重要,不仅要对言论的准确性加以核实,同时善于把握言论的针对性,提高媒体资源的到达率和利用率。

在媒体意见性信息的"把关"和整合中,人民网有着自身的特色。首先,突出原创性,依托人民日报社的媒体资源和人才资源,加强评论员建设。在观点频道的"评论·文集"栏目下,分别设有"评论员专栏"和"原创作者专栏"。前者的作者大约为 30 人,由人民日报社的评论员和经常写作评论的编辑、记者组成,包括曾任人民日报社副总编辑和评论部主任的李德民,现任评论部主任卢新宁,文艺部副主任蒋元明等。这支评论作者队伍,无论人员实力,还是评论传统,其他各大网站的评论频道都很难与之相比。"原创作者专栏"则汇聚了百余位来自其他媒体的评论员、记者、专栏作家和专家学者,《人民日报》和人民网邀请他们为特约评论员,以开设专栏等方式撰写评论文章,在《人民日报》和人民网上同时刊载。点击进入每一位作者的名字,即可链接进入他的评论集页面。由于互联网的海量存储和及时传输的特性,这些评论员文章突破了纸质媒体的版面限制和刊发时间限制,提高了新闻评论的时效性和针对性,扩大了新闻评论的议题范围。

与此同时,人民网不断增强评论的分类和索引功能,提供不同事件、不同话题下各家媒体、各个作者的评论,实现观点的多元性。在人民网"观点频道"的搜索区,设立了"报刊言论""媒体作者""焦点人物""热点事件""公共话题"等多个搜索栏,建成了"观点频道热词库",为网络用户提供集"媒体、作者、人物、事件"于一体的多点式、全方位评论检索服务。点击"报刊言论"栏,可以进入《中国青年报》《新京报》、新华每日电讯、《广州日报》《扬子晚报》等国内 23 家媒体的评论集;点击"公共话题",可以进入"教育改革""反腐倡廉""重大生产事故""食品药品安全""房地产""社会保障"等 42 个社会热点话题的评论集。相比"公共话题",人民网对于"热点事件"的评论集建设显得较为薄弱,仅提供了"李启红接受调查""张悟本'神话'"等 10 个热点事件的评论索引,话题陈旧,更新滞后,没有充分发挥互联网的资源整合作用。

在整合视听媒体的评论资源方面,人民网还处于探索阶段。目前,人民网观点频道主要提供央视《新闻 1+1》和《今日观察》的栏目链接,以及"人民电视"推出的嘉宾访谈节目,形式和内容都较为单一。从某种意义上来说,所有不同传媒的不同运作方式,在网上终将聚合成"数字化的跨平台、跨语言、跨应用的泛传播方式",传媒、电讯、电脑等不同信息传播行业的服务范畴正在聚合成宽广的"综合性传播服务领域"。⑧因此,人民网在言论频道建设中应该突破传播载体的局限,不断开发和利用多媒体平台,逐步突破原有传播渠道交互性弱的局限,寻找互联网资源同传统媒体,乃至移动新媒体资源的最佳契合点。

四、从"报网互动"到"三网融合"——多种途径打造国际一流媒体

20世纪60年代,加拿大著名传播学者马歇尔·麦克卢汉(Marshall McLuhan)曾在《理解媒介——论人的延伸》一书中说:"媒介作为我们感官的延伸,不但导致我们个人的感官中产生新的比例,而且也导致媒介之间产生新的比例。"⑨正如当年电视进入大众传播领域曾导致的社会传播系统结构调整一样,互联网以及其他新媒体技术的飞速发展,正在引起传播领域新的结构调整。

在这样一种全新的媒介环境下,《人民日报》率先垂范,积极开拓新媒体平台,通过人民网打造新的主流舆论阵地,为公民知情权、参与权、表达权和监督权的实现创造条件。从各类评论栏目,到网络论坛和社区;从媒体评论集,到网友留言板,人民网在进行观点评论发布的同时,也搭建起了人们表达利益诉求的通道。在打造"多语种、全媒体、全球化、全覆盖"的国际知名网站这一进程中,人民网同样需要加强意见性信息传播系统的建设,"互动—引导—整合—融合"将成为关键词:

(1) 加强"编读互动""报网互动",提高内容更新速度,开展"报下网上"活动,建立有效的用户反馈机制,关注民生,了解民意,传递民情,并将报纸的深度和网络的时效有机结合,扬长避短,优势互补。

(2) 在各品牌栏目、论坛、社区、微博进行多重"议程设置",激发网友讨论,不断增强原生议题的关注度,顺应社会舆论的形成机制和传播机制的发展特点,加强主流舆论引导和社会共识培育。

(3) 整合不同媒体、不同主体、不同体裁、不同介质的观点言论,运用音视频等多媒体手段加强舆论建设,充分利用《人民日报》的政治资源、媒体资源和人才资源,在"人民电视"中开办原创性评论栏目。

(4) 加入"三网融合"队伍,将计算机网和电信网、有线电视网相对接,在《人民日报》手机报、人民舆情手机报、手机人民网、手机"强国论坛"、人民微博、人民电视的基础上,加强跨媒体的内容建设和意见传播,不断拓展舆论空间和用户群体,增强引导力和传播力。

作为《人民日报》着力建设的以新闻和评论为主的大型网上信息交互平台,人民网自创办至今已过14年,特殊的政治背景使其担负起了更多的舆论引导重任。在当前"媒介融合"的大背景下,《人民日报》和人民网应该在渠道整合、内容整合、观点

整合等方面形成合力,最终形成"传统媒体与新兴媒体并举、官方声音与民间舆论呼应的发展格局",努力建设成为"报网一体化发展、品牌优势突出的国际一流媒体"⑩。

注释:

① ⑧ 杜骏飞:《网络传播概论》,福建人民出版社 2008 年版。

② 杨容、何宏颖:《〈华尔街日报〉的报网互动研究》,《编辑之友》2010 年第 11 期。

③ ⑩ 吴恒权:《报网融合 同生共赢——在香港"传统媒体与新媒体的互动与发展"研讨会上的演讲》,人民网:http://media.people.com.cn/GB/192301/192359/192370/13820708.html,2011-01-26。

④ 参见北京大学网络经济研究中心:《全球电子政务发展概述》,http://tech.sina.com.cn/i/c/2002-10-17/1137144328.shtml,2002 年 10 月 17 日。

⑤ 彭兰:《强国论坛的多重启示》,人民网:http://www.people.com.cn/GB/14677/21963/22062/2469490.html,2004 年 04 月 26 日。

⑥ 参见〔德〕尤尔根·哈贝马斯:《公共领域的结构转型》,曹卫东等译,学林出版社 1999 年版。

⑦ 康燕:《新闻不是易碎品——兼谈深度报道及其变革》,《新闻记者》2009 年第 9 期。

⑨ 参见〔加〕马歇尔·麦克卢汉:《理解媒介——论人的延伸》,何道宽译,商务印书馆 2000 年版。

制度设计视角下的中国新闻奖*
——兼论中国新闻评奖制度的改进

◆ 蔡尚伟 冯结兰

由中共中央宣传部批准设立、中国记协主办的中国新闻奖,是 2005 年全国性文艺和新闻评奖工作进行整改后,中央批准保留的唯一的全国性综合新闻作品奖项,是"旨在检阅我国新闻工作年度业绩"[①]的政府奖。它是全国新闻界普遍关注和高度重视的重要载体,是在新闻界和社会上声誉良好、号召力最大的新闻奖项。

2011 年 8 月,第 21 届中国新闻奖在北京评选。笔者代表四川大学,与来自北京大学、清华大学、中国人民大学、中国传媒大学的同仁一起,作为"新闻教研机构的专家学者"出任评委,经历了紧张激烈的作品定评过程,也见证了中国新闻奖评选过程的严肃、认真。评选过后,掩卷深思,面对中国新闻评奖制度的成就和不足,基于建设性的视角,本文拟就中国新闻评奖的制度设计问题予以讨论,希望能对完善中国新闻奖有所助益。

一、中国新闻奖制度设计的特点及其合理性

任何制度都是一种规则或规范的安排,一种人类的理性选择。制度包含物质性层面和意识性层面的内容。以新闻制度为例,它包含了调节和管理新闻与社会、新闻生产与接受等方面的一整套的新闻机制,如国家及政党在一定时期内的新闻政策、审查机制、出版机制等,这属于新闻制度的物质性层面。新闻制度中的意识性层面,如新闻教育与学术、重要新闻奖项、记者协会等,蕴含着对新闻观、价值观等方

---

* 原载于《现代传播》2012 年第 2 期。

面的规范和限定,在一定程度上内化为新闻的内部结构,制约和规范着新闻本身。

新闻奖项是新闻制度的一部分,体现的是制度制定者对于新闻事业的评价和期许。作为政府奖的中国新闻奖,必然服从于中国政府控制新闻媒介、巩固稳定发展局面的要求。这一点亦无可厚非。这是中国新闻奖诞生的初衷,也是它的宿命。这从中国新闻奖的评奖宗旨中可见一斑:"发挥优秀新闻作品的示范引导作用,推动新闻媒体与新闻工作者坚持正确舆论导向,落实'三贴近'要求,提高作品质量;促进新闻媒体多出精品,多出人才;推进新闻事业更好地为人民服务、为社会主义服务、为全党全国工作大局服务。"

政府奖的身份,让中国新闻奖身上的政治意味浓厚。这至少体现在两个方面:

首先,评选注重政治导向性。中国新闻奖的获奖作品,一般而言,都与重大事件、重要人物、典型报道直接关联。"中国政府提倡什么、主张什么、鼓励什么,对世界重大事件的看法和评价等等,只需看看每年中国新闻奖的获奖作品,就基本上可以把握了。所以,中国新闻奖又是中国政府对年度国内外重大事件的'观点浓缩',是国家认可和肯定的主流价值观念的集中体现。"[②]有人对 2007 年、2008 年的中国新闻奖和普利策新闻奖的内容进行比较分析,发现中国新闻奖特等奖、一等奖作品中正面报道占绝大部分,2007 年更是占到 80%,只有少量负面报道。且中国新闻奖显示出一贯强烈的政治性,2007 年、2008 年有关国家方针政策的报道均达到 30% 以上,占到绝大多数。[③]

这一点对应于中国新闻生产和管理所信奉的"正面宣传为主"的方针政策。在中国的特殊体制下,媒体是中国政治和行政体系的一部分,是事业单位,看重的是社会效益。它以正面宣传、讴歌真善美作为新闻报道的标准;而且,新闻媒体是党和政府的"喉舌",是各级政府的"宣传部门",政府以政治需求为出发点,主导着媒体的舆论导向、报道重点和报道目的。中国新闻奖获奖作品多"重大"和"典型",是对中国新闻界现状的观照和反映。同时,中国新闻奖对于作品的评选标准,又引导着新闻媒体为政治报道、正面宣传下更多功夫。这完全契合新闻管理部门的目的和利益。

其次,评选讲究平衡性。中国新闻奖的评选细则中明确规定,要统筹兼顾中央媒体与地方媒体,平面媒体与广电媒体、网络媒体,发达地区与欠发达地区的参评作品。普利策新闻奖的评选中经常出现一家媒体独大,一举囊括几项大奖的情况,这在中国新闻奖的评选结果中几乎不可能出现。中国新闻奖实行"配给制",从一开始分配给各报送单位的名额就是一定量的,而各地记协给本地媒体的名额,也是按影响力、规模大小进行分配。到最后的定评,《中国新闻奖评奖办法》规定:"为调动更多新闻单位的积极性,在消息类、评论类、通讯(专题)类、系列(连续、组合)报道类4个项目中,每个刊播单位获一等奖不超过1个。"

讲究平衡,实际上也是对应于中国新闻界的现实。中国的新闻媒体由各级政府主管,处于一种"条块分割"的状态。尽管有的媒体经营状况、市场反映不好,但因政治利益的作用,"优胜劣汰"的法则在中国新闻界无法实现,或者无法在更大范围内实现。各个不同地区的媒体之间,几乎不存在竞争关系。各个不同形态的媒体之间,也因所发挥作用的不同而互不影响。中国新闻奖"平衡性"的评奖原则,照顾到了不同地区、不同类型、不同风格媒体的情绪,调动了各方参与的积极性。总之,这也是种妥协方案,是多种原则的折中,富有"政治智慧"。

新闻评奖的出现,首先是对新闻事业蓬勃发展现状的肯定;同时,新闻评奖确定了某一时期什么才是被看作"好"的新闻作品,在一定程度上促进了新闻生产力的解放和发展。自1991年首届中国新闻奖评选以来,很多优秀作品通过这个平台为新闻界人所熟知,甚至载入教科书、作品集,成为新闻写作的"标杆"。

二、中国新闻奖评选制度设计的不足

评奖作为对成果的评审,是主体依据一定的要求和规则对客体的评价。评奖不仅关注过程,更在意结果。评奖作为一种有主观参与的评价,对公正公平的寻求是其题中之意。同时,评奖旨在评价相关行业的工作业绩,实现激励效应,因而对评奖结果也有权威性和影响力的要求。科学的评奖制度设计必须顾及评奖的过程和结果。

与新闻评奖过程和结果有直接关系的主要有三方:评委、参评作品、获奖作品。评委是否独立公正、参评作品是否机会均等,获奖作品是否有影响力是衡量新闻评奖制度设计是否科学和权威的三个重要方面。

中国新闻奖的制度设计中,也在努力践行着这些要求。评选细则明确规定"坚持公开、公平、公正的原则",评选宗旨认为要"发挥优秀新闻作品的示范作用"。中国新闻奖对评委组成的方式、优秀作品的要求、评奖过程的程序等,都有明确的规定。同时,中国新闻奖近年也做了诸多调整,做出了许多与时俱进的改进,例如对评奖字数限制的修改、将网络媒体作品列入评奖范围、开设国际传播奖等。中国新闻奖在变与不变中,寻求受众满意度,力图实现成效最大化。

但不可避免的是,对于中国新闻奖,近年还是出现了诸多争议,例如对评委身份的质疑、对评选结果权威性的议论等。④

笔者认为,从制度设计角度来看,中国新闻奖在一些程序设计方面确实还存在瑕疵。其评选过程对于所倡导的"公开、公正、公平"原则的践行力度,及评选结果所发挥的"优秀新闻作品的示范作用",还有待进一步提升。

(一)评委组成有违反"公正"的嫌疑

《辞源》对于"公正"的解释是:"不偏私,正直。"公正与私相对,指没有私心。

中国新闻奖每届评委约90人,组成如下:中宣部、国务院新闻办、广电总局、新闻出版总署等政府部门和各协会的负责人;新闻单位的编辑、记者代表;各省区市记协主席或副主席;新闻教研机构专家学者。其中,除去来自政府部门和各协会研究会等的评委约15人和新闻教研机构评委约13人外,来自于新闻单位的评委有大约62人(各省、区、市记协主席一般为本省主要媒体的领导),占了评委总数的68.9%。实际上,这一区分也不尽准确,很多时候,协会的负责人也来自于新闻单位,而促使这一比例更高。再者,《中国新闻奖评选办法》中规定,90名评委中应有13人左右为来自新闻教研机构的专家学者,但据笔者所知,2011年来自新闻教研机构的评委并未达到这一数目。

虽然评奖细则规定,有作品参加评选的个人,不得作为本届评委;且为获奖作品规定应达到的票数要求:一等奖须获得实到评委2/3的赞成票,二、三等奖须获得实到评委半数以上的赞成票;但是,评委所在单位一般为当地权威媒体,每年几乎都有送评作品,这使作为媒体社长、总编辑、台长等的评委们无法摆脱有"利益关系"的嫌疑。在某种程度上,他们既是裁判员又是运动员,有违评选"公正"的嫌疑。

(二)一些优秀作品无缘参评有碍"公平"

"公平"强调的则是所有的参与者在获得机会方面的均等,它是各项竞技活动开展的基础。

中国新闻奖评选实行的是"配给制",每年给每个省、市、自治区的参评篇数有限,报纸部分尤其如此。各省、市、区记协也大都采取按报社地位分配名额的办法,将参评作品分给几家大报社;地市级报纸或者一些大报社的子报,即使有优秀新闻作品,也无缘参加中国新闻奖评选。曾经出现过这样的情况,由于名额的限制,某市一篇曾引起强烈反响、推动改革的新闻作品没法参评;而另一城市相同题材的报道、影响和质量均不及前者的作品却捧回奖项,这未免让人遗憾。

同时,中国新闻奖对参评作品还有字数和时长的限制。尽管这几年设立了特别奖,超长的也可参评,但数量严格控制,特别奖不得超过2个。这使得那些以调查性报道见长的媒体,那些有质量的长文章、长节目不能参与评选,许多好新闻就此搁置。当年《南方都市报》报道孙志刚案,在全社会引起强烈的反响,除了为孙志刚及其家属讨回公道之外,还推动了中国收容制度的改革。因一篇报道推动国家一项具体制度的取消,实属鲜见。但这篇稿件没能获得中国新闻奖。《南方周末》以深度报道、调查性报道见长,不乏高质量的好文章,但他们要得奖很难,因为好文章多为超长。他们曾写过一篇公安英烈任长霞的长篇通讯,无论学界、业界还是读者都一致叫好,国家新闻管理部门在阅评中也给予了高度评价。但在全国评奖时还是落榜。⑤

(三)获奖作品缺乏"影响力",新闻的"经典性""示范性"不足

影响力考证的是言语、行为等作用于他人和周围事物的能力。

评奖体现的是对人类创造性精神劳动以及创造性成果的尊重和鼓励,它本身就为新闻评奖预设了某种肯定性的价值判断:获奖者或者获奖作品必须具有某种超乎寻常的价值。当今世界上重要的评奖,如诺贝尔奖、奥斯卡奖、D&AD设计奖等对整个学界、业界都产生了巨大的影响。新闻评奖同样如此,正是新闻评奖包含着的这种肯定性的价值判断,必然会对一定历史阶段的新闻生产和新闻消费的建构产生相当的作用。

但是,对于中国新闻奖的评奖结果,目前存在一些质疑,认为获奖者或获奖作品所实有的价值与奖项本身应体现的价值之间存在一定的差距。由于讲求平衡性以及自身的政治导向性,中国新闻奖照顾了各方的情绪,树立了一些重大政治典型;但是,这些作品也挤占了一些真正优秀、有分量、有影响的新闻佳作的获奖空间。普通产品入围而优秀作品落选,导致中国新闻奖对业界、对新闻事业本身的触动作用减少,对高校学生的示范性方面存在不足。这在一定程度上消解了中国新闻奖的权威性。

评奖的目的,是有意识地强调某种类型、某些部分的作品具有示范作用,作为

国家级评奖的中国新闻奖,是担负了重要历史使命的,它理应站在新闻科学的高度,承担建构新闻经典的重任,为新闻学科的发展出力。作为有典型性、有影响力的著作,中国新闻奖的获奖作品理当成为新闻采写的范例和新闻史甚至文化史上的经典,或者,退一步说,日后成为新闻经典的作品,应该出现在中国新闻奖的视域之中。而建构新闻经典,对于促进新闻学科的发展、实现新闻学科与其他学科平等对话甚至建构有中国特色的本土新闻理论意义重大。

但现实中,中国新闻奖的获奖作品缺乏"影响力",经不起时间和空间的考验,而一些真正优秀的作品又无缘参评或者获奖,这使中国新闻奖无力担当建构"新闻经典"的重任,对于这一中国最权威、影响面最广的新闻奖项来说,实在是种尴尬。

三、对策与建议

如上所述,中国新闻奖作为政府奖,有它特定的政治性的诉求,但在现有新闻评奖制度并不完备的情况下,又难免使它陷入矛盾和两难的境地。要解决这种尴尬,需将中国新闻奖置于中国现有新闻评奖制度结构中加以考察,完善结构,调整自身,为应对之策。

(一)完善新闻评奖制度结构,为中国新闻奖解压

制度设计中已经预留了这样的假设:任何一项制度安排都可能有效率,也可能缺乏效率。完善的制度结构是保证制度科学有效的基础。这就要求对制度进行优化组合,进行科学、合理的配置,实现制度效率的最大化。也就是说,每一项制度安排都必定内在地联结着其他制度安排,共同"镶嵌"在制度结构中,所以一项制度的效率还取决于其他制度安排实现它们的完善程度。⑥

中国的新闻评奖制度较为单一,政府奖一家独大。经过 2005 年的整改,公共性的新闻评奖大致形成了如下格局⑦:政府评奖,以中国新闻奖、中国广播电视新闻奖等为首的全国性新闻评奖和各省、市、自治区开展的地方性新闻评奖均属于此类;商业评奖,由商业机构、行业协会等商业系统组织评选,一般影响不大,甚至得不到新闻行业的认可;学院评奖,这是近几年兴起的新闻评奖,由新闻教育机构设立,但由于设立的时间很短,影响范围有限。

也就是说,对于新闻场域的评价制度,目前还仅仅局限于官方权力场的作用,

远没有形成完善的制度结构。而实际上,对于作为"公共领域"的新闻场域,不同的组织和阶层都应该拥有话语权。既有来自官方的声音,也要接纳专家、草根的判断。只有新闻评奖制度结构完善了,各方都拥有了话语权,才能减轻中国新闻奖的压力。

(二)借鉴国外经验发展"新闻学院奖",应对争议

目前对于中国新闻奖的争议,无论是对于评委身份不够独立的疑惑,还是对于优秀作品无法入围而入选作品缺乏影响力的批判,更多的是源于对"新闻专业主义"的思考。如何使新闻评奖更接近"新闻专业主义"的理想?设立"新闻学院奖"是最好的解决办法。

由专家学者独立评判的新闻学院奖,摒弃了权力场的作用,彰显了独立思考的学术精神和学术力量,体现了新闻场自身的逻辑,它是对客观、公正、科学的新闻专业主义精神的倡导和回应。同时,新闻学院奖要求作品具有更高的理论深度、更强的专业主义精神,也只有这样的作品,才能经得起时空考验,才有可能成为新闻学历史上的经典。

说到国外的"新闻学院奖",普利策新闻奖是绕不过去的一个标杆,由哥伦比亚新闻大学新闻学院普利策奖评选委员会作评选机构,该委员会的成员来自哥伦比亚大学、其他高校及报界。每年开评前,都会对评委名单进行审核,确保委员会的成员本身和评奖人没有任何利益关系。普利策新闻奖的评选注重考查记者的发现能力、调查能力、解释分析能力和对文体写作的贡献,且摒弃了对字数、篇幅、文体的限制,注重以具体的个例反映普遍的社会问题。英国广播行业颇具盛名的索尼广播学院奖由艾伦·扎菲尔联合公司和索尼英国公司联合赞助,在英国广播学院正式创立。索尼广播奖现已成为英国乃至世界范围内广泛认同的媒体奖项,英国的广播媒体从业者亦以获得该奖项为最高业界荣誉。

近年国内新闻教育机构也进行了设立"新闻学院奖"的努力。2008年中国传媒大学设立了"中国传媒学院奖",这是国内第一个由学界颁发给业界实践者的奖项。"中国传媒学院奖"由国内外新闻传播领域专家学者组成评审委员会,对传媒经营管理领域的突出人物、媒体、传媒内容等进行评选。2010年,又一个新闻学术奖"中国电视博雅奖"设立,由北京大学新闻与传播学院首倡,联合中国传媒大学、中国人民大学、复旦大学、清华大学、武汉大学、华中科技大学、浙江大学、四川大

学、暨南大学、华南理工大学、华东师范大学 12 所大学的新闻院校共同创设,对电视栏目进行评选。

国内对于"新闻学院奖"的努力,正是基于弱化权力场控制的欲望,以期凸显新闻专业主义的立场,在业界学界引起反响和共鸣。但由于新闻学院奖处于起步阶段,影响力还很有限,还需要更多的专业人士长期不懈的努力。他山之石,可以攻玉,国外新闻学院奖的评选程序,可以为我们提供有益借鉴。

(三)增设中国新闻奖"创新奖"子项目,呼应"学院奖"

要改变中国新闻评奖制度单一的现状,一方面有赖于新闻教育机构和社会力量的努力,通过更多有影响力、有典范性的奖项的脱颖而出,使中国新闻评奖制度系统得以进一步科学、合理。同时,在"学院奖""群众奖"的发展相对弱势、壮大尚需时日的现状下,中国新闻奖亦可有所作为,以新闻专业主义作为改进的思路,回应现实中的质疑和批判。

当然,谈中国新闻奖的改变,不得不承认这样一个前提:任何一种制度体现的都是不同组织或机构的话语权,是意识形态层面的控制。要改变其基本的诉求,实在是勉强。政府奖所体现和寻求的,本就是权力场对新闻场的作用。况且,中国新闻奖在自身的逻辑之内努力寻求实现程序正义;同时,中国新闻奖已然成为中国新闻界的品牌,只适合在特定的范围内加以变动。

笔者设想,中国新闻奖增设子项目,或可名之为"创新奖",新增或者从原有的 300 个名额中拿出 10 个名额,以新闻专业主义为出发点和落脚点评选新闻作品。这个项目至少在三个方面实现创新:评委的身份要独立,专聘新闻教育界的专家、学者出任评委;评选的程序要科学,面向整个新闻界征集作品,不再受"配给制"的制约;评选的作品需专业,不再以字数和时长限制作品,从真正优秀、具有巨大影响力和示范性效应的新闻作品中选出最优者。以此奖项作为外界对于中国新闻奖质疑的回应,也是对新闻学院奖的声援和实际支持,真正守护了新闻的尊严。

这个方案摒弃了"配给制",必然会有海量的作品参评。如何克服人力、物力的耗费开展好,为初评把关?笔者认为,网络评选可以成为适合的方式。网络初评不仅可以减少成本和压力,还可以最大限度地调动受众积极性,扩大评奖的辐射范围,提高获奖作品和中国新闻奖的影响力。而如此,对于新闻经典的建构,善莫大焉。

注释：

① 见《第二十一届中国新闻奖评选办法》。
② 尹韵公:《中国新闻奖青睐什么样的报道》,《军事记者》2007年第2期。
③ 陈黎:《基于内容分析法的中国新闻奖与普利策新闻奖的比较研究》,《中国商界》2009年第5期。
④ 王大龙:《新闻评奖工作回顾与反思》,《新闻记者》2003年第9期;祁念曾、刘良龙:《新闻评奖要与时俱进》,《新闻知识》2004年第5期都涉及了相关话题。
⑤ 范以锦:《评奖的字数限制还有多少意义》,《今传媒》2010年第7期。
⑥ 科斯:《财产权利与制度变迁》,刘守英译,上海人民出版社、上海三联书店1994年版,第383页。
⑦ 笔者注:各新闻媒体单位自行开展的新闻评奖局限于小范围内;网络上所开展的"十大新闻评选""年度新闻评选"等主要是对年度政治、经济、社会事件的梳理,这二者未列入本次分类中。

我国广播电视媒体公信力的受众认知调查与研究[*]

◆ 雷跃捷 沈 浩 薛宝琴

当今社会,媒体在信息传播和社会发展中所起的作用越来越重要,对于具有重要政治和社会意义的媒体公信力的关注,近年来也持续增强。目前,学界关于媒体公信力的定义尚不统一。本文认为,媒体公信力是媒体赢得社会公众信赖的专业素质和能力,存在于媒体与公众的互动关系中。具体来说,从客观层面上看,媒体公信力是媒体自身具有的素质;从主观层面上看,媒体公信力是受众在使用媒体过程中逐渐形成的认识、体验与判断。因此,媒体公信力具有一定的稳定性,反映出媒体在公众心目中的地位,是媒体塑造品牌和影响力的核心因素,也是媒体生存发展的基础。

广播电视媒体作为我国的主流媒体,承载着重要的社会责任,其公信力往往是政府公信力的反映,代表了社会的主流声音。当前,由于国内外大环境和广播电视媒体内部自身因素的原因,我国广播电视媒体的公信力受到一定程度的影响。广播电视媒体想要提高自身的公信力进而提高自身媒体竞争力,就必须准确了解媒体公信力的评价主体——受众对于广播电视媒体的公信力的认知和评价情况,从而获得分析、判断乃至改进的依据。中国传媒大学以雷跃捷教授为课题负责人所承接的教育部人文社科重点研究基地重大项目——《我国广播电视传媒公信力研究》,于 2009 年 6 月至 2010 年 8 月,通过问卷调查、访谈调查等方法,选取具有代表性的区域和城市,对我国广播电视公信力现状进行了一次调查。本项目的问卷调查采用配额抽样,根据性别和年龄(18~65 岁)进行配额。经过访员的问卷发

---

[*] 原载于《现代传播》2012 年第 5 期。

放,最后共回收问卷1341份,其中有效问卷1317份,占98.2%。课题组按照问卷中问题的逻辑结构,将调查结果分为我国受众对广播电视媒体的接触使用情况、广播电视媒体公信力认知、广播电视媒体公信力评价、重大事件的媒介公信力影响四个部分,分析了25道具体调研问题,进行了统计分析和分项研究。本文即是在抽取第二部分调查数据的基础上,对我国广播电视媒体公信力的受众认知情况所作的研究报告。

为便于广播电视公信力的量化调查,本部分的调查问卷使用了"媒介可信度"作为受众认知广播电视媒体公信力的核心概念。媒体可信度是新闻媒体及其传播的信息被受众所信任的程度,是判断媒体公信力的最重要依据。"公信力"与"可信度"这两个概念均来源于英文的"credibility",从词源使用来看,"媒体公信力"或"媒体可信度"都可以对应"media credibility"这个英文表述。不过,媒体公信力和媒体可信度在中文使用中,含义和适用语境有细微的差别,目前研究者的使用情况都不尽一致。总体上,媒体公信力适用于宏观层面的意义,更强调媒体的权威性、影响力和美誉度。媒体可信度则强调新闻传播中受众对媒体和信息信赖程度的认知和评价。一般情况下,媒介可信度与媒体公信力成正比关系。本文将媒体可信度和媒介公信力的关系界定为:媒体可信度是媒体公信力的量化和具体表现,以媒体可信度调查数据统计结果作为评判媒体公信力的量化指标。

媒体可信度可以从以下三个方面来考察:媒体属性、信息渠道和信息内容。本项调查对于广播电视媒体的可信度问题,即从上述三个方面进行了总体指标和分项指标相结合的调查,既在总体上获得了被访者对广播电视媒体可信度的认知评价,又针对各类媒体在公信力核心问题,如时效性、客观性等方面的表现,分别对各级广播电视,各种类、各级别媒体,不同频道(频率),以及有代表性的栏目和节目进行了可信度的调查,由此勾勒出一幅当前我国广播电视受众对广播电视媒体公信力的认知图像。

一、当前我国广播电视媒体的可信度

媒体的可信度在一定的程度上是以受众对于媒体的整体印象呈现出来,它也以受众对媒体信赖程度的一种量化测量来表现。本文从受众的总体认知情况、各级媒体的可信度认知和媒体具体表现三个方面来分析当前我国广播、电视媒体的可信度。

(一)总体认知

调查结果显示,不同的被访者虽然对当前我国广播电视媒体的可信度认知存在差异,但总体上,受众对当前我国广播、电视公信力的可信度比较满意,评价较高,广播媒体的可信度总体平均得分为 7.00 分(满分为 10 分),电视媒体的可信度平均得分为 7.39 分,电视媒体的可信度要高于广播媒体。

受众对广播和电视这两种媒体的认知上,对电视媒体的可信度评价更高,一方面取决于受众对电视媒体的依赖性更强,接触更为频繁。长期接触和使用在一定程度上培养了受众对媒体的忠诚度,虽然广播媒体也拥有自己的忠诚受众,但从总体趋势看,广播受众数量有所减少。对于大部分受众来讲,电视媒体不仅接触频繁,信息量也更大,总体上可以说,受众对电视公信力的认同度更高。

(二)各级广播电视媒体的可信度

依据行政级别、覆盖范围和隶属关系,我国的广播电视媒体分为中央级、省级、地市级和境外四级。当前,中央级广播电视媒体的可信度在受众中具有普遍的高认同度,省级和地市级广播电视媒体的认知度相对较低,而境外广播电视媒体可信度评价普遍偏低。

中央级别的广播电视公信力普遍被受众认同,这与这些媒体在媒介市场中所具有的高收视(听)份额和多年积累的品牌效应等诸多因素相关,省级和地市级媒体在这些方面存在先天劣势。而境外媒体可信度低可能主要与被访者总体上对境外媒体的接触和使用较少有关。

(三)受众对各级广播电视媒体可信度的具体评价

评价广播电视媒体可信度,具体可以从报道是否迅速及时、真实准确、全面完整,评论是否客观公正、信息量大、品位格调高、反映群众意见充分、有良好的监督功能这八个方面的表现来进行。对参与调查的被访者进行频数分析,结果发现(见表1),中央级别的广播电视媒体在上述八个方面综合评价较高,省级广播电视媒体次之,地市级媒体在信息量、品位格调方面评价最低,境外媒体的统计缺失值较多,高认同人数相对较少。

表1 各级广播电视媒体可信度综合表现评价得分频数表

	中央级广播电视	省级广播电视	地市级广播电视	境外广播电视
报道迅速及时	1061	822	561	507
报道真实准确	1028	771	542	387
报道全面完整	920	673	450	391
评论客观公正	872	633	413	315
信息量大	982	641	389	474
品味格调高	958	544	337	358
反映群众意见充分	714	558	426	282
有良好的监督功能	791	528	378	330

这说明,总体上广播电视媒体的行政等级与其新闻信息的生产、把关质量成正比。目前我国地市级媒体在竞争中由于生存压力等原因,播出的虚假广告和媚俗节目给观众留下了负面印象,且原创新闻节目不足,导致总体评价较低,这是地市级媒体亟待改进的问题。不可否认,在广电媒介竞争的过程中,地市级广电媒体与中央级和省级广电媒体相比,行政级别低、资源少、风险大,新闻节目投入和产出比偏低。因此,选择综艺节目和大量播出电视剧成为很多地市级媒体规避风险、填充时段的共同做法。但事实上,地市级媒体自身的区位特点,使得它在获得地域新闻并进行深度信息挖掘和加工方面又具备独特的优势,比如,在对地区新闻的及时报道、对地区文化的解读,以及独家专题的制作等方面,地市级广电媒体具有塑造独特媒体风格和打造特有节目文化符号的潜能。因此,摒弃盲目跟风、逐热式的抄袭模仿高收视(听)率节目的做法,将单纯的眼球经济思维和大而化之的媒体定位转换为对其自身媒体优势进行深挖和发掘,从节目内容和节目形式两个方面做出特色,才能打造出地市级广电媒体不可替代的媒体名片,继而通过媒体品牌辐射其影响力,在竞争激烈的媒介市场中获得一席之地。

二、当前我国广播电视媒体的信息渠道可信度

按照不同的信息渠道划分,调查受众信息来源主要包括报纸、电视、广播、杂志、互联网、手机、朋友家人、单位同事、街头传闻等。受众获取信息的渠道不同,会造成受众对信息或新闻信任程度的差别。

(一)受众最为信任的信息渠道

调查表明,当受众获得的某一新闻或信息来源在不同信息渠道中有所区别,甚至在大众媒体的报道中也存在不一致的情况,受众对不同的信息渠道可信度的认知也就会有差别:受众最信任的信息渠道为电视,其次为互联网、报纸和其他媒体(见图1)。

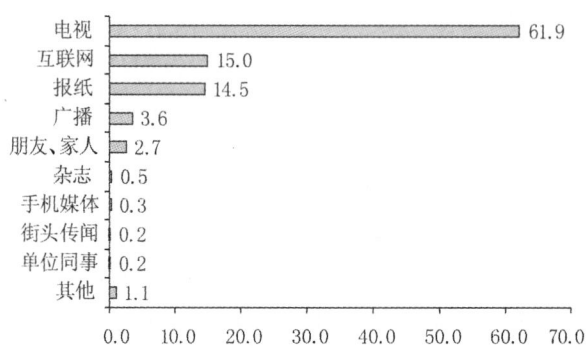

图1 同一新闻报道不一致时受众最为信任的信息渠道

受众最信任的渠道为电视,这与电视在大众传播中的强势地位不无关系,且电视节目的严格把关程序让受众更相信其信息的真实性,其公信力优势地位在所有媒体中名列前茅。互联网的可信度已经超过报纸、杂志,这说明了受众已经不倾向于选择出版周期长、时效性较差的方式来获得新闻,这也在一定程度上反映了新媒体的迅速崛起和传统媒体的相对式微。互联网以信息传播速度快、广度深和使用便捷等方面为优势,加上拥有众多用户,近年来网络飞速发展和不断完善,使得互联网开始逐渐从海量的信息使用平台转变为一种可被信任的新闻媒体。主流网站、商业门户、社交网络等网络传播媒介突出的信息聚合能力、交互性和话题性,从不同方面满足了受众对新闻和信息的需求,日益成为受众获得新闻信息的重要媒体之一。互联网已然成为具有特殊媒体功能和发挥巨大社会作用的新媒体,它的影响力也不断渗透到传统媒体和我们社会生活的各个方面。

(二)验证信息和新闻可信度的渠道

当受众获得某个信息和新闻后需要验证信息可信度时,选择什么渠道来验证信息的真实性,或希望更深一步地了解信息内容,是受众对不同信息渠道的信任程度的二次反映。调查表明,受众最希望验证信息或新闻的信息渠道首选还是电视,其次是互联网、报纸和其他媒体(见表 2)。

表 2 验证信息的渠道百分比表

第一信息和新闻来源	验证信息和新闻来源									
	报纸(%)	电视(%)	广播(%)	杂志(%)	互联网(%)	手机媒体(%)	朋友、家人(%)	单位同事(%)	街头传闻(%)	视情况而定(%)
报纸	8.20	60.60	2.20	0.30	20.80	1.10	2.30	0.40	0.30	3.70
电视	30.20	21.90	5.30	1.10	31.40	0.50	4.10	0.90	0.20	4.40
广播	12.70	50.90	2.70	1.40	22.10	0.80	2.00	1.10	0.50	5.80
杂志	11.90	40.50	2.70	2.10	30.40	0.70	2.00	1.80	0.10	7.90
互联网	13.80	51.70	2.20	1.00	14.90	1.40	4.10	1.40	0.40	9.10
手机媒体	9.50	41.90	2.40	0.90	29.60	2.00	3.60	1.40	0.40	8.40
朋友、家人	9.50	42.10	2.20	0.20	23.60	0.90	6.80	3.40	1.00	10.50
单位同事	11.00	37.20	2.20	0.30	24.70	0.70	5.50	4.80	0.60	12.90
街头传闻	11.50	36.00	2.20	0.10	23.00	0.80	4.90	1.60	1.70	18.30

图例: 百分比 >35% 百分比 >20%  百分比 <1.0%

作为信息和新闻的验证渠道,电视仍然最受受众信任,互联网也已位居第二。在互联网不断成长、迅猛发展,网民规模日趋庞大的今天,网络作为一种媒体成为越来越多的人的主要信息渠道和验证信息渠道。从媒体特点看,传统媒体是一对多的传播,且信息相对单一化,而互联网更易于展现多元化的声音和观点,受众能够从多方面去求证自己得到的信息。位于第三位的报纸,由于其信息和新闻的采编过程都需要经过层层把关,报纸作为传统媒体也积累了受众的忠诚度和信任度,特别是在一些重大突发新闻中,报纸的报道深度和严肃性仍然能够被受众认可。

街头传闻、单位同事等人际传播方式在验证信息时排在靠后位置,这说明了受众对权威信息渠道的信任,另一方面也说明了大众传播迅速发展的当下,人际传播处于相对的弱势地位。手机媒体排名同样靠后,这表明手机媒体尽管随着3G技术的发展已经成为广受关注的移动新媒体,但它的媒体功能和作用还处于摸索阶段,公信力相对处于弱势。

三、当前我国广播电视发布新闻和信息的可信度

媒体发布的新闻和信息的可信度是衡量媒体公信力在内容层面的指标,是媒体公信力最基本的表现。媒体通过长期发布优质的新闻和信息,能够培育起公众的信任,即使是新闻和信息的偶然失真,也可能会对媒体公信力带来严重的损害。

(一)总体认知

广播和电视这两种媒体发布的新闻和信息的可信度调查结果说明,受不同性别、年龄、职业、婚姻状况等因素的一定影响,被访者的评价存在差异,但总体上,广播新闻和信息可信度的平均得分为7.14分(满分为10分),电视新闻和信息可信度的平均得分为7.76分(满分为10分),电视新闻和信息可信度更高。

受众对媒体发布新闻和信息可信度的认知差异,凸显出电视媒体在新闻报道和信息传播中的优势,即节目内容声画结合、现场感强。受众更相信"眼见为真"的直观表现形式,更容易给受众带来信任感。

(二)分类新闻和信息的可信度

当前广播电视媒体上的各种新闻和信息大致可分为不同类型,主要分为政治新闻、财经新闻、法制新闻、文教新闻、科技新闻、体育新闻、社会新闻、民生新闻、娱乐新闻、生活信息、广告信息、港澳新闻、台湾新闻和国际新闻等14类。调查显示,除广告信息和娱乐新闻之外,其余类型的新闻和信息可信度评价得分都在7分以上(满分为10分),其中可信度最高的为体育新闻,平均得分8.59分;排名第二的是科技新闻,平均得分8.22分;第三是法制新闻,平均得分8.04分。可信度最低的类型是广告信息,平均得分只有5.21分;其次是娱乐新闻和台湾新闻,分别得分6.60分、7.00分(见图2)。

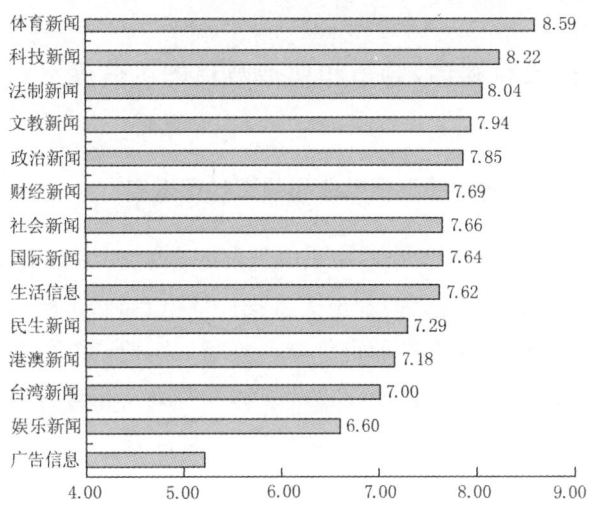

图2 各类新闻和信息的可信度得分

从受众评价看,当前我国广播电视的新闻类信息总体被受众肯定。其中:法制新闻、财经新闻、文教新闻、科技新闻、政治新闻和体育新闻的可信度评价较高。对这些相对较为正统的新闻类型,即传统意义上的"硬新闻"的评价,可称之为"硬可信度";比较而言,对台湾新闻、港澳新闻和国际新闻可信度的评价,可称之为"涉外可信度";对娱乐新闻、广告信息和生活信息可信度的评价,反映了社会新闻和民生新闻的评价,则可称之为"软可信度"。我国广播电视上的新闻和信息在"硬可信度"上最高,而在"涉外可信度"和"软可信度"上较低。

"软可信度"的相对较低评价,与我国广播电视媒体的产业化转型的背景有一定的关系。近年来,广播中的医药广告、低俗的谈话类节目等现象的出现已经成为听众不满的重要原因;电视的娱乐节目、插播广告、植入式广告、电视购物和泛娱乐化也成为观众批评的主要对象。媒体是广告的载体,如果媒体传播的广告内容时段过长,或者方式和内容不当,不仅仅是对传播资源的巨大浪费,也是对社会公众利益的一种损害,势必会造成媒体形象和声誉的损害。因此,广播电视的发展不能按照纯粹的商业化思维操作,必须把公信力作为广播电视媒介产品优质与否的一个极为重要的评估指标,贯穿在广播电视节目"生产"的过程之中。

四、广播电视典型媒体、频道和典型节目的可信度

(一)我国几个典型的广播电视媒体和频道的可信度

在我国的广播电台和电视台中,中央电视台综合频道、新闻频道、经济频道、国际频道,凤凰卫视中文台(资讯台)和中央人民广播电台在媒体属性和特点上具有一定的典型性和代表性。对它们的可信度调查结果表明,受众评价的平均得分均在 8.0 分以上(满分为 10 分),说明了这些媒体在受众可信度评价中都很高,特别是中央电视台综合频道和中央电视台新闻频道排名最为靠前(见图 3)。

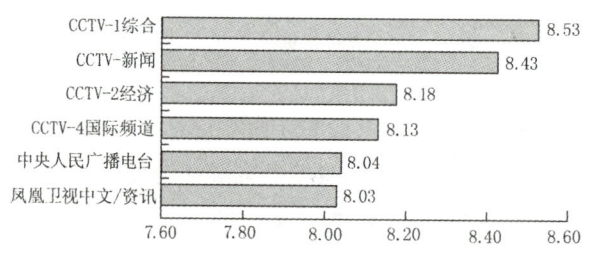

图 3　我国典型的广播电视媒体和频道的可信度得分

中央电视台强大的人力、财力、技术等媒体资源和品牌效应使其在媒体可信度方面独占鳌头。中央人民广播电台作为中央级广播媒体,覆盖范围和品牌效应良好,也受到调查者的较高的可信度评价。这种可信度在一定程度上与它们作为中央级媒体在国家时政新闻、重大突发新闻事件、舆论监督报道、国际新闻报道等方面具有的报道行政垄断地位或许有一定的密切关系。但值得注意的是,近年来凤凰卫视的知名度和收视率都在逐步提高,获得了受众良好的媒体公信力评价,虽然可能它的覆盖率仍然低于"国家队"的央视媒体,尽管在评价所列媒体中排名靠后,但凤凰卫视的新闻和专题节目表现出的深度、观点、人文、互动等理念,却是值得中央级广播和电视媒体借鉴的。

(二)我国广播电视的几个典型节目的可信度

中央电视台的《新闻联播》《焦点访谈》《新闻调查》《新闻 30 分》《天气预报》《晚

间新闻》和中央人民广播电台的《新闻纵横》《新闻联播》《新闻与报纸摘要》是我国电视台和广播电台中既有广泛覆盖范围,又具有深刻影响的几个主要节目。对它们的调查结果显示:这九个节目的可信度评价平均得分均高于8.0分(满分为10分),其中评价最高的是中央电视台的《新闻联播》,评价分数较低的是中央人民广播电台的《新闻纵横》(见图4)。

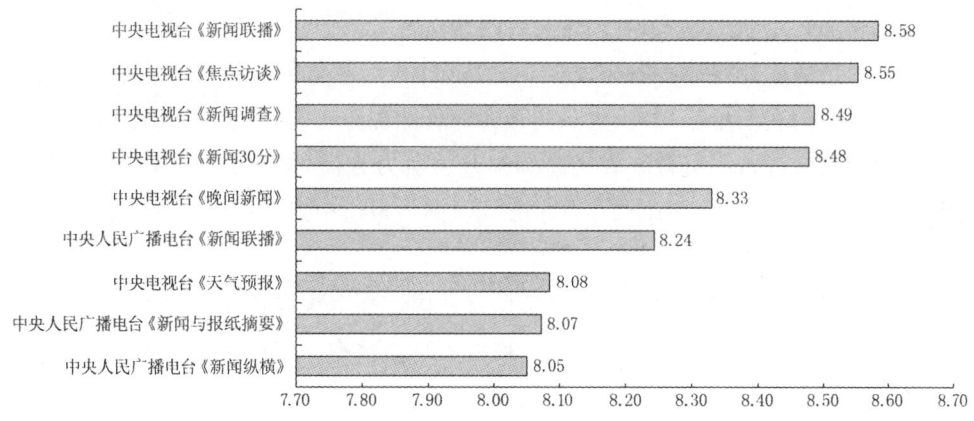

图4 我国典型的广播电视节目可信度得分

受众对我国广播电视媒体和主要节目的可信度评价都比较高,这表明了这些媒体和栏目虽然在传播方式上有一定差异,但在我国都还有着很高的公信力,在大多数被调查的受众心中还是树立了"权威媒体"的形象。

结 语

当前,针对媒体如何提升公信力,在业界和学界都有诸多讨论。从研究的角度来看,对媒体的一定的认知程度是受众能够评价、信任和参与媒体互动等态度、行为的前提。准确把握受众对当前我国广播电视媒体公信力的认知现状,是广播电视媒体在发展中不断调整自我定位,制定提高公信力措施的基础。

本文的调查数据结果及其分析表明,受众对于我国广播电视公信力的评价总体上持肯定态度,但也存在很多的问题。电视媒体的公信力表现出多方面的优势,这不仅取决于电视媒体声画结合的媒介优势,也取决于电视媒体严格把关的审查程序,和其多年来积累的主流、权威媒体的地位与品牌效应。

值得注意的是,网络作为新兴媒体,由于其信息的丰富性、及时性、多元性和草根性这些重要的特点,已经成为获得新闻信息和验证新闻信息可信度的主要媒体之一,地位甚至超过了报纸。一些权威的新闻网站由于在新闻报道中的快速、多媒体综合呈现和强大的专题汇总能力,极好地充当了复杂新闻报道中各要素的解释和验证平台。广播和电视媒体与网络媒体开展积极的互动、合作、信息共享,并借鉴其多元化的信息表达方式,有助于更好地塑造自身的公信力。

中央级广播电视媒体在各方面得到高认可度,无疑与中央级媒体在媒介市场和行政级别中的垄断地位相关,也和其强大的资源优势有关,还和其品牌效应以及广大的忠诚受众群密不可分。在维持和提升公信力方面,中央级的广电媒体除了进一步延续优势,还要格外注意在重大突发新闻的报道中发挥强势作用,并在新闻报道中杜绝假新闻现象。

地市级广播电视媒体受众认同度较低是我国广播电视媒体公信力调查中的一个突出现象,主要问题表现在节目品位、格调不高。这在一定程度上反映出地市级广播电视在媒介竞争中,由于体制、政策、资金等方面的限制,转而采取了过度的市场化取向。尤其是这两年来为吸引受众而大量播放的相亲、游戏等娱乐节目,在初期虽能取得高收视率,但其中一些虚假、过激、拜金、低俗等节目内容带来的负面效应,不仅被受众所诟病,也对媒体本身的公信力产生了负面影响。而在追求收视(听)率的刺激下,对轰动性、趣味性的人为制造,在新闻节目中,不能被受众所容忍的假新闻近年来不断出现。需要注意的是,真实性是新闻的生命,媒体应该始终将社会效益放在首位。面对市场化的生存考验,省、地市级媒体在节目制作中应该充分发挥自身先天的地域性优势,凸显自身的风格特色和区域特征,提高地方新闻的报道质量,强化对地方新闻民生意识、贴近性和人文关怀的定位,从而获得本地区受众的认同。这是地市级广播电视媒体与中央级媒体进行差异化竞争的根本策略和持续发展的核心竞争力。

本文对于我国广播电视公信力的受众认知调查和研究结果,是当前受众对我国广播电视公信力的认知和判断,反映出公众对广播和电视媒体的期待。党的十七届六中全会强调,要大力发展公益性文化事业,完善覆盖城乡、结构合理、功能健全、实用高效的公共文化服务体系。作为我国重要的宣传思想文化阵地的广播电视,只有不断提高媒体公信力,才能在媒体改革中更好地生存与发展,在社会转型的历史时期承担起主流媒体的责任。

中国电视民调新闻的历史体察与发展探究*

◆ 曾祥敏　陈丹丹

中国已经进入新世纪的第二个十年,在经济飞速发展的同时,社会正义、公众利益、民生等问题也不断凸显。面对社会发展中的利益重新分配与矛盾激化、意见表达的多元途径扩散、网络舆论的错综复杂的问题,肩负社会责任、文化担当和历史使命的电视新闻媒体更应该清楚地认识到自身担当的舆论呈现、放大与引导的把关人角色。而中国电视新闻经历了上世纪90年代的新闻改革与释放、21世纪初的民生新闻的激荡与喧嚣,必将经历一个新的发展与转型。在新媒体扩展舆情通道的当下,笔者在考察梳理中国电视新闻发展脉络的基础上,聚焦当下央视及各地方电视媒体的电视新闻发展之路,发现中国电视媒体在社会舆情逐渐释放、新媒体技术助力的背景下,正在实验与探索电视民调新闻的操作路径及方式。本文将从中国电视民调新闻的发展背景、发展基础、现实探索以及提升途径四个方面阐述民意调查应用于中国电视新闻报道的必要性和应当发挥的作用。

一、中国电视民调新闻的发展背景

(一)民调新闻的概念梳理

民意是代表大多数人民的根本利益和共同意愿,倾听真正的民意对于社会的长远发展显得格外重要。现在的中国正处于"大发展、大变革、大调整"的背景之

---

* 原载于《现代传播》2012年第5期。

下，国内的社会转型和利益调整都会带来各个群体矛盾的凸显乃至激化。面对发展中的问题，公众有表达自己意志的愿望，并且公众意见表达途径也逐渐多元化。网络媒体的发展虽然放宽了公众表达的条件，但同时也放大了负面情绪。在众声喧哗的社会舆论环境中，新闻媒体如何厘清真正的民意、表达真正的民意？"除了准确的数量统计和综合能够说明民意的意识目标，没有任何其他手段能够证明民意的存在。"[1] 毕竟，民意不是代表某个人或某个集体的意志，民意是大多数人的利益整合。只有通过整体考察，"数量统计和综合"，才能真正厘清民意的意识目标。

民调新闻是把民意调查这一社会科学研究方法引入新闻报道的一种新闻类型。民意调查是以公众最关心的现实问题为调查内容，通过科学的问题设置和样本选择，客观了解公众的态度和意见倾向，并对所得到的调查结果进行理性分析，实现对民意的量化分析和整体考察，从而为政府决策部门制定相关的政策措施提供较为精确客观的数据和资料。民意调查是精确新闻学的方法之一，其余两种方法分别为实验法和内容分析法。实验法应用于电视新闻报道在国内已经崭露头角，主要是在各地民生新闻栏目中有所体现，比如北京电视台生活频道的《生活大调查》和江西卫视都市频道的《都市实验室》。实验法主要以物为研究对象，实验的过程是事实真相揭示的过程，是新闻解读的过程。而内容分析法在国内屡见不鲜，主要是以有关的文件或记录内容为研究对象，通过对相关内容的解读，对正在发生的事件提出建设性意见。三种方法之中只有民意调查是以人为研究对象，"它给予受众的不是个别的、片段的、局部的和割裂的现象描述及基于这种描述的分析，而是一种客观的、全面的、结构化的现象和意见的描述和分析。"[2]

实际上，从世界电视新闻的发展来看，中西方都经历着两股潮流，一种是充分发挥电视媒介的表现特点，放大细节与情节，突出悬念、矛盾、冲突的故事化的操作方式的新闻，一种是追求新闻客观反映的精确性新闻。然而，正如精确新闻学创始人菲利普·梅耶（Philip Meyer）所说："将文学手法引入新闻报道，本质上是将新闻推向了艺术，而艺术并不适合有着多种严格限制的新闻报道。理想的解决办法是让新闻与科学相结合。"[3] 民意调查从样本选择、问卷设计到数据分析都要在科学的原则之下进行，最终结果用客观数据呈现。新闻要求真实客观的报道，引入民意调查，增强了新闻报道的精准性与权威性。

（二）民调新闻的发展历史

民意调查引入新闻报道源于民主与科学相对发达的美国。1810 年，《北卡罗来纳州明星报》的编辑亨德森(Thomas Henderson Jr.)和琼斯(Calvin Jones)设计了一份关于农产品和社会福利方面的调查问卷,并对北卡罗来纳州几个不同地区的民众进行了问卷调查,这是世界新闻史上有记载的第一次民意调查。民意调查科学性的确立始于 20 世纪 30 年代,以盖洛普(Gallup)、哈里斯(Harris)和罗珀(Roper)为代表的著名民意调查机构已经初具规模,开始向报纸杂志出售民意调查结果。美国电视媒体重视民意调查结果是在电视媒体行业兴盛之际,以美国三大广播电视集团为代表的电视媒体开始认识到民意调查的新闻价值。"美国 CBS 从 1967 年开始,NBC 从 1973 年开始从事民意调查活动,把调查结果在晚间新闻以及其他的专题节目中播出。1981 年 ABC 也建立自己的民意调查中心。"①随着三大广播电视网民意调查中心的建立,民意调查新闻不同频率地出现在新闻栏目之中。在美国总统大选期间,民调新闻使用最为频繁,并且能够为美国总统大选提供较为精确的民意指向。

在美国出现首次民调的一百年之后,中国也迎来了第一次民意调查。上个世纪 20 年代,留美归国的心理学家张耀祥在北京进行了一次关于时政问题的问卷调查,选取样本近千人。但这次民意调查并没有带来民调在中国的遍地开花。之后由于历史原因,民意调查在中国几乎停滞。直到 1982 年 6 月,中国社科院新闻研究所发起并组织由《人民日报》《工人日报》《中国青年报》和北京广播学院(现中国传媒大学)参加的北京新闻学会调查组,在北京做了一次受众调查。此次民意调查是中国内地首次采用现代科学手段进行的民意调查,并成功开启了内地民意调查科学发展的序幕。民意调查的新闻价值渐渐被纸媒平台重视。1993 年 1 月,《中国青年报》社会调查中心成立,标志着新闻媒体民调机构的专门化。时至今日,《中国青年报》的"青年调查"版面一直在探索民意调查新闻。1994 年 1 月,《北京青年报》在全国报刊界首次以每周一期的频率推出《公众调查版》,以"用科学的眼光观察世界,给你一个量化的真实"为原则报道民意调查结果。随后,民意调查新闻在纸媒的发展日益成熟。

(三)中国纸媒民调新闻发展现状分析

从上个世纪 90 年代开始,中国纸媒平台陆续把民意调查结果应用于新闻报道。发展到今天,纸媒在对于民调的重视程度以及民调的方式都已经进入成熟期。2010 年,《青年记者》和《瞭望》期刊不约而同地刊发系列文章,阐述民意调查对纸媒新闻报道的重要性。王立纲在《青年记者》发表名为《部分纸媒借民调突围》的文章,他认为"在当前竞争激烈的传媒格局中,各种新老媒体都在争夺市场份额,在新媒体的冲击下,传统的报刊面临着读者流失的严峻形势,纸媒在时效性、丰富性、延展性、互动性等很多方面不如网络等新媒体的情况下,施出什么样的法宝,才能扳回一局?民调成为纸媒与其他媒体竞争的一个利器。"而随着全媒体时代的到来,纸媒利用网络开拓民意调查的领域,例如《南方周末》和《中国新闻周刊》的官方网站开辟"民调中心"的页面,内容包括军事、政治、经济、民生以及近期热点话题,网民不仅可以看到投票人数还可以通过链接看到投票结果和其他网民的评论,扩大民调影响力。

二、中国电视民调新闻发展的理论基础

电视媒介是以直观、动态、过程制胜的传播媒介。这一特点使其似乎与高度理性、抽象的数据相悖。但是,从电视新闻价值、报道影响力而言,其恰恰需要理性数据的引导与支撑。电视新闻报道如何真正倾听民意、体察社情、关注民生?如何做到点面结合,电视评论如何摆脱情绪化、模式化,更加理性,更加持论公正?电视媒体在个人感知与社会舆论之间应当如何定位?如何实现预见性?这一切似乎都在民调新闻中找到了答案。

(一)建构具有贴近性与影响力的报道是议程设置新命题

在当前信息爆炸、惑于选择的时代,电视新闻报道如何做到贴近现实、贴近生活、贴近群众,如何具有普遍性与影响力是电视新闻议程设置的新命题。议程设置的中心思想是:"公众通过媒介知晓事件或问题,依媒介提示的角度思考,按照媒介对各种问题的重视程度来调整自己对这些问题重要性的看法,或者说媒介对某一事物的强调程度同公众对同一事物的重视程度构成正比关系。"⑤这一中心思想不管是从"认知、次序、显著"层面解读,还是从"认知、态度、行动"层面解读,都不能忽视的是议程设置的认知层面。在认知层面,公众因为媒体的新闻报道而意识到议题的存在。

如今,公众对于信息的获得不可能仅仅局限于大众传播媒介。因此,公众在认知层面对于大众传播媒介的依赖度降低,相对应的,大众传播媒介想要通过议程设

置发挥正确舆论导向的作用就降低了。对电视媒介而言,电视新闻报道的事件通过议程设置发挥的舆论导向作用依然很强。但是,需要注意的是,这些新闻不见得具有普遍性,其影响力、普遍性和贴近性还需要公众的验证。电视媒体若不能报道具有普遍性和建设意义的新闻,公众便会通过其他途径获取他们自己感兴趣或者于己切身利益相关的新闻事件。在报道具有普遍性和建设意义的事件上,电视新闻的议程设置还有待商榷。正如议程设置理论所言:"媒介促成人们对社会重大问题的观点;而媒介强调的问题可能并非压倒性的主要问题。"⑥"主要问题"是关乎公众切身利益且具有普遍性的问题。媒介的议程设置想要在公众中形成广泛的舆论引导力,除了报道"重大问题",更关键的是要报道具有普遍性和建设意义的"主要问题",而后者则更需要从业者的社会责任感与专业精神。

充分发挥民意调查在电视新闻中的作用可以视为解决这一命题的方法之一。随着我国社会的发展、民主进程的推进,民意的沟通与畅达越来越紧迫。"当今社会,'吃饭问题'已经得到基本解决,'说话问题'已经上升为老百姓的主要需求。"⑦这也是中国电视新闻未来发展的现实背景。通过电视媒体与民众的互动、沟通,把时政、经济、生活等与民众切身利益相关的社会问题纳入议题,民众不仅仅是旁观者,更是从参与社会公共事务的角度与媒体互动;同时,通过这种沟通与调查,为民众与政府的对话搭建平台、建立途径,引导公众积极参与和监督公共事务,形成舆论声势,引起政府相关部门的重视,最终促进问题的解决。深入民众,才能倾听民意;综合调查,才能体察社情;通过民调,关注民生。电视新闻引入民意调查可以重拾电视媒体在具有普遍性和建设性的问题上通过议程设置提升舆论引导力。

(二)数据精确客观,新闻报道点面结合,提升权威性

笔者在分析美国电视民调新闻的过程中发现,美国各大电视媒体大致有三种民意调查方式:其一,利用专门的调查机构自行调查,比如美国福克斯新闻(Fox News)建立了 Fox News Poll,哥伦比亚广播公司(CBS)也拥有自己的民调机构 CBS News Poll 进行民意测验。其二,与报纸合作,和美国的电视业相比,报纸行业在民意调查方面更为成熟,因此美国的电视媒体与报纸的民调机构联合作业,共同推出民调数据。比如美国全国广播公司(NBC)与《华尔街日报》合作,美国广播公司(ABC)与《华盛顿邮报》合作,形成调研数据。最后,与专业的民调机构合作委托调查,比如美国的 NBC 委托专业的民调机构 Marist Poll 调查,CNN 联合 ORC

Poll 进行数据调查。但无论何种方式都会把民调数据与具体的报道采访结合起来。报道采访是一个点上的、微观的电视呈现,为数据提供形象语言,为数据提供印证;而数据则是面上的权威支撑,这样非常有效地做到了点面结合,不仅增强了可视性,也提升了新闻报道的权威价值和话语权。精确客观数据理性分析与鲜活的感性个案结合使新闻报道生动且具说服力。而不是像有的电视新闻节目,只是简单的街头随访,或者只是一个典型人物的采访报道,很难有说服力。这种"数据＋分析＋个案＋专家"的新闻报道模式在纸媒早已有之,但是电视媒体更能体现客观数据的形象化与个案的生动性。

点面结合的典型报道模式可以提高电视新闻的权威性,除此之外,对于电视新闻评论也是质的飞跃。现在的电视新闻评论较多的是情绪化表达、模式化解读,鲜有基于客观数据的理性分析,由于对事件规律性把握不够精准,也就难以提出建设性意见。2005 年 9 月,央视原《时空调查》节目板块播出了关于《您有没有医疗保险?》的民调新闻。节目采用零点调查机构在当年 2 月份做的调查数据,新闻报道结合街头访问和具体个例,针对中国医疗保险问题,点面结合地做了全方位深度报道。零点调查机构对 7 个省份,14 个农村,3859 人做了民意调查,结果显示有 65.7% 的人没有任何形式的医疗保险,其中,农村人口比例占到 79.4%。节目中没有主持人对医疗保险的不完善进行的谴责,而是通过具体个例之间有医疗保险和没医疗保险的对比,凸显医疗保险缺失所带来的身体健康和生活质量上的问题。而零点调查机构的调查数据在整体上显示出中国公民中没有医疗保险的人数比例。鲜明的个例显示医疗保险缺失带来的弊端,客观的调查数据表明医疗保险缺失的人数之多,并且多数为农村人口。2010 年,新型农村合作医疗已经逐步覆盖全国,在医疗保险的普及上回应了这一民调新闻。与逞口舌之快的评论相比,这样的报道方式更加理性客观,持论公正。

(三)整合民意,评估舆论环境,确定正确的舆论方向

网络为公众表达个人意见提供了便利的场所,在网络世界,如果没有科学的引导,情绪化表达将犹如在温室之中,迅速膨胀。与此同时,在收集民意的途径上,任何一种方法都比不上网络便利。民意调查不是对客观世界、物质本源的调查,而是对个体感知的调查,经过调查分析为主观的、感性的个体感知提供了理性的出口。网络为民意调查提供了便利,民调为网络中的个体提供了理性的出口。

不容否认的是,电视新闻在营造良好的舆论环境上起着关键性的作用。然而,网络新媒体已日益成为舆论散播和热点聚集的重要源头。舆论热点的迅速膨胀与传播充斥着人们的日常生活。现在电视媒体在选择新闻素材上也倾向于首选网络热点,其弊端有二:新闻来源的真实性有待商榷,虚假新闻的报道不仅会影响电视媒体自身的公信力,也会造成舆论的混乱;新闻记者选取网络热点制作新闻是被动报道,主动性不足,不能保证新闻事实的完整性。

民意调查直接来源于个体感知,是对个体感知的综合,形成全面的意识目标。电视媒体通过民调收集民意指向,经过议程设置,确定社会舆论方向,进而引导社会舆论,确立电视媒体的公信力。民意调查是电视媒体主动探究的过程,如此一来,把被动报道新闻事件变为主动策划报道,把舆论导向的滞后性变为主动确定舆论方向。在重大现实问题、突发事件时期推出独立民调数据,为新闻议题的确立、新闻观点的凸显形成支撑,使公众客观真实地了解舆论环境。在民意调查的作用下,电视新闻在个体感知和社会舆论两者之间实现了真正的互动沟通。"有了舆论环境的整体意识,经常主动地用社会进步的标准,衡量舆论环境中文化传统、道德风俗等等较为稳定的成分,辨别其现实价值,这对于正确评估舆论形势,采用较为适当的方法引导舆论至关重要。"⑧

(四)科学分析,把握规律性,为政府决策提供依据

当前,我国正处于社会转型期,公众利益诉求和意见表达呈现多元化,社会矛盾也日益凸显。尤其是近几年群体性事件及个体极端事件时有发生,因此社情民意的调查与及时反映对于社会的良好发展起着至关重要的作用。

科学的民意调查是一种客观的、全面的、结构化的系统采集,充分体现了民意的意识目标。而所谓新闻的预见性是在对大局的把握和深层次思考中提炼出来的。重要的是深层次的思考是需要建立在对大局的综合把握基础之上的,否则不仅抓不住问题的要害,反而会在引导舆论方向上误入歧途。如今,已经到了党政机关必须倾听民意的时代,民意调查的结果来源于广大民众,具有客观性和普遍性,充分倾听民意可以增强政策执行的针对性,建立预警机制,保证政策的合理性。

新闻媒体应当发挥社会监督、信息传达和舆论引导的作用,充分利用民意调查体现民意的未来走向,为相关部门的政策调整和执行提供参考。例如,从2009年9月开始,江西电视台都市频道的《都市现场》联手省内社会统计学专家,进行民意调查。与以往只靠经验报道新闻不同,民调新闻的客观数据体现了真实的民意。在《看病难,到底难在哪里?》的民意调查中,"就诊程序太繁琐"占到抽样人数的52.9%,而以往新闻报道中提到最多的"看病贵"只占抽样人数的21.01%。通过对民意的量化,看出江西省就诊程序繁琐才是看病难的一大顽疾。经过近一个星期的连续报道,《都市现场》收集了观众的建议,并提出了建设性意见。为此,江西省卫生厅主动约见了新闻报道记者,负责人表示"采用民意调查的方式,用数据说话,探讨群众看病难的原因,这个方式非常有意义。同时,它也给我们卫生行政部门进一步提高促进医疗机构的服务质量、服务水平提供了很好的参考,对于节目调查后的建议,我们会积极采纳。"民意调查全面、客观的数据为电视新闻媒体与党政机关提供了科学预测的根据。

"新闻不是社会状况的一面镜子,而是对已经暴露出头角的那方面的报告。"⑨ 新闻除了反映已经发生和正在发生的事情,更重要的是体现深层次的问题与需求,提出富有预见性的意见,为政府决策提供依据。

三、中国电视民调新闻的现实探索

中国电视节目中首次出现民意调查理念是在1994年,中央电视台服务类节目《与你同行》,以每周一期的频率播出《微型调查》节目板块,"用数据化的统计方法结合电视的形象性特点进行精确新闻的报道"⑩。2004年9月1日,央视《东方时空》第四次改版,进入晚间时段,新增《时空调查》板块,倡导"数字掌握生活",联合新浪网、智联招聘网和央视网等网站,针对国计民生等问题做网络调查,或者采用零点公司等知名调查机构的数据做新闻报道。从中国电视民调新闻的现状分析,大致有如下几方面的形态的探索。

(一)融入民意调查理念与元素

1. 沟通民意,充分发挥电视的现场感和参与性

电视新闻节目中融入民意调查,实现了电视媒体与公众之间的沟通反馈。在节目中,针对主持人的调查访问,普通民众面对镜头畅所欲言是电视新闻节目中注重民意、互动沟通的基本表现。由于节目时长和内容的编排定位,调查的人数要控制在一定的范围之内。虽然不能代表整体民意,但是个体的意见畅达也是民意调

查的组成部分。例如北京电视台生活频道的《超级出租车》基本融合了民意调查的理念。在一辆出租车内,主持人亦是驾驶员。乘客免费搭乘超级出租车的唯一条件就是愿意接受主持人设定的调查访问。在出租车行驶过程中,乘客按照主持人预先设定的话题表达自己的观点,到达目的地时访问结束。虽然调查人数有限,没有以数据的形式体现整体的民意指向,但是在出租车内完全放松的状态下,乘客畅所欲言,表达民声,并用镜头捕捉主持人与乘客之间互动的趣事,这种画面表达方式正是电视擅长之处。虽然演播室的容量有限,但是如果电视结合网络视讯就拓宽了沟通的范围,演播室内的主持人和专家学者与网络视讯中的公众都可以各抒己见,实现观点的交流碰撞。再如,浙江卫视的王牌新闻节目《新闻深一度》是一档全国首创的电视、网络视讯实时互动的新闻评论类节目。每期节目都会邀请四位公众评论员和主持人、现场嘉宾一起参与节目的评论,他们面向全国观众对一些新闻事件说出自己的观点和想法。而专家点评、记者快评、网民酷评这三种方式同时进行,可以让大家就一件新闻事件听到不同角度的看法和分析,节目的播出内容就是公众表达意见态度的过程。

江苏电视台都市频道的《零距离》在 2011 年 7 月开辟了一档新的节目板块——《新闻敏感度》。每期选定一个调查主题,在大概五分钟的节目时长中,通过调查访问或者工作人员演绎隐性调查的方式,测试公众对于调查主题的意见和态度。节目的亮点在于镜头真实地记录下公众的反应和态度,对于调查过程的展现增强了观众的参与感和认同感,对于调查结果的量化则是有意借鉴民意调查的精确客观的特点。《新闻敏感度》在真实记录公众反映过程和对调查结果的量化上值得借鉴。虽然在调查范围、样本量选择和问题设置上的科学性有待提高,但是节目本身的选题多为"软新闻",如《今天,你学雷锋了吗?》《银行便民伞,哪家最好借?》《你知道父母的生日吗?》等。对于这类选题,调查的过程展现比精确客观科学的数据更加需要。

这种类型的调查虽然初步具备了民意调查的调查理念,但并不能代表整体的民意指向,只能作为民意沟通的参考。

2. 利用 CALL IN 系统、网络微博等技术,收集民意,形成基本数据

网民和手机用户的数量保证了民意调查的规模。电视新闻节目采用手机、短信等方式使调查的范围不仅仅局限于演播室,这种"样本"的扩大对于民意调查十分必要。CALL IN 系统、微博等新技术的调查方式实现了广泛的调查,调查结果

以数据的方式呈现,实现了民意的量化。比如,山东齐鲁电视台的《齐鲁开讲》是中国内地第一个使用 CALL IN 系统的节目。CALL IN 技术是实时电话投票系统。观众收看《齐鲁开讲》的同时,通过拨打电话选择数字按键的方式投票表达自己支持或反对的意见,接入系统会将观众的投票自动生成为统计数字,实时显示在电视屏幕上,真正实现了民意调查与电视辩论内容的同步呈现。CALL IN 技术实现了民意调查实时的投票结果,并以数据的形式客观地呈现出来。"CALL IN 在现有的技术条件下是先进的,但目前观众还局限于'好与不好'的选择上,只是实现了初步的反馈,观众在参与方式和参与程度上还有待提高。"⑪

微博调查也逐渐成为丰富民意调查方式的渠道。比如,《直播南京》是南京广播电视台的一档大型直播新闻节目,利用全新打造的全媒体演播室概念,设置了微博调查环节,通过官方微博收集网民对新闻事件的意见与观点,以数据柱状图的形式呈现投票结果。微博调查多数采用一个事件只问一个问题的方式,这种方式虽然具备了民意调查的基本形式,但是在问题设置的科学性上有所欠缺。单一的问题不能完全、系统地体现事件的发展状态,也不能全面了解民众对于这一事件的整体意志。

综合多层次、多形式的调查。东方卫视的《东方直播室》是一档将电视手段与新媒体有机结合的时事辩论民意调查类节目。其民意调查的层次比较丰富:CALL IN 技术实时参投表达支持或者反对;专家发言、网络视讯的公众评论员、当事人的叙述过程、现场观众走到前台发言、场外调查等手段直接表达观点看法。此外,《东方直播室》在开拓新媒体民意调查的途径上也做了多方面探索,如官方微博参与投票和手机发送代码的方式对话题参与投票。在民意调查的方式上,《东方直播室》做出了多元化的尝试,并且充分发挥了电视现场感和参与感的优势。

不管是节目现场的 CALL IN 技术还是节目的官方微博,两者的调查在调查范围上是开放性的,但是,由于在调查对象上不能选择,因此有失样本的科学性,所得结果也未必就能代表真实的民意。从概率上来说,这种调查数据结果本身也可以代表基本的民意倾向,但是,仍达不到精准的民意意识目标。对于民意的量化是民意调查的优势。所以,只有基于科学的民意调查的结果以数据化的方式呈现,才能为新闻媒体准确把握真实的民意提供可能。

(二)与专业化的民调机构合作,深入挖掘民意调查的新闻价值

专业化的民意调查机构在问题设置、样本选择、数据分析上能够达到民意调查所需的科学性和客观性。据笔者的不完全统计,在现在的电视新闻节目中,也唯有江西电视台都市频道《都市民调》与专业的民调机构合作,电视台内部相关人员进行关于民调的专业化培训,这样才能最大限度地保证民调新闻的权威性。民意调查的数据结果之所以具备新闻价值,就在于它反映了真实的民众需求和深层的现实问题。江西电视台都市频道的《都市民调》是其民生新闻栏目《都市现场》里的一个不定期播出的特别策划节目。江西电视台都市频道与当地高校科研机构合作,利用高校科研机构的调研能力,对民众关心的社会、经济等重大事件、关系民众利益的重大问题进行问卷调查,了解民意,确定民众在一个时期重点关注的问题,展开调查、报道,从而形成具有一定舆论亲和力、舆论影响力的新闻报道。比如《看病难,到底难在哪里?》《南昌市车辆尾号限行》《开学之前》等的民意调查,这是媒体议程设置在民意调查基础上的确立,具有较强的民意精准性,不仅为新闻的议程设置提供了帮助,而且所形成的调查数据也为政府工作改进提供了参考。

四、中国电视民调新闻的提升途径

(一)建立专门的民意调查机构,或与专业调查机构合作

上文提到,"美国 CBS 从 1967 年开始,NBC 从 1973 年开始从事民意调查活动,把调查结果在晚间新闻以及其他的专题节目中播出。1981 年 ABC 也建立自己的民意调查中心"。然而,据笔者的观察与统计,迄今为止,中国还没有一家广播电视集团成立专门的民意调查机构从事民调新闻的报道。在中国,专业的民意调查机构在市场上已经发展成熟,初具规模。"目前,已有27个省(区、市)统计局成立了社情民意调查中心,全国统计系统民意调查机构已拥有 1500 多部计算机辅助电话访问设备,形成以电话调查(CATI)为主,以入户调查、街头访问、网络调查、座谈会为辅的调查组织方式;初步建成了一支比较健全的社情民意调查队伍。"[12]不管是成立专门的民意调查机构或是与民意调查机构的合作方面,电视媒体做得还

远远不够。

(二)实现民调新闻的周期性和栏目化

中国电视民调新闻尚处于探索阶段,周期性与栏目化两者尚未兼得,社会监测和舆论引导的作用尚未发挥到最大值。电视媒体与专业调查机构合作开展报道的情况并不多见,能够保证周期性播出的也只有央视与国家统计局等相关单位合作开展的《经济生活大调查》以及江苏卫视与零点调查机构合作打造的《中国幸福指数》,两者都是每年一期,形成了固定的周期和观众群,成为具备一定影响力的品牌活动。而更多的是电视媒体与调查机构偶一为之的合作,例如,2010年,齐鲁电视台策划组织,联合CTR,运用科学的调研方法,针对山东15类行业开展的满意度调查,形成《山东省消费者行业满意度调查报告》,其结果真实体现了消费者的心声,所得数据和分析提供给消协和行业管理部门。此次活动在当地反响热烈,但是并没有持续进行。民调新闻栏目化的典范就是江西电视台都市频道的《都市民调》,并展开系列报道,虽然具有舆论影响力,但是非定期播出也消减了观众期待。

(三)结合新媒体,实现民意调查的多元化

除了计算机辅助电话调查(CATI)、入户调查、街头访问和座谈会等传统调查方法之外,还可以充分利用手机、网络微博等新媒体开展民调,发挥电视实时互动的优势,增加现场感与参与性。

(四)形成具有代表性的样本库即受众信息库

民意调查是建立在具有代表性的样本基础之上的,因此,需要建立受众信息库,精选具有代表性的样本,且不局限于某一群体。有效利用网络建立样本库是大势所趋。比如,民意中国网是由《中国青年报》社会调查中心和中青在线共同开发,在为网民提供意见、表达机会的同时,提供相关新闻、民意动态等信息。它实行会员制,并制定了严格的会员积分兑奖制度。比如,会员的个人资料包括身份证号码,不完整不予通过审核。以下情况,一经发现将会取消全部积分并保留索赔权利:随意填答,前后矛盾;填写虚假个人信息,如年龄、行业、收入水平等;两人或更多人用同一账号参加答题;会员通过软件或其他非正常手段提交答卷;一人注册多个账号;转让或买卖民意中国网的账号或积分。这些有效保证了会员信息的真实

性与民意调查的科学性。

结　语

在自媒体迅速发展的社会环境中,全民记者队伍越来越庞大,新闻媒体更需要专业化的信息整合。电视媒体如果未能有效地整合民意信息,那么势必与民意渐行渐远,电视的公信力与权威性将面临质疑。电视媒体的民意调查是媒体根据确定的主题,定位科学地设计问卷,也是一种获取独家新闻的方法。从数字即新闻的角度,独家解读也避免了同质化的诟病。这种兼得民意信息和独家新闻的可操作性对电视新闻有着重要意义。

民意调查的发展不是偶然,它顺应了社会与科学技术的发展。从1982年中国首次科学的民意调查到今天,中国民意调查应用于新闻媒体已经走过了整整三十年。目前,知名门户网站和纸媒平台都不同程度地实施民意调查项目,民意调查已经成为新闻报道的重要组成部分。全民记者的趋势越来越明显,观众为高质量的服务内容买单也成为驱动电视新闻专业化的动力。电视媒体吸收民意调查已经迫在眉睫。在纸媒和网媒都在积极探索民意调查的方法途径和深入挖掘民意调查的新闻价值的时候,电视媒体也应当主动借鉴前者的成熟和成功的方法、经验,而更重要的是,电视媒体应该结合自身特点以及新媒体技术,探索适合自身媒介表达特点的民调新闻操作之路。

注释:

① 刘建明:《社会舆论原理》,华夏出版社2002年版,第123页。
②⑩ 喻国明:《解构民意》,华夏出版社2001年版,第38、22页。
③④ 肖明、丁迈:《精确新闻学》,中国广播电视出版社2002年版,第17、22页。
⑤⑥⑧ 陈力丹:《舆论学》,中国广播电视出版社1999年版,第78～79、212、47页。
⑦ 2010年,作者对江西电视台都市频道总监朱育松的访谈,时间:2010年5月,地点:江西电视台。
⑨ 〔美〕沃尔特·李普曼:《公众舆论》,阎克文、江红译,上海人民出版社2006年版,第245页。
⑪ 胡智锋:《创意与责任——中国电视的本土化生存》,中国传媒大学出版社2010年版,第280页。
⑫ 何慧媛、南隽:《借力专业调查体系　把握社会潮流脉动》,《中国记者》2010年第7期。

媒介环境与组织控制：
调查记者的媒介角色认知及影响因素[*]

◆ 张志安　沈　菲

一、研究动机、目的及方法

新闻从业者的媒介角色认知，反映其对媒介报道功能的期待、新闻价值观的特征。有研究表明，从业者的媒介角色认知，既可能决定新闻报道的风格和内涵，也可能影响新闻媒介的社会功能。[②]研究新闻从业者的媒介角色认知，有利于从"行动者"（agency）的角度把握新闻从业者的心理状况和价值倾向，从而更内在化地了解新闻从业者的生存状况，探析其媒介角色认知和新闻实践之间的关系。

1971年，美国社会学家Johnstone、Slawski和Bowman对美国新闻从业者进行了第一次全国性调查，最早采用问卷法探讨新闻从业者的媒介角色认知，为此后的新闻从业者角色认知研究提供了示范性方法。1976年，他们的研究成果——《新闻人员：美国新闻人员与他们工作的社会描绘》（*The News People: A Sociological Portrait of American Journalists and Their Work*）正式出版，其中，把美国从业者的媒介角色认知分为"中立（neutral）"和"参与（participant）"两种，大多数美国从业者秉持"中立"的媒介角色观。"'中立'是指新闻从业人员认为媒介报道新闻时，应以旁观的立场，公正报道新闻，并尽力查证事实。'参与'是指新闻人员认为媒介在报道新闻的过程中，应扮演主动、积极的角色，努力挖掘事实，并对新闻事件提出解释和分析，帮助读者了解事实的真相"[③]。

---

[*] 本文刊发于《现代传播》2012年第9、10期。

之后，美国学者 Weaver 和 Wilhoit 等合作，于 1982 年、1992 年和 2002 年进行了三次全美新闻从业者的调查，基本上形成每十年做一次全国调查的惯例。④ 这些研究中，均包括媒介角色认知的调查和分析，其成果主要是《美国新闻人》(The American Journalist：A Portrait of U. S. News People and Their Work)、《20 世纪 90 年代的美国新闻人》(The American Journalist in the 1990s：U. S. News People at the End of an Era) 和《21 世纪的美国新闻人》(The American Journalist in the 21st Century：U. S. News People at the Dawn of a New Millennium)这三本书。这些研究将新闻从业者的媒介角色细化为三种："信息传播"(information dissemination)、"解释/调查"(interpretative/investigative)和"对立"(adversary)。"信息传播"跟"中立"相似，更多强调媒介发现事实和传播信息的基本功能，"解释/调查""对立"均偏向"参与"，前者指对事实背后的原因进行解释、对真相进行挖掘，后者指媒介要跟政府、企业保持对立关系、发挥批评和监督的作用。

以往的相关研究，多集中于探讨一个国家或地区的新闻从业者的媒介角色认知，只有少数研究比较多个国家或地区从业者的媒介角色认知，其中，较有代表性的是罗文辉、陈韬文、潘忠党、李金铨等以港台学者为主的研究人员 2004 年合作出版的《变迁中的大陆、香港、台湾新闻人员》，第一次比较了香港、大陆和台湾从业者的媒介角色观差异。这项研究主要有三个特色：(1)首次系统比较了三地从业者的媒介角色差异；(2)对 Weaver 和 Wilhoit(1986)使用问卷的相关量表，做了适当修正并增加了若干项目(items)，由此试图辨析三地从业者对媒介角色认知是否存在不同的面向(dimensions)；⑤(3)以往研究多侧重考察个体(性别、教育程度、从业时间等)、组织(对薪酬待遇、工作自主性、同事关系、领导能力等因素的满意度)、媒介类型(industry)或机构(institution)⑥三个层次因素对其媒介角色的影响，而这项研究增加了社会层次因素的分析，主要指大陆、香港、台湾三个地区的差异比较。

本文的主要目的在于聚焦和分析一个特定群体的媒介角色认知：调查记者。一般来说，以调查记者群体为主的深度报道从业者，比一般记者具有更高的职业追求，"他们普遍认同政治民主、市场自由、多元文化等现代社会的价值指标，认真恪守真实、全面、中立的报道规范和专业主义原则，能够在各种社会控制因素下实现心灵自由与社会自由的动态平衡。"⑦就其新闻实践的特征看，调查性报道要求关注侵犯公共利益的行为，通过记者的独立调查，挖掘和呈现被遮蔽的真相，因此相对偏向"解释/调查"和"对立"两类媒介角色。

那么,调查记者的媒介角色认知到底有何特征?在他们看来,新闻媒介应该扮演什么样的角色?发挥怎样的功能?调查记者的使命主要是记录事实、解释事实还是调查真相、监督权力,甚至解决问题、推动社会?调查记者对"信息传播""解释/调查"和"对立"三类媒介角色的认知与一般从业者有何异同?在个体、组织、媒介类型、社会四个层次的复杂因素中,哪些因素对调查记者的媒介角色认知最具影响?这些便是本文试图回答的问题。

本文将采用问卷调查、深度访谈、案例分析的方法,结合量化和质化的数据,来深入考察中国调查记者的媒介角色观。文章使用的数据,主要来自两个途径:

1. 问卷调查。作者在2010~2011年首次针对国内调查记者群进行了一次问卷调查,该项目主要考察调查记者群体的职业意识、社会关系网及生存状态。结合国内新闻行业状况、调查记者队伍规模及其新闻生产实践的特点,我们将大陆调查记者的样本标准确定为:一半以上工作时间从事调查性报道,主要以社会、时政、财经等领域的负面题材为主,多关乎公共权力滥用,有被遮蔽的真相要记者进行突破调查,特稿记者、对话记者等不算在内。

鉴于全国调查记者人数并不多,我们的研究采取"总体普查"的方式,而非"抽样统计"的方法。数据收集时间为2010年9月24日至2011年3月14日,历时约半年。我们先用4个月左右时间建立报纸和杂志调查记者的全样本调查数据库,主要通过三种方式来建立及调整名单:(1)根据可能发表调查性报道的媒体类型,建立媒体名单库,然后请媒体负责人提供记者名单及联系方式;(2)结合不同区域,邀请该区域内具有较高威望或影响力的调查记者,对该区域的调查记者名单进行确认;(3)针对国内绝大多数调查记者经常、集中使用的网络QQ群(小刀群、深度报道联盟等),对群内记者进行复核及补充。第一稿名单包含19个省、市、自治区72家媒体的293位记者。在数据收集过程中,添加41位记者与8家媒体,记者样本总数确定为334位,其中259名记者最终接受问卷调查。⑧

调查结果显示⑨:国内调查记者中,男性占84%,女性占16%。年龄结构显示出比较年轻的特点,约有76%的调查记者年龄在35岁及35岁以下,50岁以上的不到3%。几乎所有调查记者都具有大专或大专以上的学历,76%左右的为本科,拥有硕士或博士研究生学历的有15%左右。湖南与河南籍贯的调查记者最多,约有14%的来自湖南,13%的来自河南,其他比例较高的省市依次是安徽、湖北、四川、河北、山东、福建、江苏、辽宁和浙江。

为便于跟一般从业者的媒介角色认知做比较,以及契合中国新闻从业者的特点,这项调查中关于媒介角色认知的问题选项,采用了罗文辉、陈韬文等学者1997年在大陆实施调查问卷的相关选项,共18个:(1)迅速为大众提供新的信息;(2)依据事实报道新近发生的事件;(3)报道可靠信息以阻止流言的散播;(4)对复杂的问题提供分析与解释;(5)对决策中的政策展开讨论;(6)对政府的政策做出解释;(7)帮助人民了解党和政府的政策;(8)引导公众舆论;(9)帮助人民实行舆论监督;(10)成为人民的喉舌;(11)推动社会改革;(12)声援社会公益团体;(13)报道最大多数群众感兴趣的新闻;(14)提高群众的知识与文化水平;(15)为民众提供娱乐和休闲;(16)质疑并批评政府官员的言行;(17)质疑并批评企业的言行;(18)质疑并批评社会团体的言行。经分析,这些选项可建构成五种媒介角色:资讯散布、解释政府政策、鼓吹民意、文化与娱乐、对立。⑩我们的问题是"下面是一组描述新闻媒体社会功能的句子。你如何看待这些功能的重要性?"答案采用10级量表,1表示非常不重要,10表示非常重要。

2. 深度访谈。由于问卷调查只能从自我评价的角度考察调查记者的媒介角色认知,我们还试图通过对调查记者的深度访谈、焦点小组座谈,更丰富、更细致地把握其媒介角色认知特征和变迁,以及在此基础上考察相关因素的复杂影响。

我们的深度访谈集中在两个时间段进行。第一批深度访谈,集中于2004年至2007年间,主要由张志安对国内一些知名调查记者、深度报道媒体管理层、记者和编辑进行深度访谈,共包括36位受访者,他们在通讯社(1人)、报纸(18人)、电视(6人)、杂志(10人)、广播(1人)等不同类型媒介工作,基本覆盖了国内具有代表性的调查记者,兼顾了不同媒介类型、不同层级、不同年龄等因素。这些深度访谈为我们比较不同时期调查记者的媒介角色差异、变迁轨迹及影响因素提供了较丰富的数据。

第二批深度访谈集中于2011年6月至12月在北京、上海、广州、南京、杭州等地进行,主要由张志安、沈菲共同实施,共访谈30余位调查记者。焦点小组于2011年8月27日在广州《新快报》调查中心实施。由于这次深度访谈的对象均来自问卷调查中的259名记者,因此可将质化研究和量化研究的数据进行充分互补和比照,帮助我们把握当前调查记者的媒介角色认知的整体特征、具体差异及其多层次的影响因素。

总体上,本文的问题主要有三个:其一,中国调查记者的媒介角色认知整体呈现出哪些特征?调查记者的媒介角色观与一般从业者的角色观有何异同?其二,中国调查记者的媒介角色认知大体经历了怎样的变迁轨迹?其媒介角色认知与媒体变革、社会转型之间的互动关系如何?其三,在个体、组织、媒介类型、社会四个层次中,哪些因素主要影响着调查记者的媒介角色认知?同时,回到新闻实践的具体情境中,不同的新闻报道议题、所在媒介的生产机制、互联网使用程度的不同等复杂因素,又是如何影响调查记者的媒介角色认知的?我们希望通过量化和质化研究方法的结合,不仅对调查记者媒介角色的研究有"描述性"的贡献,也增加对其媒介角色认知特征、变迁轨迹及复杂影响因素之间关系的"阐释力"。

二、文献回顾及研究意义

(一)新闻从业者的媒介角色认知

从 20 世纪 70 年代开始,美国学者最早采用问卷调查的实证方法来研究新闻从业者的媒介角色认知。Johnstone 等人的研究发现,从业者主要有"中立"(neutral)和"参与"(participant)两种角色观,实际上多数从业者不同程度地兼具两种角色认知,但这两类媒介角色认知的确存在于不同区域的媒体中:大城市的新闻从业者和与同行有广泛交往的从业者,更偏向"参与"角色,来自小城镇的新闻从业者和圈内熟人较少的从业者更偏向"中立"角色。调查显示,"调查政府的声明和言论"是美国从业者最看重的媒介角色(75.8%的受访者认为"极为重要"),其次是"对复杂问题提出分析与解释"(61%的受访者认为"极为重要"),再次是"把消息尽快传给公众"和"在国家政策尚在发展的阶段提出讨论"(分别有 56% 和 55% 的受访者认为"极为重要")。因此,"Johnstone 等人认为,美国新闻人员支持媒介'参与'角色的人,比支持'中立'角色的人多"。[①]

之后,Weaver 与 Wilhoit 的研究将从业者的媒介角色细分为三类[②]:对立角色(adversarial)、解释/调查角色(interpretive)和信息传播角色(disseminator)。研究同样发现,绝大多数受访者都具有多种媒介角色认知,其中,"调查政府的声明与言论"依然是美国从业者认为最重要的角色(66%的受访者认为"极为重要"),其次是"把消息尽快传给公众"(60%的受访者认为"极为重要"),再次是"报道可靠信息以阻止流言的散播"(50%的受访者认为"极为重要")和"对复杂的问题提供分析与解释"(49%的受访者认为"极为重要")。美国从业者认为最不重要的角色是"对立角色",只有15%的从业者认为"与企业对立"极为重要,20%的从业者认为"与政府官员对立"极为重要。

就中国本土研究来看,喻国明针对全国新闻从业者的调查显示(1为非常不重要,5为非常重要):[13]新闻从业者认为"非常重要"的媒介功能排首位的是"迅速为大众提供新的信息"(4.63);其次,"帮助人民了解党和政府的政策"(4.48)、"依据事实报道新近发生的事件"(4.45)、"帮助人民实行舆论监督"(4.42)、"引导公众舆论"(4.41)、"推动社会改革"(4.38)、"成为人民的喉舌"(4.35)、"报道可靠信息以阻止流言的散播"(4.27)被赋予"非常重要"的评价。从中可见,跟美国新闻从业者"中立""解释/调查"和"对立"角色不同的是,中国新闻从业者由于媒体作为"耳目喉舌"的功能定位和国有宣传体制的影响,还具有"宣传"的角色。

陆晔针对上海地区新闻从业者的一项调查发现[14],从业者对媒体社会功能的看法中(1为非常不重要,5为非常重要),"提供新信息"(4.61)"报道新事实"(4.49)和"实行舆论监督"(4.16)是最重要的社会功能,而"质疑并批评政府官员"(3.34)"质疑并批评社会团体"(3.25)"声援社会公益团体"(3.21)和"质疑并批评企业言行"(3.39)并不是十分重要的功能。

另外,罗文辉、陈韬文等学者针对台湾、香港和大陆新闻从业者的比较研究发现,就全体受访者来看,最重要的三个媒介角色分别为"迅速为大众提供新的信息"(均值4.58)、"依据事实报道新近发生的事情"(均值4.50)、"帮助人民实行舆论监督"(均值4.33),最不重要的三个角色分别为"质疑并批评社会团体的言行"(均值3.26)、"质疑并批评企业的言行"(均值3.34)和"质疑并批评政府官员的言行"(均值3.35)。其中,受访的大陆新闻从业者认为最重要的三种媒介角色依次为"迅速为大众提供新的信息"(均值4.63)、"帮助民众了解党和政府的政策"(均值4.48)、"依据事实报道新近发生的事情"(均值4.46)。由此可见,"受访大陆新闻人员认为最重要的媒介角色是'信息传播',其次是'鼓吹民意',最不重要的媒介角色是'对立'"。[15]

(二)影响新闻从业者媒介角色认知的因素

根据Johnstone等学者的研究发现,[16]人口变量(性别、年龄、教育程度、从业时间)、组织地位(收入、领导数量等)、社会与组织规模(城市大小、新闻机构的规模等)、专业社群的情况(参与专业组织的数目、与专业社群的联系等)等因素对媒介角色的预测力都不高。总体上看,教育程度越高、年龄越低的美国从业者越认为"参与"角色的重要;媒介所在城市越大、新闻机构的规模越大,从业者越认为"参与"角色重要。

"社会体制对媒介的影响一直是传播学者关切的论题,但过去的研究却很少探讨社会体制对新闻人员媒介角色认知的影响"[17]。罗文辉、陈韬文等学者的研究发现,人口变量、组织变量和媒介类型对从业者媒介角色认知的预测力非常有限,而社会变量(即台湾、香港和大陆的差别)是预测四种角色(解释政府政策、鼓吹民意、文化与娱乐、对立)的有力因素,唯独"信息传播"角色,社会变量没有显著的预测力。

具体就大陆的新闻从业者来看,从业时间越长、对同事关系越满意的从业者,越认为媒介的"信息传播"角色重要,越倾向于媒介的"解释政府政策"角色;对工作自主性和同事关系越满意的从业者,越认为"鼓吹民意"的角色重要;对薪水、同事关系满意度较高,在广电媒介工作的从业者,较认为媒介的"文化与娱乐"角色重要;对主管能力满意度越低,越认为媒介的"对立"角色重要。

陆晔在上海地区的调查也发现,对"工作自主程度"自我评价最高的从业者,对媒体的"舆论监督"功能重要性的评价也略高;工作满意度的评价中,"工作的社会影响""主管领导的能力""同事关系"对"舆论监督"功能重要性的评价呈正相关。

简要分析以往文献可以发现:中外从业者的媒介角色认知有明显差异,大陆新闻从业者偏向"中立者""宣传者",其次是"解释/调查者",比较不看重的是"对立"角色;以往对从业者媒介角色的研究,侧重某个国家从业者的整体调查或不同区域从业者媒介角色的比较,较少选择某类记者群体进行调查,尚未见有专门针对调查记者的媒介角色研究;相关的研究绝大多数采用问卷方法来进行量化研究,较少采用量化和质化方法做专题研究。因此,本文的研究视角和研究方法均具有一定的创新意义。

三、调查记者的媒介角色变迁轨迹

李金铨(Chin-Chuan Lee)认为[18],现代中国传媒业的主要功能是启蒙和宣传,而非提供信息,因此报纸模式和记者角色主要可区分为三种:儒家模式、毛泽东模式和市场化模式,其中市场化模式主要从邓小平实行改革开放政策之后逐渐兴起。陆晔、潘忠党指出,[19]中国记者新闻专业主义话语的建构主要有三类传统:自儒家士大夫延续至近代知识分子的"文人论政"传统,党和人民的"耳目喉舌"传统和源自西方却被"本土化"的商业媒体传统。这些观点,大体勾勒出中国新闻从业者媒介角色认知的三种类型:启蒙者、宣传者、记录者。其中,记录者偏向"中立",启蒙者偏向"参与",而宣传者则主要为社会主义国家的媒介体制所决定,在西方(尤其欧美)国家中比较少见。

实际上,宣传者、启蒙者或记录者的角色认知,对新闻从业者来说难以完全割裂或区分,但大体却有其占主导的阶段和变迁的轨迹。改革开放以来,关于中国新闻从业者媒介角色的变化,一些学者从不同角度进行过论述[20]。如:陈阳将当下中国记者的角色区分为"宣传者""参与者""营利者""观察者"四种,认为这四种职业角色共存于当下中国新闻界,甚至共存于同个媒介机构中,不过一个明显的特点是:改革开放以来,一些记者受西方客观报道理念的影响,更加强调传播事实的功能,主要扮演观察者角色;陈力丹、江凌则指出,在"阶级斗争为纲"的年代,记者角色主要是"政治活动家""党的调查研究的专业人员",自80年代开始逐渐回归本位,强调信息传播者的角色。而到了新世纪,新闻专业主义理念逐渐兴起,新闻记者更加侧重记录者的角色。总体上看,中国新闻从业者改革开放以来的媒介角色,大体呈现出了从宣传者向记录者回归的趋势。

调查记者是新闻从业者队伍中的重要组成部分,也可宽泛地归入深度报道记者的范畴。由于调查性报道强调对遮蔽真相的挖掘、对权力滥用的监督和对公民权利的捍卫,因此其报道诉求和功能偏向"参与者"角色。张志安[21]曾这样概括30年深度报道(含调查性报道)功能的变迁轨迹:20世纪80年代以"启蒙"为主功能,90年代以"监督"为主功能,新世纪以来则回归以"记录"为本位的多元角色。白红义[22]则以从"倡导"到"中立"为特征,大体概括20世纪90年代以来调查记者的职业角色变迁轨迹,他认为:20世纪90年代的调查记者更注重倡导,进入新世纪后,新一代调查记者则更强调中立,但在转型社会中他们没办法真正做到"零度情感"。

四、调查记者的媒介角色及影响因素

数据显示(见表1),调查记者最看重的媒介角色首先是"对复杂的问题提供分析与解释"(均值 7.72),其次是"依据事实报道新近发生的事件"和"帮助人民实行舆论监督"(均值都是 7.65),再次是"迅速为大众提供新的信息"(均值 7.58)。相比之下,调查记者最不看重的媒介角色依次是"为民众提供娱乐和休闲"(均值 4.66)、"提高群众的知识与文化水平"(均值 5.00)、"帮助人民了解党和政府的政策"(5.23)和"对政府的决策做出解释"(5.90)。

由此可见,调查记者的媒介角色偏向分析解释、报道事实/提供信息及舆论监督,即"调查/解释"和"信息传播"这两种角色。相对来说,调查记者的媒介角色中"宣传者"(解释政策)和娱乐/知识提供者角色最弱。

表1 调查记者媒介角色认知各子项排序

排序	媒介角色认知的各子项	均值	标准差
1	对复杂的问题提供分析与解释	7.72	1.69
2	依据事实报道新近发生的事件	7.65	2.04
3	帮助人民实行舆论监督	7.65	2.21
4	迅速为大众提供新的信息	7.58	2.20
5	推动社会改革	7.47	2.22
6	报道可靠信息以阻止流言的散播	7.28	2.07
7	质疑并批评政府官员的言行	7.23	2.22
8	对决策中的政策展开讨论	6.71	2.09
9	质疑并批评企业的言行	6.62	2.27
10	引导公众舆论	6.37	2.34
11	成为人民的喉舌	6.28	2.73
12	声援社会公益团体	6.25	2.24
13	质疑并批评社会团体的言行	6.04	2.44
14	报道最大多数群众感兴趣的新闻	5.98	2.10
15	对政府的政策做出解释	5.90	2.26
16	帮助人民了解党和政府的政策	5.23	2.36
17	提高群众的知识与文化水平	5.00	2.23
18	为民众提供娱乐和休闲	4.66	2.31

调查记者对新闻价值各因素的排序中(见表2),最强调的是"保持事实准确"

"报道客观"和"保持公正",真实、准确、客观、公正等新闻专业主义理念和客观报道的基本规范,是调查记者新闻实践的自觉"底色"。相比新闻的时效性和故事性,他们更强调事实的准确和调查的扎实,这一点其实跟调查性报道的专业要求非常吻合:其一,由于调查报道多为"揭黑报道",容易触动权力部门和官员的利益,报道风险比较高,因此必须确保事实准确无误,否则容易惹上官司;其二,由于调查报道往往涉及利益纷争和矛盾冲突,记者必须保持客观和公正的立场,否则很容易变成工具或沦为某方利益的代言人。所以,与准确、客观、公正等原则相比,全面、新鲜等新闻价值则显得不那么重要。

表2 调查记者新闻价值认知各子项排序

排序	新闻价值的各子项	均值	标准差
1	保持事实准确	9.40	1.06
2	报道客观	9.24	1.27
3	保持公正	9.19	1.24
4	挖掘更深入	8.86	1.23
5	报道要平衡	8.21	1.96
6	得到独家报道	7.86	1.83
7	报道有新意	7.42	2.00
8	写作引人入胜	7.29	1.81
9	报道要全面	7.25	2.09
10	抢时效	7.15	2.08

根据因子分析,调查记者媒介角色认知的子项大致可以分成五类(见表3):第一类"鼓吹民意",包括实行舆论监督、推动社会改革、成为人民喉舌、声援社会公益团体4个子项;第二类"信息传播",包括依据事实报道、迅速提供信息、阻止流言散播3个子项;第三类"解释政府政策",包括讨论发展政策、提供分析解释、解释政府政策3个子项;第四类"批评与质疑"(即"对立"角色),包括质疑企业言行、质疑社会团体、质疑政府言行3个子项;第五类"满足受众和宣传引导",涵盖文化、娱乐与宣传这三个维度,包括提高知识与文化、帮助了解政策、提供休闲娱乐、引导公众舆论、报道大部分公众感兴趣的新闻5个子项。

这五类因子,大体概括出调查记者媒介角色认知的五种类型:"鼓吹民意"偏向

"倡导者"角色,强调通过舆论监督来推动社会进步;"信息传播"偏向"记录者"角色,即遵循客观报道的基本规范来提供事实传播信息;"解释政府决策"偏向"解释/启蒙者"角色,体现对复杂问题的阐释和分析功能;"批评与质疑"偏向"对立者"角色,而"满足受众和宣传引导"则糅杂着"营利者"和"宣传者"两种角色。

表3 调查记者媒介功能认知因子分析与归类

媒介功能认知子项	鼓吹民意	信息传播	解释政府政策	批评与质疑	满足受众和宣传引导
帮助人民实行舆论监督	0.87	0.28	−0.28	0.30	0.26
推动社会改革	0.85	0.15	−0.42	0.33	0.14
成为人民的喉舌	0.83	0.28	−0.15	0.25	0.41
声援社会公益团体	0.73	0.17	−0.17	0.48	0.34
依据事实报道新近发生的事件	0.12	0.92	−0.22	0.10	0.21
迅速为大众提供新的信息	0.15	0.89	−0.12	0.16	0.27
报道可靠信息以阻止流言的散播	0.41	0.76	−0.41	0.05	0.32
对决策中的政策展开讨论	0.33	0.21	−0.85	0.21	0.10
对复杂的问题提供分析与解释	0.29	0.29	−0.81	0.16	0.11
对政府的政策做出解释	0.29	0.55	−0.66	−0.03	0.54
质疑并批评企业的言行	0.42	0.23	−0.17	0.89	0.24
质疑并批评社会团体的言行	0.37	0.15	−0.23	0.87	0.23
质疑并批评政府官员的言行	0.62	0.20	−0.15	0.75	0.08
提高群众的知识与文化水平	0.50	0.28	−0.16	0.34	0.76
帮助人民了解党和政府的政策	0.27	0.43	−0.50	−0.06	0.71
为民众提供娱乐和休闲	0.10	0.32	0.09	0.47	0.69
引导公众舆论	0.55	0.17	−0.34	−0.07	0.65
报道最大多数群众感兴趣的新闻	0.45	0.33	0.17	0.24	0.63

注:使用 eigen value=1 的标准,与 Oblimin 旋转计算方式,运算出 5 个因子,累计解释了 73.74% 的方差。

值得一提的是,与罗文辉、陈韬文等学者对普通从业者媒介角色认知的研究结果相比,调查记者媒介角色认知的因子分析结果呈现的差异主要有两点:一,"鼓吹民意"的因子中未包括"引导公众舆论";二,"解释政府政策"因子中未包括"帮助人民了解党和政府的政策"。实际上,"引导公众舆论"和"帮助人民了解党和政府的政策"恰好都体现的是宣传功能。调查记者对"宣传者"的角色认知普遍相对较弱,如同他们对"文化和娱乐"角色的认知一样,于是,恰好这两个被排除出"鼓吹民意"和"解释政府政策"因子的子项跟"文化和娱乐"因子归为一类。本研究中因子分析结果看似与之前的文献有所出入,但这种差异可以理解为一项新的发现。原因在于,之前对中国大陆记者媒介角色认知研究几乎都针对一般记者,对一般记者而言,娱乐与宣传是独立的两个概念维度。比如,党报记者相对重宣传,市场报、小报记者相对重娱乐;但就调查记者而言,"营利"与"宣传"都是较边缘的价值,与"倡导""记录""启蒙""对立"这四方面的理想价值相比,"营利"与"宣传"都是社会现实所附加给他们的要求。因此,调查记者媒介功能认知系统具有独特性,即,市场和政治的价值需求处于价值系统边缘,而启蒙、独立、记录则构成了他们的核心价值观。

结果显示(见表4),调查记者对五种媒介角色因子的认知排序中,最看重的是大众传媒的基础功能——信息传播,其次,比较看重的媒介角色因子是"鼓吹民意""解释政府政策"和"批评与质疑",最不看重的媒介角色是"满足受众和宣传引导"。可见,对调查记者来说,其对新闻报道社会功能的期待和自觉,是以记录和传播事实为"底色"的,这一点跟一般新闻从业者并无差别。但与一般从业者不同的是,调查记者除最重视信息传播角色(disseminator)之外,也非常重视 解释/调查角色(interpretive)和对立角色(adversarial),换言之,调查记者在"中立者"的基础上更具有"参与者"角色。这种媒介角色的典型特点,既跟调查报道常规的新闻实践特点相符合,也跟多数调查记者集体话语中的角色认知相一致。

表4 调查记者对五种媒介角色因子的认知

媒介角色	均值	标准差
鼓吹民意	6.92	1.98
信息传播	7.50	1.81
解释政府政策	6.77	1.64
批评与质疑	6.63	2.09
满足受众和宣传引导	5.46	1.62

我们对调查记者的新闻价值认知各子项进行因子分析(见表5),结果呈现了两个比较清晰的因子,可分别命名为"专业主导型"(professional journalism)和"市

场主导型"(market-driven journalism)。"专业主导型"因子包括：报道客观、保持公正、保持事实准确、挖掘深入、报道平衡5个子项，这些都体现了新闻专业主义所强调的报道规范；而"市场主导型"因子包括：报道有新意、写作引人入胜、得到独家报道3个因子，强调的都是新闻报道对读者和市场的迎合取向。

但是，关于新闻价值的10个子项中有2个未能清晰地被划归到任何一个因子里，其中，"报道要全面"未出现高因子负荷值，并且在"专业主导型"和"商业主导型"两个概念上因子负荷值差不多。同样"抢时效"也未出现高因子负荷值。因此，这两个子项从子项列表里被除去。其实，调查性报道往往注重挖掘"内幕"，因而较难兼顾"全面"；加之耗费的时间较长、精力较多，也不太重视"时效"，被排除出去的两个子项恰巧也是调查报道不那么重视的新闻价值。

表5 调查记者新闻价值认知因子分析与归类

新闻价值认知子项	专业主导型	商业主导型	未归类子项
报道客观	0.85	0.22	0.01
保持公正	0.84	0.26	−0.16
保持事实准确	0.79	0.34	0.02
挖掘更深入	0.65	0.47	0.12
报道要平衡	0.56	0.29	−0.55
报道有新意	0.20	0.85	−0.21
写作引人入胜	0.25	0.82	−0.08
得到独家报道	0.42	0.68	0.29
报道要全面	0.45	0.41	−0.56
抢时效	0.47	0.19	0.56

注：使用eigen value-1的标准，与Oblimin旋转计算方式，运算出3个因子，累计解释了63.68%的方差。

跟以往针对普通从业者的研究发现一样，调查记者的个人背景（人口变量）与其媒介角色认知之间几乎没有显著关系（见表6）。这说明个体因素对调查记者的媒介角色认知没有显著预测力，调查记者的媒介角色观和新闻价值观不因个体背景差异而不同。由此可见，调查记者群是一个在价值认同维度上高度一致的"职业共同体"。其中，唯一呈现显著关系的是调查报道经验和"满足受众和宣传引导"因子，即：调查记者从事调查报道的时间越长，越不认同新闻媒体的娱乐功能和宣传功能。

表6 调查记者媒介角色认知回归分析

调查记者的个人背景	鼓吹民意	信息传播	解释政府政策	批评与质疑	满足受众和宣传引导
收入	0.11	0.16	−0.13	0.12	−0.05
学历	−0.03	0.04	0.05	−0.11	−0.06
性别	0.04	0.13	−0.10	0.04	0.08
年龄	0.19	−0.14	0.03	0.14	−0.03
新闻专业	−0.12	−0.06	0.01	−0.08	0.11
事业编制	0.32	−0.08	−0.17	0.28	−0.28
公司编制	0.27	−0.06	−0.25	0.24	−0.37
新闻工作经验	−0.03	0.12	−0.19	−0.25	0.31
调查报道经验	−0.09	−0.02	0.23	0.11	−0.31*
继续从事调查记者的意愿	0.06	0.05	−0.02	0.04	0.07
R^2	0.06	0.05	0.06	0.05	0.08

注:表格内的数字为回归标准系数 beta,* $p<0.05$ ** $p<0.01$。表中的"事业编制""企业聘用"两个变量是由聘用方式这个类别变量生成的虚拟变量,两者的参照系均为第三个类别"兼职/特约记者或自由撰稿人"。

调查记者的个人背景(人口变量)与其对新闻价值的认知也没有任何显著关系,即他们对新闻价值的认知跟个人背景无关。由此进一步说明,调查记者群拥有相似的新闻价值观,他们对新闻判断的标准、对新闻理念的认知高度一致,在认知层面上具有鲜明的"价值共识"。

表7 调查记者新闻价值认知回归分析

调查记者的个人背景	专业主导型模型1	商业主导型模型2
收入	0.14	0.03
学历	−0.08	0.02
性别	−0.03	0.03
年龄	−0.01	−0.02
新闻专业	−0.04	−0.05
事业编制	−0.15	−0.38
公司编制	−0.20	−0.40
新闻工作经验	−0.07	0.15
调查报道经验	0.12	0.08
继续从事调查记者的意愿	0.04	0.02
R^2	0.04	0.06

注:表格内的数字为回归标准系数 beta,* $p<0.05$ ** $p<0.01$。表中的"事业编制""企业聘用"两个变量是由聘用方式这个类别变量生成的虚拟变量,两者的参照系均为第三个类别"兼职/特约记者或自由撰稿人"。

调查记者工作的所在地域差异，与其媒介角色认知之间有何关系？研究发现：

从媒介角色因子差异看，北京、广东、湖南、四川、浙江的记者都最重"信息传播"而最看轻"满足受众和宣传引导"角色；河南和上海的记者却最看重"鼓吹民意"，而最看轻"满足受众和宣传引导"角色。最看重"鼓吹民意"角色的是广东地区调查记者，比较不看重这点的是湖南地区调查记者。四川地区调查记者特别看重"信息传播"角色，而广东地区调查记者特别看重"批评与质疑"角色。

从区域差异看，北京和上海地区的记者在各项媒介角色的认知上比较中庸，处于全国的中等位置；广州地区的调查记者特别重"鼓吹民意"和"批评与质疑"；河南地区的记者看重"满足受众和宣传引导"；湖南地区的调查记者在"鼓吹民意""信息传播""解释政府政策"和"批评与质疑"上都获得了最低分；四川的调查记者相对看重"信息传播"和"解释政府政策"；浙江地区的记者相对比其他地区的记者更看轻"满足受众和宣传引导"的角色。

表8 调查记者所在地域差异与媒介角色认知的关系㉓

记者实际工作所在地及人数㉔	鼓吹民意	信息传播	解释政府政策	批评与质疑	满足受众和宣传引导
北京 N=82	6.90	7.83	6.98	6.64	5.15
广东 N=21	7.30	7.52	6.94	7.46	5.31
河南 N=20	7.23	7.02	6.53	6.82	5.98
湖南 N=12	5.98	6.75	5.69	5.56	4.95
上海 N=32	7.21	6.98	6.31	6.74	5.46
四川 N=12	6.69	8.58	7.00	7.03	5.38
浙江 N=13	6.75	7.67	6.36	6.51	4.85

罗文辉、陈韬文等学者认为㉕，研究香港、台湾和大陆从业者的媒介角色认知，最重要的贡献在于：采用社会层次的变量来预测新闻人员对媒介角色的认知。

在5个因子中，社会变量是预测其中四种角色的最有力变量（除"信息传播"这个媒介的基本功能之外）。而我们的研究，又将"社会层次"的变量由不同制度和地区（香港、台湾和大陆），细化到同个制度（大陆）内部的不同区域㉖，由此可以更加细致、深入地分析不同的媒介市场和新闻管制状态对从业者媒介角色认知的影响，这是本项研究的重要贡献，在以往从业者媒介角色认知的研究中未曾涉及。

具体分析来看，影响不同地区调查记者群的媒介角色认知差异的主要因素是新闻管制的状态和市场竞争的激烈程度,即政治控制和市场控制。比如,河南地区经济相对欠发达,新闻管制相对比较严格,因此,调查记者更强调媒介的文化娱乐及宣传功能;广州地区是大陆媒介市场竞争最激烈的地方,也被公认为言论相对自由、管制相对宽松的地区,因此调查记者的媒介角色更重"鼓吹民意"和"批评和质疑";上海地区的新闻管制也相对严格,不过,由于上海地区的调查记者仅次于北京(《财经》《南方周末》《瞭望东方周刊》等知名深度媒体在上海均设有较多人数规模的记者站),因此整体上调查记者依然重视"鼓吹民意",即通过舆论监督来推动社会进步;四川地区,也因为新闻管制相对严格,其调查记者(如《成都商报》等)更重视"信息传播"和"解释政府政策"的媒介角色。总体上看,不同区域政治控制的生态差异对调查记者群的媒介角色认知有明显的影响。

总体来看,所有地区的调查记者都是持重专业主导而轻商业主导理念,不过,不同区域的调查记者,其对新闻价值的认知亦有细微差异(最高最低打分区间在1左右)。比如,广州地区的调查记者更偏重"商业导向型"新闻价值观;而湖南的调查记者对"专业导向型"新闻价值观相对不偏重;四川的调查记者则对"专业导向型"新闻价值观偏重。总体上看,在广东、浙江和四川这些报业市场竞争相对激烈的地区,调查记者所在媒体的商业取向相对比较明显,受组织定位及其生产方式的影响,调查记者的媒介角色也相对偏重"商业导向型"。

表9 调查记者所在地域差异与新闻价值认知的关系[⑦]

记者实际工作所在地及人数[⑧]	专业主导型	商业主导型
北京 N=83	9.13	7.56
广东 N=23	8.90	7.90
河南 N=20	8.98	7.67
湖南 N=12	8.50	7.31
上海 N=32	8.88	7.11
四川 N=12	9.50	7.86
浙江 N=13	8.85	6.85

以往关于从业者的研究中,"媒介工业"(媒介类型)的变量主要考察广播、电视、报纸或杂志媒体从业者的媒介角色。而本项研究进一步根据市场/行政导向的差异,将媒介类型分成市场化都市报、市场化精英报、党报机关报和新闻杂志四类,

由此可以更加细致地分析不同取向的媒介对其记者媒介角色认知的影响,因此这也是本项研究的重要贡献。

研究发现,以不同媒介角色为出发点进行比较:市场化都市报、市场化精英报和新闻杂志都最看重媒介"信息传播"角色,最看轻媒介的"满足受众和宣传引导"角色。只有党报机关报最看重媒介的"鼓吹民意"角色,最看轻媒介的"满足受众和宣传引导"角色。

表10 媒介类型与媒介功能认知因子值的关系

调查记者媒介角色的五个因子	调查记者所在的媒介类型	调查记者数量	因子值
鼓吹民意	党报机关报	11	7.68
	市场化都市报	135	6.74
	市场化精英报	48	6.70
	新闻杂志	59	7.39
信息传播	党报机关报	11	7.33
	市场化都市报	135	7.40
	市场化精英报	48	7.50
	新闻杂志	59	7.77
解释政府政策	党报机关报	11	6.76
	市场化都市报	135	6.64
	市场化精英报	48	6.81
	新闻杂志	59	7.04
批评与质疑	党报机关报	11	6.81
	市场化都市报	135	6.41
	市场化精英报	48	6.42
	新闻杂志	59	7.27
满足受众和宣传引导	党报机关报	11	5.09
	市场化都市报	135	5.61
	市场化精英报	48	5.07
	新闻杂志	59	5.51

以不同媒介类型为出发点进行比较:党报机关报比起其他媒介类型的调查记者更偏重"鼓吹民意"的媒介角色,更看轻"满足受众和宣传引导"的媒介角色。根

据访谈和调研,其主要原因有二:一是党报机关报相比市场化报纸具有更高的行政级别和更丰富的行政资源,因此更有利于调查记者进行舆论监督、社会倡导,由此更偏向推动社会进步;二是党报机关报的绝大多数记者都相对偏向(或至少习惯于)宣传者角色,而其中的少数调查记者更显得相对"另类",他们能够选择和坚持做调查记者,多半基于对喉舌功能的不认同,因此比较轻"文化、娱乐和宣传"角色。

市场化都市报记者相对偏向"满足受众和宣传引导"的媒介角色,轻"鼓吹民意""解释政府政策"和"批评与质疑"的角色。其实,整体上各类报纸、杂志的调查记者都不太认同"满足受众和宣传引导"角色,但相比较而言,市场化都市报面临更激烈的市场竞争,其新闻生产的价值导向更偏向商业利益,因此其调查性报道更强调"故事性",强调对读者的吸引力和关注度,因此对"文化、娱乐"功能打分较其他类型媒体的调查记者要高。此外,市场化精英报的调查记者轻"鼓吹民意""解释政府政策""满足受众和宣传引导",其他因子则一般。

新闻杂志的调查记者重"信息传播""解释政府政策"和"批评与质疑"。据笔者观察,如《财经》《新世纪周刊》等新闻杂志的调查记者,具有跟《南方都市报》调查记者不同的气质,相对来说,前者比较精英、后者比较草根,前者强调相对理性的调查和缜密的分析,后者多采用相对热情的突围和充满关怀的揭黑。因此,新闻杂志的调查记者更加重视"批评和质疑"的媒介角色。此外,新闻杂志的调查报道相对来说题材比较多元,往往涉及时政、法治、财经等多个领域,因而对"解释政府政策"的角色也相对看重。

表11 调查记者所在媒介类型与新闻价值认知的关系

记者实际工作所在地及人数	专业主导型	商业主导型
党报机关报	9.25	8.24
市场化都市报	8.92	7.50
市场化精英报	9.15	7.50
新闻杂志	8.92	7.47

普遍而言,四类不同类型的媒介的调查记者都重视专业主导型的新闻价值认知(在8~10之间),而不看重商业主导型(在7~9之间)。媒介组织类别差异虽然存在,但差距很小,都在1以内。

五、结论与探讨

通过上述分析,我们大体可以得出以下结论:

首先,调查记者比一般的从业者更加看重"调查/分析者"和"监督者"的媒介角色,更看重通过舆论监督推动社会进步,但他们同时也很重视"信息传播"这个媒介的基本功能。可见较之上世纪 90 年代的"倡导者",当下中国的调查记者的确更偏向"中立者"角色,更注重在准确、客观、真实记录的基础上去监督和解释。"记录者"是这个职业群体的基本定位,而"参与者"是他们在"记录者"定位之上的更高层次的积极追求。

以往关于香港、澳门和台湾的从业者媒介角色的研究发现,"信息传播"是他们认为最重要的角色。而针对美国从业者的调查显示,"解释与调查"是美国从业者认为最重要的媒介角色。[⑧]本项调查发现,"分析与解释"(均值 7.72)是中国大陆调查记者认为最重要的角色,其次是"信息传播"和"舆论监督"。由此推论可知,中国调查记者的媒介角色观念跟美国从业者的媒介角色观念比较一致。

除去机构与地区差异,调查记者群在专业理念上具有相当高的"价值共识",形成了相对紧密的"职业共同体"。一方面,调查记者在新闻价值观上,非常看重真实、客观、准确等新闻专业主义的实践规范,可见他们在专业技术层面具有相对较高的自觉意识和操作水平;另一方面,除"信息传播"这个基本功能外,调查记者更看重"鼓吹民意""批评和监督",对"满足受众和宣传引导"看得较轻,可见他们拥有相对一致的媒介角色观和新闻价值观,在"价值共识"层面比较接近。

其次,本研究再次证明记者的个体因素对其媒介角色认知几乎没有显著的影响,但这项研究比较重要的贡献在于:发现区域差异(尤其是新闻管制状态的差异)和媒介类型差异(市场取向 v.s. 行政取向)对调查记者的媒介角色认知具有潜在影响,这将为今后从业者媒介角色的研究提供新的理论资源和研究参照。

以往关于美国从业者媒介角色影响因素的研究表明,人口变量、组织变量(主要是从业者的职业满意度)、媒介工业(即媒介类型,如广电媒介和报刊媒介)对从业者媒介角色认知的预测力非常有限。究其原因,罗文辉、陈韬文等学者将其解释为"可能是因为新闻人员对媒介角色的认知,深受政治、社会体制的影响,在同一国家、地区内的媒介,不仅享有的自由、所受的限制相同,新闻人员的教育方式、编采习惯、对新闻价值的判断也大体类似,因而对媒介角色的认知差异不大。"⑩而本项研究发现,即便在同一国家的媒介,尤其像中国大陆这样,疆域辽阔、地区政治文化和经济水平差异巨大、"中央—地方"权力结构充满互动张力,其国家内不同地区新闻从业者的媒介角色依然存在差异。比如,广州地区由于媒介竞争激烈、新闻管制相对宽松,同时又有长期坚持舆论监督传统的南方报业(如《南方周末》《南方都市报》),该地区调查记者的媒介角色偏向"批评与监督"。而在湖南、四川、河南等新闻管制相对较严格的地区,调查记者可能对舆论监督的期望值不高或由于长期新闻监管形成的"自我审查"(self-censorship),因而更偏向"解释政府政策""信息传播"或"满足受众和宣传引导"。造成这种差异的原因既可以是从业人员进入媒介组织受到自上而下耳濡目染的影响,也可以是新闻从业者的自我选择和新闻机构的过滤筛选。前一种机制是由机构至个人的因果影响,后一种机制是由个体的选择造成"适者生存"的生态效应。

此外,以往"媒介工业"(媒介类型)的变量,主要从广播、电视、报纸、通讯社等媒介技术介质划分的类型,来对其从业者媒介角色的差异进行比较,发现其对媒介角色认知的预测力不强。实际上,媒介形态只不过是传播的手段,所以其对媒介角色认知的预测力不强。而本项研究结合报刊的"介质"分类和偏市场/行政的"取向"分类,将研究对象分成党报机关报、市场化都市报、市场化精英报和新闻杂志四类,可以更加细致地探讨不同的媒介定位和组织文化对新闻从业者媒介角色认知的具体影响,这也是本项研究具有创新性的贡献之一。总体上看,党报机关报由于其权威地位和行政资源,调查记者更偏向通过舆论监督来推动社会进步的"鼓吹民意"角色。新闻杂志的调查记者相对偏向"信息传播""批评与质疑""解释政府政策"。以《财经》杂志为例,该刊原常务副主编王烁在访谈中就特别强调"以我为主"地做杂志。⑪市场化都市报和精英报的差别在于,前者大多数做的是社会新闻、法治新闻题材,整体风格无法脱离都市报通俗、煽情的报道风格,更注重迎合读者和市场需求,相对偏向文化娱乐角色,后者则相对偏向"信息传播"的客观报道角色。不过,需要强调的是,由于调查记者在不同媒介中都属于相对特殊的"少数群体",因此其媒介角色认知并不能代表所在媒介从业者总体的媒介角色观。

最后,罗文辉、陈韬文等在研究中指出,关于新闻从业者媒介角色认知的研究"除应继续探讨社会变量对媒介角色认知的影响外,还应探讨新闻事件的情境与新闻人员对媒介角色认知的关系"⑫。Hallin⑬曾将新闻事件分成合法争议

(legitimate controversy)、共识(consensus)和偏差(deviance)三种领域(spheres)，并认为媒介在合法争议领域应客观、平衡，在公示与偏差领域则可支持、鼓吹，或谴责、揭发。以此为参照，调查性报道的题材多关于"偏差"领域，因此，调查记者的媒介角色较之普通从业者相对偏向"调查/解释者"和"监督者"。

表 12 媒介类型与调查记者媒介角色因子差异

媒介类型	媒介角色因子（相对偏向）	媒介角色因子（相对不偏向）
新闻杂志	信息传播、批评与质疑、解释政府政策	无
党报机关报	鼓吹民意	信息传播、满足受众和宣传引导
市场化都市报	满足受众和宣传引导	鼓吹民意、解释政府政策、批评与质疑
市场化精英报	无	鼓吹民意、批评与质疑、满足受众和宣传引导

根据调查记者新闻实践的特点，调查报道涉及的新闻事件大体包括四类：(1)社会事件（如拆迁征地引发的抗争事件）；(2)法治时政事件（官员腐败、权力滥用等）；(3)财经事件（经济领域的犯罪和违规行为）；(4)其他专业领域事件（如环境污染、疾病传播等）。结合深度访谈的数据看，在社会事件、法治时政事件中，往往涉及官员滥用权力、弱者遭遇不公，调查记者更容易因其悲悯情怀和同情之心而相对偏向"批评和质疑"。在这一点上，比较典型的代表是上世纪 90 年代中后期《南方周末》的"黄金一代"，由于记者们多出生于底层、胸怀"铁肩担道义、妙手著文章"的参与者情怀、西方的新闻专业主义理念尚未真正产生影响，当时的调查记者做报道过程中比较偏向"批评和质疑"，一位调查记者事后曾用"暴力"和"民粹主义"反思那个阶段的问题。㉝而在财经事件和其他专业领域事件中，其对公众权利的伤害往往是比较隐性长期的，调查过程中也需要更多的专业知识背景和逻辑分析能力，因此，调查记者更偏向"鼓吹民意"和"解释政府政策"。当然，要准确概括出不同新闻事件中调查记者的媒介角色差异，还需要大量案例分析和质化研究，留待后续研究者深入探讨。

当下，研究中国调查记者的媒介角色不应忽视的一个重要影响因素是：技术，即以微博、博客、论坛等为代表的互联网技术对调查记者媒介角色的影响。其中，微博正在发生越来越明显的影响。有研究表明：使消息来源获取方式从线人爆料转向定制跟踪，使报道机制从记者主导、单次刊发转向公众参与、循环报道，使行业互动和协作从业内沟通转向公开互动。其中尤其需要警惕的是,"各种跟帖、投票、评论,使网络舆论以非常直接、即刻的方式影响着新闻从业者的情感、判断和倾向","若缺少业务甄别和专业支撑,网络舆论对新闻生产的负面影响很大"⑳。为此,有学者针对几起公共事件的调查报道分析发现,在汹涌的网络民意下,记者对客观、中立、平衡等新闻专业主义规范的追求受到了极大干扰㉑。因此,今后关于调查记者媒介角色研究,要特别引入互联网技术因素的影响分析。

注释:

① 本文中的"国内""中国"均指中国大陆地区。该项研究由香港城市大学资助,经费编号 SRG－7002540 和 CRG－9610225。项目负责人沈菲,项目合作人张志安。感谢全职研究助理黄缨杰小姐为本项目付出的辛勤劳动。

②⑫ Weaver, D. H. & Wilhoit, G. C. (1986): *The American Journalist*: *A Portrait of U. S. News People and Their Work*. Bloomington, IA: The Indiana University Press.

③⑪⑮⑰ 罗文辉、陈韬文等:《变迁中的大陆、香港、台湾新闻人员》,台北:巨流图书公司 2004 年版,第 159、165、188、177 页。

④ 周勇:《转型期的困境与压力——对中国新闻工作者心理焦虑的实证分析》,《国际新闻界》2009 年第 8 期。

⑤ 这项调查增加了 6 个选项,包括:(1)帮助民众了解党和政府的政策;(2)引导公众舆论;(3)帮助民众实行舆论监督;(4)成为民众喉舌;(5)推动社会改革;(6)声援社会弱势团体,其中(2)－(6)用来测量媒介的"鼓吹民意"角色,(1)－(2)和 Weaver 和 Wilhoit(1986)原来问卷中的"对复杂问题提供分析和解释""对正在发展的政策展开讨论"用来测量媒介对政府、政党的讨论与解释角色。详见《变迁中的大陆、香港、台湾新闻人员》第七章"媒介角色"一文的"三、研究方法"一节。

⑥ 主要指媒介机构类型,包括广播、电视、报纸、通讯社等,一般将广播与电视合并为广电媒介,将报纸和通讯社合并为印刷媒介。

⑦㉑ 张志安:《深度报道从业者的职业意识特征研究》,《现代传播》2008 年第 5 期。

⑧ 在我们联系的 334 位记者中,47 位谢绝填写问卷(以隐私考虑、时间压力等为由)或同意填写却最终未返回问卷,28 位记者被定为"非调查记者"(如在调查进行时不再从事调查报道或偶尔从事调查报道)。约 17% 的调查记者很快完成并返回问卷,约 27% 的调查记者被催促了 1～2 次后完成了问卷,约 55% 的调查记者在被催促了 3～5 次后完成问卷,可见他们的日常工作压力的确很大。总体上,平均每位调查记者花了 4 个星期填写及返回问卷(电子邮件方式)。最终,我们成功调查了 259 位调查记者,占符合调查记者标准的样本的 84.6%。我们对谢绝参加或未作回应的 47 位记者做了简单统计分析,发现这些缺失样本不会有系统性偏差,即:我们倾向于把缺失样本当作随机缺失处理,参加调查的 259 位记者具有很高的代表性。

⑨ 张志安、沈菲:《中国调查记者行业生态报告》,《现代传播》2011 年第 10 期。

⑩ 其中,"对立角色"包括质疑社会团体、质疑企业言行;质疑政府言行,"鼓吹民意"包括成为民众喉舌、推动社会改革、实行舆论监督、引导公众舆论、声援弱势团体,"资讯散布"包括依据事实报道、迅速提供信息、组织流言传播;"解释政府政策"包括解释政府政策、帮助了解政策、讨论发展政策、提供分析解释;"文化与娱乐"包括提供休闲娱乐、提升知识文化、报道感兴趣新闻。

⑬ 喻国明:《中国新闻工作者的职业意识与职业道德》,《新闻记者》1998 年第 3 期。

⑭ 陆晔:《新闻从业者媒介角色认知:兼论舆论监督的记者主体作用》,《中国青年政治学院学报》,2003年3月。

⑯ Johnstone, J. W. C. & Slawski, E. J. & Bowman, W. W.（1976）: *The News People: A Sociological Portrait of American Journalists and Their Work*. Urbana: University of Illinois Press.

⑱ Chin－Chuan lee（2004）: "The Conception of Chinese Journalists: Ideological Convergence and Contestation", *Perspectives: Working Papers in English & Communication*, 16 (1) Spring 2004.

⑲ 陆晔、潘忠党:《成名的想象:中国社会转型过程中新闻从业者的专业主义话语建构》,台湾《新闻学研究》2002年总第71期。

⑳ 这些研究成果主要包括:陈阳(2006):《当下中国记者职业角色的变迁轨迹——宣传者、参与者、营利者和观察者》,《国际新闻界》,第58－62页;陈力丹、江凌:《改革开放30年来记者角色认知的变迁》,《当代传播》2008年第6期。

㉒ 白红义:《从倡导到中立:当代中国调查记者的职业角色变迁》,《新闻记者》2012年第2期。

㉓ 因有的省份调查记者的数量小于10个,因此这些省份这项分析中被排除在外,因为人数过少的省份的均值易受个体影响。N指所在地的调查记者数量。

㉔ 指记者被派驻的分社、记者站地区,以省、直辖市、自治区为单位。

㉕ 参见罗文辉、陈韬文等:《变迁中的大陆、香港、台湾新闻人员》,台湾巨流图书公司2004年版。

㉖ 因有的省份调查记者的数量小于10个,因此这些省份这项分析中被排除在外,因为人数过少的省份的均值易受个体影响。N指所在地的调查记者数量。表11,同理。

㉗ 指记者被派驻的分社、记者站地区,以省、直辖市、自治区为单位。

㉘ 参见 Johnstone, J. W. C. & Slawski, E. J. & Bowman, W. W.（1976）: *The News People: A Sociological Portrait of American Journalists and Their Work*. Urbana: University of Illinois Press; Weaver, D. H. & Wilhoit, G. C. (1986): The American Journalist: A Portrait of U. S. News People and Their Work. Bloomington, IA: The Indiana University Press.

㉙ 罗文辉、陈韬文等:《变迁中的大陆、香港、台湾新闻人员》,台湾巨流图书公司2004年版,第204页。

㉚ 访谈对象:《财经》常务副主编王烁,北京。他在接受访谈时称:"我们报道的是我们认为读者应该看的东西,而不是完全听从市场发出的信号。并不是读者爱看什么我们就报什么,有一种启蒙、灌输的精英色彩。"

㉛ 罗文辉、陈韬文等:《变迁中的大陆、香港、台湾新闻人员》,台湾巨流图书公司2004年版,第206页。

㉜ 转引自罗文辉、陈韬文等:《变迁中的大陆、香港、台湾新闻人员》,台湾巨流图书公司2004年版。

㉝ 访谈对象:前《南方周末》调查记者、《新京报》原副总编辑迟宇宙,北京,2006年夏。迟在接受访谈时说:"《南方周末》当时传递的两个信息是很可怕的;第一是暴力,我们会在一起讨论,哪里又判死了几个,我们甚至不用'判',一般用'搞',然后津津乐道自己曾经面临过的危险,我相信这种危险实际是存在的,但没有描述出来的那么惊悚;第二是那种民粹主义的东西。暴力这一块,我当时很认真地反思过。"

㉞ 张志安:《新闻生产的变革:从组织化向社会化——以微博如何影响调查性报道为视角的研究》,《新闻记者》2011年第3期。

㉟ 白红义:《汹涌的网络民意对新闻专业主义的挑战——以近期几起公共事件报道为例》,《新闻记者》2011年第6期。

试析新中国成立初期宣传网的建立和撤销：
以党的组织力量为考察背景*

◆ 朱至刚

新中国成立初期，中共中央曾试图在专门的宣传部门之外，在全党、全国范围内建立宣传网。按照1951年1月1日颁布的《中共中央关于在全党建立对人民群众的宣传网的决定》（以下简称《决定》），每个党支部都必须设立宣传员，同时在党的各级领导机构设立报告员。①截止到1951年4月，仅东北、华东、华北、中南四个大区就已遴选出宣传员30多万人。②1952年底，宣传员已有393万，报告员也有7.5万。但高潮来得快，去得也快。就在1953年8月5日，应中南局、华北局、武汉市委宣传部的请示，中共中央决定撤销在机关和学校里的宣传员组织。③1958年3月31日，更下发《关于宣传网问题的通知》，授权各省市、自治区党委自行决定是否继续保留宣传网。④在党的组织史、宣传史上，宣传网究竟处在怎样的位置？它为后人留下了哪些经验、教训？在笔者有限的阅读范围内，此前已有多篇论文分别从社会政治化、社会动员的角度对此加以论述，对个中历程亦爬梳甚详。⑤然而，仍有三个问题需要考量。第一，同样在中央的统一领导下，各地区、各战线宣传网的建设状态是否呈现出明显的差异？第二，如果存在明显差异，主要是由什么原因造成的？第三，这样的差异又会对宣传网的运行绩效带来怎样的影响？这既是本文关注的问题，也是考察的线索。

宣传网完全是在中共中央的主导下，凭借党的组织力量来加以推行的。所谓组织力量，是在具体的时间、空间范围内，能直接动员、运用的力量总和。在新中国成立初期物质基础薄弱的情况下，大体上可以从党员的总人数、党员在总人口中的

---

* 原载于《现代传播》2012年第11期。

比例、基层组织的分布状况等指标,推定党在各个具体区域的组织力量强弱。也只有在认识到党的组织力量在不同时期、不同区域的变化趋势,才能看到宣传网实乃当时现实条件下的必然选择。

一

1951年5月,人民出版社汇集《人民日报》《东北日报》《解放日报》等党报此前的相关报道,出版了《怎样建立宣传网》和《东北区建立宣传网的经验》两本书。据两本书所录文章,参照同期各区域人口数量,可以统计出截至1951年4月,宣传员在所提及的各大区、省、市总人口中所占的比例(见表1)。⑥

从表1可以看:1. 同为当时社会、经济较发达区域,东北区和华东区,宣传员在社会人群中的分布比例相差很明显。在华东区内,皖南、苏北、山东这三个省级单位的比例高于华东区的平均值。但是正如华东局机关报《解放日报》所说,"皖南区,已有10000多人(但是还待整理)"⑧。2. 在华东区内部,全国最大的城市——上海,此时的比例是最低的。3. 在东北区内部,黑龙江省的比例最高,旅大仅次,都远高于东北区的全区比例,更高于全国比例。

表1

地区名称	宣传员总数	人口总数	宣传员占人口比例	排序
黑龙江	40000	5521581⑦	0.72%	1
旅大	4886	1054465	0.46%	2
皖南	13000	4046186	0.32%	3
东北区	117283	41367846	0.28%	4
苏北	30000	11632000	0.25%	5
山东	50000	39236077	0.12%	6
华东区	116000	108500000	0.106%	7
苏南	10000	20598587	0.04%	8
皖北	7800	20427507	0.038%	9
南京	300	1020000	0.003%	10
上海	1200	5351810	0.0022%	11

除了在总人口中的分布比例,在不同的地区,宣传员的政治面貌也有较大的差异。按照《决定》要求,宣传员应该是由党支部选择,上级党委批准的"党员、青年团

员和支部周围的人民群众中自愿在党的领导下担任宣传工作的劳动模范和其他革命积极分子担任。"⑨当时团员为数不多,党员在宣传员中所占的比例,也就成为最重要的衡量指标。⑩在前述两本书提及的单位个案中,有18个既提到宣传员数量,也说明了其中党员人数,它们的情况见表2。⑪

表 2

单位名称	宣传员总数	党员人数	党员所占比例	排序
河北临城东街	8	8	100%	1
河北安国县城关区光明街	21	20	95%	2
河北省晋县周家庄	20	15	75%	3
上海国棉九厂	65	38	59%	4
本溪煤矿厂部	100	55	55%	5
鞍山选矿厂	98	53	54%	6
沈阳机器一厂	22	11	50%	7
大连市	1824	880	48.2%	8
内蒙古昭盟巴左旗鄂堡后村	23	11	47.8%	9
西安厂矿企业	185	81	43.7%	10
苏北台北县七里灶村	19	7	36.8%	11
吉林蛟河县南岗村	72	25	34.7%	12
察哈尔省蔚县大巷村	34	10	29.4%	13
迪化市	230	65	28.2%	14
上海常熟区	18	4	22%	15
上海邑庙区	24	5	20.8%	16
上海老闸区	170	20	11.8%	17
广东鹤山镇南乡	9	0	0	18

除了这18个个案,另外还有3个没有同时列出这两项数据的单位也被提及。它们是:1. 东北铁路各地宣传员,拥有70%的党员,22%的团员,2%的劳模,其他积极分子6%。⑫2. 重庆朝天门码头,截至1951年3月有27人。⑬3. 截至1951年4月,南充县选出宣传员295人,"其中只有少数党团员;大多数是在抗美援朝、减租退押、土改革命中宣传工作的积极分子"。⑭

综合表1、表2情况可见,在宣传网的组建工作如火如荼的1951年上半年,无论在相对规模、宣传员的构成面貌,还是在运作绩效上,在各大区、省、市和单位之间,都存在着明显差异。以大区为单位,东北最好,华北次之,中南、西南、西北比较落后,华东内部情况不一。

二

那么,何以会出现这样明显的差异呢?不难看出,这跟该区域的解放时间先后,呈现明显的相关。具体而言,解放时间的先后、长短直接影响着诸如党的基层组织在当地的覆盖程度,基层党员的数量等衡量组织力量强弱的基本指标。根据《中国共产党组织资料史》等资料提供的数据,在上述提及的地区,1951年前后,党员数量、党员在总人口中的分布状态,大致如表3。

表3

	党员数量	人口总数	党员占人口比例	党员占全国党员的比例	人口占全国人口比例	党员比例/人口比例	排序
旅大	48792	1054465	4.6%	0.98%	0.22%	4.395822	1
河北	810000	28600179	2.8%	16.2%	6%	2.690543	2
苏北	304804	11632000	2.6%	6%	2.44%	2.489372	3
山东	754123	39236077	1.9%	15%	8.3%	1.825914	4
华东区	1200000⑮	108500000	1.1%	24%	22.8%	1.050691	5
上海	30000⑯	5351810	0.56%	0.6%	1.1%	0.53253	6
南京	4867	1020000	0.47%	0.09%	0.21%	0.453299	7
皖北	84590	20427507	0.41%	1.7%	4.3%	0.393394	8
皖南	13570	4046186	0.33%	0.27%	0.85%	0.318609	9
苏南	23378	20598587	0.11%	0.46%	4.37%	0.107819	10
西南区	30000⑰	72085000	0.04%	0.6%	15.2%	0.039537	11

对照表3和表1,可以清楚地看到,如果考虑到上海和南京都云集了大量的南下军政干部,在两表均列及的9个单位中,在"宣传员/总体人口数量"和"党员比例/人口比例"这两项指标里,两者的排序几乎完全相同。新解放区的组织力量明显偏弱,例如上海,1949年以前全市地下党员仅有8665人。⑱上海市委在1949年10月发出《关于准备发展党及部分候补党员缩短候补期的指示》,指出全市党员太少,而且分布在基层的仅占全市人口的千分之一点三,存在空白单位太多。⑲除了党员的数量和在总人口中的比例以外,党的最基层组织——党支部的数量和密度也是衡量党在社会中分布疏密的重要指标。1950年前后,上述区域

在这方面的情况可见表 4。

表 4

地区名称	人口总数	支部数量	每万人支部数	排序
旅大	1054465	2032	19.27044	1
河北	28600179	31173	10.89958	2
苏北	11632000	6325	5.437586	3
皖北	20427507	5368	2.627829	4
皖南	4046186	913	2.256446	5
南京	1020000	181	1.77451	6
山东	39236077	13508	1.244977	7
苏南	20598587	1492	0.724322	8

综上所述，新中国成立初期，在各区域党的已有组织力量分布存在明显差异的情况下，宣传网的完备程度，跟已有组织力量的强弱存在显著的关联。

三

按照《决定》所述，宣传网既要在数量上达到相当规模，对宣传员的质量也有较高要求。但是根据两本书的介绍，在1951年上半年，按照实际的运行状况，可将各区域单位分为以下四类：第一类是老解放区的城市和工矿，无论在规模还是宣传员的政治面貌、对社会的覆盖面上，基本足以胜任，在如旅大这样的老解放区城市那里，可谓游刃有余。第二类是新解放区的城市，它们必须全力以赴才能勉强将宣传网初步组建起来，而且为了在规定的时限内，达到规定的规模，对宣传员的质量也就只能灵活处理。这主要体现为对政治面貌的放宽。例如在上海，就将宣传员的入选条件放宽到"党和青年团的每个支部书记、支部委员和与人民群众经常有工作联系的党员和青年团员（例如工会干部、合作社干部、墙报编辑、文娱委员等），都应该担任宣传员"。㉒再如在西安，则把原本应当担任报告员的厂矿领导一并算上。再如《新华日报》（重庆）介绍重庆朝天门码头时，其说法是"家庭成分和个人成分都很好"，不难看出，是对既有的政治面貌，做了虚化处理。㉓第三类是老解放区的农村，虽然党员数量可观，但是由于其普遍文化程度较低，对文化水准的实际要求也就只能降低标准。例如在内蒙古昭盟巴左旗鄂堡后村选出的23名宣传员中"只有

5名是文盲"。㉒再如绥化东北一村，一共34名宣传员，其中有18名中共党员，两名村干部，这20个人有5个是在群众中没有威信，没有宣传能力的，另外有14个非党员的宣传员，这14个人中，有3个不够条件，两个是要钱鬼，两个是不大劳动的二流子，两个虽然能说会道，但是他们是群众十分讨厌的人，还有5个是没有能力的所谓好老实人。㉓第四类地区是新解放区的农村，此前基本是党基层组织的空白区，宣传网的组建相当艰难，前述广东鹤山镇南乡村就是典型。

即便组织力量较为充裕，要将其有效动员和调用，也需要时间。然而在《决定》中却只给了半年时间，有些过于急迫。相当多的地区和单位也只能匆匆上马。例如鞍山某厂把别的宣传组织的所有人都一律选拔为宣传员，把现场工会读报组、行政安全检查组全部成员也拉了进来，一下子就成立了255人的宣传网。㉔再如纳河七个县委讨论、通过建立宣传网工作计划时，竟有四个县委未看过这一计划，只能是马马虎虎地通过了。㉕通化柳河县委发展宣传员办法更简单，1月10日下通知，要各区在1月15日把宣传员登记完毕，某区在支书联席会上就登记了290名宣传员。㉖开通县二区组织委员在一个村搞试点，一下子就发展了32名宣传员，其中有10名小学生；该区二村支部的几个支委，在炕头上一合计就发展了38名。㉗

这里引用《怎样建立宣传网》所收《中共黑龙江省委是怎样执行中央建立宣传网决定的？》(《人民日报》1951年4月17日)的原话，就能很直观地说明时限的紧迫，给组建的宣传网带来了怎样的质量问题。"截至1951年4月，黑龙江省已经有81%的支部建立了宣传网。据22个县、1市、1个党委的统计，能经常起到作用的宣传员有4820名，占全部宣传员的17.1%；第二类质量较好，挑选手续也合乎中央规定，但因领导力不强，他们对群众的宣传时断时续，布置一个任务宣传一阵，过去就拉倒，有18711名，占全部宣传员的66.8%；第三类是不合乎中央规定标准的宣传员，其中还可以分成两类，一种是在群众中没有威信，或是品质不良的二流子，或是政治面貌不清和政治上有问题者；一种不是由党的支部委员会审查通过，而是在人民代表会议或群众大会上选举或推选的。因此，这些地区的宣传员中没有干部，也很少有党员和团员，绝大部分是群众。上述一类共有4524名，占全部宣传员的16.1%。"㉘在所有被正面提及的省级单位中，这一时段以皖南的组建、运作绩效最差。"皖南农村的宣传员，大部分是由土地改革工作组在土地改革工作中发展起来的，在工作过程中是由工作组领导，因此当土地改革工作组走了以后，当地支部和区委就不能抓紧领导，所以有的已经垮台。而在城市、工厂、团体中的宣传员一般

也不是由党的组织来建立和领导的,而是由各团体组织起来的,所以领导系统很乱,工作内容也不一致。"㉙

既然宣传网组建的规模、质量都参差不齐,运作的绩效也就山高水低。就大区而言,东北的业绩最为突出,在抗美援朝运动中,工作好的地方,百分之五十到六十的居民,都受到了宣传员的宣传。㉚但就在该区内部,也很不均衡。

《东北区建设宣传网的经验》列举了17位(组)业绩斐然的楷模,他们的基本情况见表5。㉛

表 5

姓名	地点	单位	身份
赵国有	沈阳	机器三厂	工人
孟泰	鞍山	钢铁公司	
张子当	抚顺		参加全国劳模代表会议
臧基有	鞍山	选矿厂	
杨春华	鸡西	煤矿厂	
许成林	肇东九区	太平山村	
杜溶洁	新民	刘家村	党支部书记
崔雅君	新民	营防村	妇女主任
于江	松江汤原县	大桥村	复员军人、副村长
金凤	大连中山区	友好广场坊	妇女主任
刘学诗	黑龙江安广县		机关干部
许宝珊、吴维帮	辽东岫岩香炉区	区联社	正、副经理
许铣民	鹤岗	煤矿厂	报告员
郭淑琴	哈尔滨市	毛织厂	
何国钊	鞍山	选矿厂选矿车间	技术员
王维盛	辽东营口	商家台村	农民(自己不识字,让别人代写黑板报)
马德廉	辽东岫岩洋河区	朱家窑村	东北第一届宣传员代表会议代表

从数量分布上看,厂矿、城市的宣传员工作业绩要明显优于乡村,而且在上表所列的6名农村模范中,至少有4人明确表示属于乡村中的干部,算是组织体制下的精英。

在宣传网组建状况较好的地区,宣传、动员工作普遍取得了更好的业绩。例如鞍山选矿厂,在开展宣传员工作以后,1950年10月、11月相继超额16.4%、33.8%完成生产任务。㉜但这仅是引入了宣传网这种"制度嵌入"吗?这样的推论未免忽略了宣传网本身既是动员社会、调集资源的手段,也是资源的投入单位,它的筹组和运作,都必须有赖于既有资源的支撑。例如大连两周内组织19000人听报告,沈

阳组织10多万人听报告,但这还是得依靠原有的党、政、工、青四大机构。㉝

四

以上情况是否说明宣传网只是不甚成熟的尝试,还是必须考虑到具体的历史情境?在当时,它是否是全社会范围内,迅速进行意识形态宣传、进而动员社会的唯一可行选择?如果不采用这种方式,是否又有其他更为高效的,而且可行的选择?从理论上讲,跟群众性的、兼职性的宣传网最具有相互替代性的是部门化的、专业化的宣传机构。然而在当时,各级党委的宣传部门却非常薄弱。直到1950年3月,中宣部才开始设立5处1室(秘书处、干部处、编译处、政治教育处、时事宣传处、教育研究室等),总编制131人,1950年底才增加到200人。㉞

截止到1951年2月,各中央局和中央分局的宣传部,除东北、华南稍多以外,一般只有20多人,西南局宣传部只有10余人,新疆分局宣传部除部长以外,再无其他工作人员。在更往下的行政级别,情况更为严重。西南和中南有些地委,甚至就没有设立宣传部。从前面各表中提及的情况可知,此时的河北省,已经算是组织较为健全,组织力量较强的地区。即便如此,在邢台地委所属的16个县中,依然有6个县没有宣传部长。至于组织力量本来就偏弱的川南地区,35个县里,仅有5个县设有这一职位。㉟在这种情况下,主要由非专业,也非专任人士组成的宣传网,虽然运行绩效参差不齐,却毕竟有胜于无。

自然,组织力量本身也在随着时间和形势发生变化。在中国共产党成为执政党以后,在党员数量、基层组织数量快速增长的同时,他们的空间和社会分布也逐渐从不甚均衡走向基本均衡。大致而言,体现为以下三个方面:第一,新解放区的党员数量、党员在全体人口中比例的增长幅度明显高于全国平均水平。㊱以上海为例,到了1955年底,全市已有党员12万人,1956年底更达到18万多。六年之间就增长了六倍。㊲第二,城市党员在党员中的比例明显上升,而且全国城市的水准基本相当。㊳第三,知识分子党员的增长幅度明显快于全体党员的增长幅度。可以说,在1956年社会主义改造完成以后,所谓"老解放区"和"新解放区",在组织力量上的差距已经大大缩小,而且这种变化还是建立在老解放区的组织力量也有相当增长的基础上。同时期,团员的数量也出现了迅猛的增加。㊴

党组织力量的全面、大幅增长和分布状态的均衡化,给宣传网带来的影响是双方面的。一方面,它为宣传员的数量、质量、社会—空间分布的提升创造了广大的上升空间。截至1952年底,全国宣传员已达到393万人。但是另一方面,党组织力量的增长又为各个专业部门的设立、充实提供了基础条件,其中自然包括宣传部门。例如中宣部,从1951年11月开始,进行大幅加强,设立理论宣传处、政治教育处、时事宣传处、国际宣传处等17个处室。从1953年11月开始,正式分管全党的文教系统干部。1954年,5个中央局同时撤销,该级机构的宣传人员,或是上调到中央,或是分配到地方。截止到1954年年底,中宣部已经有编制内人员377人,其中干部292人;1956年7月,再调整到9处1室,编制进一步增加到437人。[40]较之1950年底,已有了成倍的增长。

在这种情形下,宣传网无论在党组织的内部体系,还是在面向社会方面,其地位都显得颇为尴尬。时任中宣部部长的陆定一1956年3月的评点颇中要害:"宣传网在党团工会外另立系统,经常汇报,实际上是占了工作时间,添了忙乱,反而使宣传员没有可能利用时间去向工人做宣传工作。其实,党委宣传部要了解思想情况,经过党、团、工会、行政等系统就已经够了,用不着直接听宣传员一个个来汇报,至于宣传员,不是团员,就是党员或是工会会员,用不着另外再有一套独立组织。以前工厂里没有党的组织,搞一批宣传员还有些道理可说,现在已经没有这个单独组织的必要。"[41]随着各级宣传部门权责范围的进一步扩展,宣传网也就更是徒具形式了。[42]中共中央在1958年授权各省市区委自行决定是否还要保留宣传网,实际上就是从制度的层面将其撤销了。从某种意义上说,宣传网也算是作为救时之策,完成了自己的历史使命。

结　语

综上所述,从历史的维度来看,在宣传网建立、撤销的具体过程中,党组织力量的状态和变化始终是起到决定性作用的,是结构性的因素。同时期的、既有的组织力量的状态决定着它可能达到的规模、水准,以及它是否是具体情境下的最优选择。透过这一案例,亦可看到,即使是出于良好而现实的意愿,推行的政策又确为当前所必需、所必选,也要充分考虑到当下的组织力量是否能够充分胜任,还要充分考虑到其在各地区、各领域内的具体差异。

注释：

①⑨ 《中共中央关于在全党建立对人民群众的宣传网的决定》，《人民日报》1951年1月1日。

②⑥⑧⑪⑬⑭⑳㉑㉒㉓㉔㉕㉖㉗㉘㉙㉜㉝ 人民出版社编辑部：《怎样建立宣传网》，人民出版社1951年版，前言页，第11、12、14、22、85、101、109、112、111、12、97、106、112、143、156、159、161、163、184、201、193、197、97、193、189、31、23、21、21、21、25、111、37、17页。

③④㉟㊶ 中央宣传部办公厅编：《党的宣传工作文件选编(1949－1966)》，中共中央党校出版社1994年版，第140、356、70、356页。

⑤ 参见王炎：《新中国历史上的宣传网制度》，《中共党史资料》2007年第3期；王炎：《新中国宣传网制度的建立及其历史经验》，《北京党史》2004年第2期；宋黎明：《中国共产党的政治传播机制研究》，中共中央党校博士论文；侯松涛：《抗美援朝运动中的社会动员》，中共中央党校博士论文。另外，唐海江、朱习文在《新中国建立初期湖南建设"宣传网"的历史考察》《中共党史研究》2011年第11期）中，刘少华在《建国初期中共建立宣传网初探——以南京地区为中心》[《安庆师范学院学报（社会科学版）》2011年第8期]中，分别依据档案和报纸文章，对湖南、南京宣传网的建立过程、运作模式做了个案研究。

⑦ 这里的黑龙江省是指1954年和原松江省合并以前的省级单位，省会在齐齐哈尔市。建国初期，出于开展工作的便利，曾在1949年至1952年，在安徽省分设以合肥为中心的皖北行署区、以徽州（后迁芜湖）为中心的皖南行署区；在江苏省分设以泰州（后迁扬州）为中心的苏北行署区、以无锡为中心的苏南行署区，南京市、旅大市当时为直辖市，它们的行政级别都与省相等。

⑩ 团的组织是直到1949年4月中国新民主主义青年团一大召开以后，才正式重建。当时全国团员仅有19万人，该数据来自《中国共产党组织资料史》附卷Ⅳ，《中华人民共和国群众团体组织(1949.10～1997.9)》，中央党校出版社2005年版，第19页。

⑫㉚㉛ 富振声：《东北区建立宣传网的经验》，人民出版社1951年版，第12页，第15、29－48页。

⑮ 这是根据《过渡时期和社会主义建设时期(1949.10－1966.5)》，《中国共产党组织资料史》第五卷，中共党史出版社2005年版所记载该区各省级单位党员数量，加总算出来的数字。华东大区也包括山东省在内。

⑯ 据《过渡时期和社会主义建设时期(1949.10－1966.5)》，《中国共产党组织资料史》第五卷，中共党史出版社2005年版，第413页。上海全市1952～1955.6年发展8.7万人，1956年当年发展61297人，1956年年底为18万多人。也就是说1952年只有3万人左右，而且还包括了相当部分的南下干部，他们一般在做高中层工作。

⑰ 据马儒沛：《邓小平主政大西南期间对党的建设的探索与实践》，《中共党史研究》2004年第6期。解放初期，西南有人口7000万，工人总数160万，产业工人30万，但刚解放时党员只有3万人（部队的党员和西南地下党组织的党员除外），而且大多数集中在领导机关，众多的工矿企事业单位没有党支部，甚至有的厂矿、单位没有一个党员。

⑱ 参见《上海通志》中第四卷"中国共产党"下第二章"中共地方组织"中第五节"直辖组织、基层组织、党员"，http://www.shtong.gov.cn/node2/node2247/node4568/node79139/node79145/userobject1ai103320.html。

⑲㊲㊴㊵ 《过渡时期和社会主义建设时期(1949.10－1966.5)》，《中国共产党组织资料史》第五卷，中共党史出版社2005年版，第413、62、413、63页。

㊱ 截止到1956年6月底，全国共有党员1073.4万，比1950年7月增长1倍。同时期，本文所提到的各个省级单位的增长情况分别是：黑龙江（含原黑龙江省和松江省）从16.2万增长到21万；河北（含河北、热河和察哈尔部分地区）从91万增长121万；山东从75.4万增长到110万；上海从3万

增长到18万;江苏(含1952年以前的苏南、苏北、南京)从34万增长到68万;安徽(含原皖北和皖南)从9.8万增长到27.2万;西南地区(含四川、云南、贵州三省)从3万增长到98万。除此以外,浙江从5.19万增长到28.7万;福建从3357增长到16万;湖北从3.1万增长到26.5万;湖南从2.1万增长到24.5万。由此可见,新解放区的党员增长幅度远大于老解放区。

㊳ 截至1956年6月底,在全国1073.4万党员中,共有知识分子党员125.5万人,已经占到党员总数的11.7%。另外,230万团员中的大多数也是在校大中专学生,在当时自然可以算是知识分子。

㊴ 1957年5月,中国新民主主义青年团三大召开时,全国团员总数已增至230万人,参见《中华人民共和国群众团体组织(1949.10-1997.9)》,《中国共产党组织资料史》附卷IV,中央党校出版社2005年版,第21页。

㊷ 陆定一:《陆定一文集》,人民出版社1992年版,第491~492页。

江西苏区口语广播探究*

◆ 赵玉明　庞　亮

2002年,江西瑞金红色收藏研究者严帆同志率先发表《新中国广播通讯事业的前身——中华苏维埃共和国红色中华新闻台历史考证》(以下简称严文,载江西《红土魂》2002年创刊号),内称:"苏区时期在苏区创办的红色中华新闻台,是我国最早的红色广播电台机构,也是新中国中央人民广播电台的前身。"其后,同年5月,江西省广电局组织"瑞金是中国人民广播事业发源地"论证组,经过严密考察论证,认定"瑞金是中国人民广播事业的发源地"。在瑞金创建的中华苏维埃共和国红色中华新闻台(以下简称红中台)是延安新华广播电台的前身,并发表了《调研报告》(刊于《江西广播电视年鉴》2003年版)。据《调研报告》称,同年8月,国家广电总局联合调查组参观考察了红中台遗址,查阅了有关史料,访问了有关人员,该报告最后说:"联合调查组在瑞金结束调查时认为:一、苏区时期已有了广播雏形,这一点可以确定。二、在瑞金修建爱国主义教育基地基本可行。三、改写人民广播开始的历史尚需进一步论证、核实。"其后,严帆称,作为"国家广电部(应为总局)项目",他于2004年6月完成了红中台旧址及陈列设计方案。2006年10月,红中台旧址及陈列馆揭幕开展(以下简称陈列展)。此前,2005年12月,赣州人民广播电台刘卫国、刘照龙在《中国广播》发表《苏区时期的人民广播事业》(以下简称刘文),宣称国家广电总局和中央党史研究室组成的考察组,"经过科学考证,初步认定中华苏维埃共和国下属的红色中华新闻台是中央人民广播电台的前身。1931年11月7日是中华苏维埃共和国红色中华新闻台开播纪念日,瑞金是中国人民广播事

---

* 原载于《现代传播》2013年第1期。

业的发源地,这一认定,把中国人民广播事业的历史推前了9年。"2009年9月,严帆将其1991年出版的《中央革命根据地新闻出版史》增补为《中央苏区新闻出版印刷发行史》(以下简称严书),由中国社会科学出版社出版,书中不但论证瑞金已有"广播设备的存在"(该书第80—82页,指有线广播设备及喇叭),而且"已经有了无线电播音"(该书第80页)。

上述文章发表及陈列馆开展后,引起了不同的反应,争论焦点集中在两个问题上:

一是,江西苏区有文字广播这是公认的,但是否有口语广播包括有线广播和无线广播则存在分歧,这是一个需要进一步探讨的事实问题。

二是,江西苏区如确有口语广播,将红中台作为延安新华广播电台的前身,也即中央人民广播电台的前身,将瑞金作为中国人民广播事业的发源地,笔者不持异议。但如江西苏区没有口语广播,可否将红中台的文字广播视为延安台、中央台(口语广播)的前身,将瑞金作为中国人民(口语)广播事业的发源地?这是一个认识问题,可以各持己见。

江西苏区究竟有没有办起口语广播呢?严帆及江西有关同志论证江西苏区存在口语广播时提出了三类主要证据:第一类为口述记录和回忆文章;第二类为有关文物及公章;第三类为有关书报的记载。兹将上述三类主要证据引述如下,并提出笔者浅见,向关注此事的同志请教。

一

根据严帆及有关同志的论述,第一类属口述记录的有两份材料。第一份是2002年发表的严文中最早披露的1984年6月12日访问杨九庆老人的记录,内容为1932年春红中台在叶坪村的情况,约100多字,但未注明是何人访问的。2005年,刘文中也用了杨九庆上述的回忆,约100字。第二份是该文披露的访问84岁的李永福老人的回忆,内容为1933年春红中台在沙洲坝的情况,约300字,但未注明何人在何时访问的。2009年出版的严书中先引用了上述杨九庆的回忆,内容同上,但注明杨已故。后又引用了访问李永福的回忆,自称81岁,但未注明是何人何时访问的,从书中上下文连接看,似乎是国家广电总局调查组于2002年8月22日访问时说的,约900多字。2003年发表的《调研报告》中有杨九庆的回忆内容,但提到访问李永福之事，不知何故却只字未引李的回忆内容。两位老人回忆的共同之处是，当时苏区有口语广播，听到了广播喇叭播音，给人的印象是似乎有有线广播。

但严帆等同志引述的当年红中台负责人和工作人员如刘寅、曾三、岳夏和李力等人的回忆中对上述两位老人说的热热闹闹的口语广播之事却只字未提，相反倒是告知人们另一方面的信息。

刘寅说：1931年11月7日，"苏区首次播发新闻的广播电台，仍然是公秉藩送来的那部机器"。这里的"那部机器"是指缴获的公秉藩部的100瓦收发报机，这显然是指文字广播，而非口语广播。岳夏的回忆中说："当时新闻台的报务员很少……我们两人负责抄收和监听，每人每天要坚持工作十一二个小时以上。"从中可知他俩只管收听，连发电报都不管，又怎么能说有口语广播呢？他的回忆与前述李永福老人的回忆几乎都是1933年春红中台在沙洲坝的情景。哪一个更接近真实情况呢？曾三的回忆也只是说抄收苏区之外的明码新闻，并"对外发出新闻稿件"，至于李力的回忆只说他在通信学校学习发电报业务的情况，连正式工作之事都没有提到。我们再翻阅80年代前后的回忆录或有关著作，对这一点的表述就更清楚了。如1979年12月21日，被严书中称为红中台分管领导人的任质斌在回忆30年代苏区之事时就说，"苏区的对外广播，不是口语而是发电报"（引自丁淦林、苏潘《任质斌谈〈红色中华〉》，载《新闻大学》1981年第1期）。1998年8月出版的鲁之玉等著的《王诤传》中更明确地说，1931年11月"中国共产党第一个文字新闻广播电台就此宣告诞生了"（见该书第24页）。

笔者查阅了已收集到的被严帆称为红中台三位台长的王诤、刘寅和岳夏，也可以说是办广播负责人的多种回忆文章和有关他们的文集、传记，其中都没有他们三人办口语广播的回忆和记载。难道王诤等人认为办口语广播之事在他们的回忆录中都不值得一提吗？严帆等同志是不是认为他们的回忆都不可信，为什么却对两个80多岁的老人回忆70年前10岁左右经历的往事那么深信不疑呢？

二

第二类证据涉及的是与红中台有关的三件文物及三枚公章。

严帆等同志论证红中台开办口语广播的主要证据是三件文物。红中台陈列馆中展出了这三件文物的影印件。其中,第一件是1933年未标月日的红中台用稿通知单;第二件是1933年10月7日邮政总局发出的第36号通知;第三件是1933年12月20日红中台给中共苏区中央局宣传部的报告。

众所周知,文物不同于一般的历史资料,特别是革命文物由于其强烈的政治性、严肃性,更应慎重对待,不容丝毫马虎,否则后果不堪设想。

从江西有关同志的文章中可知,最早知道上述三件文物的是严帆。他在严文中说到,第一件文物是"2001年6月间在瑞金发现的",第二件、第三件文物在文中均未提及是何时发现的,但在文末注明上述三件文物"系民间流散文物,现分别由福建长汀县、龙岩市、瑞金市某收藏家收藏"。那么,这三件文物原件究系何人收藏,现在何处呢? 2004年4月21日,笔者在参观红中台陈列馆后曾向严帆询问,他的回答是,按照收藏惯例,这是保密的,不便告知。据刘卫国等人《苏区时期的人民广播事业》一文称,2002年8月,国家广电总局"考察组一行目睹了这份珍贵的文物",即指上述第一件文物,这是否为原件未作说明。现陈列展出说明中却称"此文物原件下落不明"。我也曾询问陪同参观的瑞金的同志,为什么不把这三件文物买下来,回答大意是每件要3万元,无力购买。

从严帆及江西同志有关文章的考证和论述中可知,上述三件文物是证明瑞金有口语广播的最重要的证据。从展出来讲,可谓是"镇馆之宝",但令人费解的是,恰恰是这三件文物,来无影,去无踪,不免令人生疑。

笔者未从事过文物收藏,但也略有一点有关收藏的常识。现略述一二,以供研究红中台问题时参考。对于文物,首要的是辨别真伪,真金不怕火炼,但必须是以原件为准,影印件、复制件均无文物价值。以纸质文物来说,第一,所用纸张是否为上世纪30年代苏区所制之纸抑是来自国统区之纸;第二,原件是手写还是打字铅印,如系油印,其油墨着色如何? 第三,所用印章是否符合规定? 1933年的文物,2001年后才陆续发现,前后相距近70年之久,从保存上来说可能会有什么变化?

其次,要弄清楚文物的收藏源流,从何而来? 最早的收藏者系何人? 发现于何地? 如何到收藏者手中的? 严帆是从三个不同地方的收藏者手中见到的呢,还是他们分别送上门的呢?

第三,上述三件文物,可谓"镇馆之宝",但又为何不买下来永久珍藏和展出呢? 说没有钱,恐怕难以置信。国家广电总局为修复旧址和展出陈列拨专款300多万元,区区几万元购买费竟然拨不出来么? 瑞金市、赣州市和江西广电局那么热衷于考证、恢复旧址、开办展览,为什么舍不得拿出几万元钱呢?

第四,陈列中的三件文物的影印件,是何人经手办理的,费用是多少?从何处影印的?如不保密,也望公开。

第五,在无法鉴别真伪的情况下,我们姑且认为它们都是真品,下面只能在文物表述的文字内容做一番研究和探讨了。

第一件文物是用稿通知单,单内称"你的稿件——已经在红色中华新闻台《赤都新闻》《红色中华》栏目中采用播出",请注意,这里用的是"栏目"两字。而严文和其他同志据此进一步探讨时,则解释为"新闻台已经开设了《赤都新闻》和《红色中华》等专题节目"或"《赤都新闻》《红色中华》等新闻和专题节目,有了比较规范的节目设置"。"栏目"与"节目",虽一字之别,但有所不同。民国以来,通常报刊上某类专题稿件称之为"栏目",而广播中用"节目"一词。直到上世纪80年代,中央人民广播电台还办有《广播节目报》,当时某个广播节目内的小专题有时则称之为"栏目"。

第二件文物是邮政总局1933年10月发出的第36号通知,既称"第36号通知",想必在此前后尚有几十号通知,不知是否发现,以便作比较研究。此件文物标注为"中华苏维埃共和国邮政总局通知",严文引用时也作同样表述,但从展出的文物复制品照片中的落款处,不知何故,却为"中华苏维埃共和国内务人民委员部邮政管理局"的长条形印章。而据《通信兵大事记》记载,邮政总局于1932年4月成立,难道成立一年半时尚无公章吗?

第三件文物是红中台1933年12月20日给中共苏区中央局的报告。"报告"中称,红中台"第36次编务会议研究,决定……"红中台既然在1933年12月召开了第36次编务会议,这说明如果红中台是1931年11月成立的,那么可以说不到两年就召开了30多次编务会议,平均两个月开三次编务会议,那么这些会是何人主持召开的,参加者都是哪些人呢?按照展出陈列和严帆书中称,红中台有三任台长,即王净、刘寅和岳夏(罗若遐),但我反复阅读了三个人的回忆文章,都没有主持过编务会议的记载,如果台长不主持,那又是何人主持呢?此外,既然称"编务会议",至少应有两三个编辑参加吧,那么这两三个人是谁呢?其间若有工作调动,两年中前后至少累计可有六七个人吧,这六七个人又是何人呢?为什么找不到有关编务会议主持者和参加者的史料呢?

又,此件文物中称"拟在瑞金增设喇叭扩音器材","拟……增设"的含意即原来没有,现在要打算"增设"。但严文据此却推论出,这个文件表明红中台"有一定的广播和发报器材",刘卫国等文并进而推论文物中称的"播报室",即"如今的播音室,并拥有扩音机、喇叭等播音器材,这是口语广播的必备条件,也就是说,在这以前就有了口语广播"。这三件文物皆为1933年产生,据岳夏回忆,他是1933年5月到新闻台工作,半年左右离开,当时只有两个人做抄收电报工作,并不像刘卫国文章所说"在这以前就有了口语广播"。刘的推论可信度如何,尚待推敲。

对上述三件文物,严文中曾说三件文物分别由三个地方的人收藏,2008年4月,笔者在参观陈列馆时,严又说起第一件文物用稿通知单是原件,一年半没拨下钱来,人家三万元卖了。又说两件(第一件、第二件)是同一个人保存的,一件三万,两件六万。究竟谁卖给谁,如何卖的,他未作说明。据严书称,2002年8月,国家广电总局联合调查组曾对三件文物"进行了当场鉴定,认为属实,并录像拍照回去备存(当时由于价格高而未购买,后又拖延一年之久,导致流落民间,下落不明)。"对这三件文物"当场"就能"鉴定"真伪了么?这么说来文物鉴定也太容易了。究竟是当场"看到了"还是"鉴定"了,只能请调查组说明。再者,既然"后又拖延一年之久"(大约2003年)原件已"下落不明",那么2004年筹办陈列展览时又根据什么制作的"影印件"呢?展出陈列说明中称其中一件"下落不明",现在三件都"下落不明"了。前后说法不一,令人难解。

又,前述刘卫国等文章中说调查组只"目睹了"一件文物,而严书却说当场"鉴定"了三件文物,到底是怎么回事呢?

对这三件文物,严帆在2002年第一篇文章中作为重要论据加以引用,以证明当年红中台口语广播的存在及其作用,此后并被江西广播局的调研报告及刘卫国等人的文章所反复引用,又作为严设计的陈列馆中的重要证据展出。但在2009年出版的严书中却轻描淡写地说,"正是因原件未得,故本书不将其作为佐证,此几件文物亦是间接证据"(原文如此——引者注),这里严书再也不把它们作为中央苏区有口语广播的重要证据加以论述了。那么,展出这三件文物的价值和意义究竟何在呢?

又,红中台陈列馆中展出了三枚印章,其中第一枚为圆形,中间图案虽不太清晰,但隐约可见有五角星、麦穗、地球、镰锤等图像,周边字样为"中华苏维埃共和国红色中华新闻台"。第二枚为椭圆形,周边及中间字样为"中华苏维埃共和国红色中华新闻台编辑部"。第三枚为长方形,字样同第二枚。展出说明中称,这三枚印章系"根据文物照片复制的"。

从展出的文物照片中可知,第一枚印章盖在1933年12月20日《红色中华新闻台为二苏大会期间组织广播宣传活动给中央的报告》上面。第二枚印章盖在1933年《红色中华新闻台用稿通知单》上面。第三枚印章笔者不知是盖在哪一张"文物照片"上面的。这三枚印章,展出说明是"根据文物照片复制"出来的,但在严帆2009年新著《中央苏区新闻出版印刷发行史》一书所附的上述三枚印章照片的说明是"红色中华新闻台的印章",给读者的印象似乎不是复制品的照片,而是原物的照片,显然有混淆视听之嫌。

笔者没有专门研究过苏区中央政府有关印章规格、制作和颁发的规章制度,但从余伯流、凌步机著《中央苏区史》(江西人民出版社2001年版)所载图片中看到三枚相关印章的照片,一枚是"中华苏维埃共和国"国徽章,一枚是"中华苏维埃共和国中央政府大印",一枚是"中央军委印章"。

两幅附图对比,给人们强烈的印象是,前述第一枚红中台印章竟然与中央政府大印、中央军委大印的规格大小惊人地相似,上面均有国徽图案。试问红中台的建制,能与中央政府、中央军委等同么?当年苏区中央政府初期下设有九部一局,不知这些中央机构尤其是与红中台相近的中央新闻机构如红中报、红中社的印章是何样式,望识者能提供,以供比较研究。

顺便问一下,这三枚印章是何人何时在何地,如何"根据文物照片复制"的?此处"复制"即刻制之意。据了解,刻制单位印章均需有关上级部门批准或同意,那么刻制中央苏区文物印章是否有相关的规定呢?

三

第三类证据为涉及与红中台有关的书报上的记载。

严帆等同志引用有关书报刊登的材料论证江西苏区存在口语广播的材料有二。

一是毛泽东1934年4月"关于日本声明书的谈话",署名"红中社",此文收入1935年在苏联外国工人出版社出版的中文版《苏维埃中国》第二集之中,内有一注称:"此处缺少两句因无线电播音听不清"。严书称"此谈话由红色中华新闻台对外播发,中共驻共产国际代表团也抄收了这份电稿。由于地处瑞金的红色中华新闻台的'无线电播音听不清',致使文稿缺记两句,因而当时在记录稿上加注。"此件,刘文中也曾引用。

二是中央档案馆藏（馆藏类号为二甲 23 号）1936 年 1 月巴黎出版的《救国时报》第 9 期、10 期刊登的《毛主席在中央苏区广播电台上与法国记者的谈话》。严书称："此文应是中华苏维埃共和国临时中央政府主席毛泽东在瑞金利用广播电台，就中国红军抗日问题向法国记者发表的谈话，后在《救国时报》上发表。"此件为严书中首次引用。

严书说："这两份珍贵的历史文献，说明瑞金当时已经有了无线电播音。"（见该书第 80 页）

下面就上述两件"珍贵的历史文献"，谈谈笔者的看法。

前述书报证据之一，严书说是瑞金红中台播发毛泽东的谈话，在莫斯科的中共代表团可以抄收到。如按照严书的说法，江西瑞金"已经有了无线电播音"，这显然是指口语广播。瑞金的无线电口语广播竟然在莫斯科也可听到，两地相隔万里之遥，这需要多大的发射功率？而且必须是短波发射。试问江西苏区有几百瓦的广播发射机吗？"无线电播音听不清"，究竟是怎么回事？而此前，在展出说明中又称："该文件为苏联电台抄收红色中华新闻台电讯稿整理的。"这与严书中的说法又有不同。那么，毛的谈话究竟是怎样传到莫斯科的？还需进一步探讨。

前述证据之二，即《毛主席在中央苏区广播电台上与法国记者的谈话》。笔者未见到谈话原文及相关报道，不知道两人如何谈的，所谈内容为何事。是法国记者到了中央苏区采访毛的谈话，还是两人通过广播电台进行的谈话？看了此条证据真是一头雾水。再者，1936 年 1 月，巴黎《救国时报》刊出谈话时距中央红军 1934 年 10 月中央红军撤出江西苏区已有一年多了，又怎么能在瑞金进行呢？又这次谈话究竟是何时谈的呢？严书也未交代。经查《毛泽东年谱》其中并无有关此事的记载。毛泽东 1935 年底至 1936 年初在陕北瓦窑堡，但严书中却说"分析此文应是中华苏维埃共和国临时中央政府主席毛泽东在瑞金利用广播电台，就中国红军抗日问题向法国记者发表了谈话"。难道是 1934 年 10 月之前，毛泽东发表了谈话，而《救国时报》1936 年 1 月才刊登吗？笔者托人经查《救国时报》（影印本），严书所说该报第 9 期、10 期系合刊，于 1936 年 1 月 29 日出版，共 8 个版，遍查一遍，根本无严书所说的那篇毛与法国记者的谈话。此种疑问，有待请严帆提供原件或向中央档案馆核查。

上述两件文献都涉及毛泽东与红中台的关系。红中台要播出毛主席的谈话，是何等大事！王诤等作为红中台的负责人难道不需要亲自到现场指挥吗？为什么在他们的回忆录中找不到一点蛛丝马迹呢?

四

中央苏区究竟有无口语广播,笔者认为,关键在有无开办口语广播的人才和器材。从人才上来说,红中台的三位台长王诤、刘寅和岳夏可谓当时的拔尖人才,但他们也只熟悉无线电收发报业务,是否通晓口语广播的知识和技术,尚难确定。1940年,我党在延安筹办口语广播时,也是王诤具体领导的,他当时任三局局长,主持中央军委的通信工作,所属部门和人员当然比中央苏区要多,而且水平也高。即使这样,还要从重庆调来在清华大学学习过无线电专业的傅英豪、唐旦夫妇来负责广播发射机的安装和调试工作。

其次谈到器材,有线广播的设备相对比较简单,但一般来说至少也要有话筒、增音器和广播喇叭及相应的电力供应(例如手摇发电机或蓄电池)。谈到无线电广播的器材,不仅要有广播发射机、发电设备和播出设备(例如话筒)等,还要有发射天线,这些都是不可或缺的。上述这些涉及口语广播的器材,中央苏区是否具备,只能从当年的情况来分析。其一,中央苏区的无线电设备,据王诤等人回忆,主要来源有三:一是前线缴获敌军的,二是由苏区的通信材料厂供给,三是从香港或白区采购。据通信兵史记载,红一方面军从第一次至第五次"围剿"作战(1931—1934)中共缴获电台28部,所谓28部电台也就是28部收发报机及相关设备(如蓄电池等),其他缴获虽没有记载,大概不会有上述有线、无线广播用的器材吧。通信兵史记载缴获的都是"无线电器材",但刘卫国等人文中却笼统地说成"缴获广播器材",进而引申为办起广播电台来。本来办的是"文字广播",但在文中往往不提"文字"两字,使今天的读者误以为是指口语广播。红中台陈列说明中写到"利用从敌人手中缴获的广播器材和设备——如飞机、汽车上的通讯和电动设备及扩音器材在中央机关所在地架设过有线广播、用于宣传播音和防空警报等"。"广播"在中央苏区"家喻户晓"真不知从何谈起。

其二,据通信材料厂厂长涂作潮回忆,该厂主要设备有:普通4尺皮带车床一部,台钳三部,摇钻一台,2.5马力发动机一部用于带动车床,平时的主要任务是修理收发报机,还能做一些电源插头、蓄电池、活塞涨圈、齿轮等。这个通信材料厂大概也造不出上述有线、无线口语广播的那些设备吧!

其三,谈到从香港或白区采购无线电器材,更是困难重重,要把无线电器材通过敌军层层封锁带进中央苏区,零星的尚可,大件或成套广播设备,几无可能。据《江西广播电视志》记载,国民党在江西的第一座广播电台还是1933年10月才在南昌办起来的。难道此前在中央苏区就能办起口语广播吗?如上所述,中央苏区办口语广播的人才和器材条件均不具备,那么严文和严书中的有线、无线口语广播电台是怎么办起来的呢?

本文开篇时,笔者表示如江西苏区确有口语广播,将红中台作为延安台也即今中央台的前身,将瑞金作为中国人民广播事业的发源地,笔者不持异议。但从笔者上述商榷意见看来,严帆等同志提出的江西苏区办起口语广播的主要证据尚属疑点重重,难以服众,至少笔者认为如此。其他相关同志有何高见还有待听取,同时,也愿听严帆等同志对笔者所见的评述。但如果是以"1931年11月7日红中台开播纪念日"计算,从而"把中国人民广播事业的历史推前了9年"进而认定"瑞金是中国人民广播事业的发源地",则笔者不敢苟同。笔者认为这里混淆了文字广播和口语广播的区别。我们今天讲广播、广播电台都是指的口语广播,而非文字广播。当年中央苏区只有文字广播,而无口语广播,故笼统地称之为"广播",甚至把无线电台(即发报机)播发文字新闻称之为广播电台是可以理解的。1931年11月7日红中台的开播并非口语广播,而是确切的文字广播。这点有当年王诤、刘寅等人的回忆及通信兵、邮电史的相关史料为证,确切无疑。新华社将这一天作为其文字广播创办的纪念日,至今举办过多次纪念活动,而且已为业界学界所公认。至于此后在1934年10月之前江西苏区何时办起口语广播?何人经手办起来的?至今也找不到一个确切的日期和一个可信的答案。

那么,是否可以将红中台的文字广播开始作为延安台口语广播的前身,从而将瑞金作为"中国人民(口语)广播事业的发源地"呢?笔者认为大可不必。从无线电技术的发展来看,文字广播确是口语广播的基础,但文字广播有自身的发展之路,以新华社历史为例可知,最初的文字广播是用无线电报形式发出的,1956年以后改为汉字摹写,后又逐步发展为采用无线电传真进而用电脑技术传送新闻了。

而语言广播的发展之路则是进一步走向图像兼语言广播即电视广播。如按江西同志的观点,是否也应将延安台、中央人民广播电台视为中央电视台的前身,延安是中国电视事业的发源地呢?需要郑重声明的是,笔者虽然不同意严帆等同志的观点,但尊重他们保留自己观点的权利。

江西广播局的《调研报告》结论中称"苏区时期已有了广播雏形",这个"雏形"是指文字广播是口语广播的雏形呢,还是指苏区已有口语广播的雏形呢?也未作说明。《调研报告》最后所说:"改写人民广播开始的历史尚需进一步论证、核实。"笔者希望这篇文章对"进一步论证、核实"江西苏区是否有口语广播能起到抛砖引玉的作用。

参考文献:

① 邮电部邮电史编辑室编:《难忘的战斗岁月——革命战争时期邮电回忆录》,人民邮电出版社1982年版。
② 崔伦等:《生命在电波中闪光》,解放军文艺出版社1981年版。
③ 江西省邮电局编:《华东战时交通通信史料汇编(中央苏区卷)》,人民邮电出版社1995年版。
④ 《电子工业史料》第1—4辑,电子工业部电子工业史料征集办公室1987年3月至1986年4月编印。
⑤ 总参通信部编:《中国人民解放军通信兵史》(第一编),《革命战争时期》,军事译文出版社1992年版。
⑥ 军史资料丛书编审委员会:《通信兵回忆史料(1)》,解放军出版社1995年版。
⑦ 总参通信部编研室:《通信兵大事记》(1927—1934),2009年12月编印。
⑧ 总参信息化部编研室:《通信兵文献(1)》(1927—1934),2011年12月编印。
⑨ 鲁之玉等:《王诤传》,电子工业出版社1998年版。
⑩ 《刘寅文集》编纂委员会:《刘寅文集》,电子工业出版社1995年版。
⑪ 新华社史编写组:《新华通讯社史》(第一卷),新华出版社2010年版。
⑫ 《土地革命时期的新华社》(社史资料汇编第1辑),新华社新闻所社史编写组2004年5月编印。
⑬ 《革命前辈回忆新华社》,新华社新闻研究所2006年11月编印。
⑭ 陈信凌主编:《中国红色新闻事业的理论与实践(1921—1949)高层论坛论文汇编》,载《新闻春秋》第11辑。

历史视野下的国家与广播*

◆ 李 煜

在被迫全球化的中国近代史上,"五四"之后真是进入了一个新时期。从政治上而言,自1920年代开始,中国政治出现了一个前所未有的新现象,即中央政府渐失驾驭力,而南北大小军阀已实际形成占地而治的割据局面。① 这种政治"去中心化"的局面,带来的是"德""赛"二先生在中国大地的风起云涌,启蒙的序幕揭开,首先上场的"文明利器"就是"舶来的"广播媒介。无论在朝或在野的学者就第一座广播电台是在1923年的上海还是在哈尔滨,或者究竟是西人还是国人创办争执不休。一个不争的事实是,中国的广播媒介从来未有机会获得如英美一般的公共或商业的选择权,从来都为国家这个"公"权力紧攥着,甚而内化为国家权力的"耳目喉舌",少有为建立"当代社会秩序中的非政治领域"即市民社会发挥应有的功用。

广播传播对于当时中国的意义是非凡的。正如传播大家伊尼斯在其名著《帝国与传播》中所言,"时间观念和空间观念,反映了媒介对文明的重要意义。倚重时间的媒介,其性质耐久,羊皮纸、黏土和石头即为其例。……倚重空间的媒介,耐久性比较逊色,质地却比较轻。后者更适合广袤地区的治理和贸易。"② 而在空间媒介中,广播的作用则更具现实意义,"口语提供了一个新的基础,它可以述诸更多的人,是一个更加有效的工具。文盲状况不再是严重的障碍。"③

然而,在中国,从历史的视野看去,广播的这种媒介意义反而在不断消解着它的现代特征。正是由于广播的传播迅捷,无远弗届,才使得国家公权力不断以国家主权、军事安全为由,坚拒社会、市场力量的进入,使得广播"国家决定型"的制度惯

---

* 原载于《现代传播》2013年第7期。

性,一而再、再而三地延续,直至丧失了广播作为大众媒介的现代性特征,成为附着在国家公权力之上的党国喉舌。

本文旨在探讨中国广播媒介现代性流变的历史源起与阶段性特征。

一、国家与广播:一个模式

1840年国门洞开,坚船利炮,格物致知,声光电话,使得一班早期"睁开眼睛看世界"的人耳目一新。"电报电话不论有线无线均称为电信",很早就登陆中国,但是,从清朝光绪五年(1879年)中国大陆自主修建的第一条电报线路建成,到百余年前1911年新型共和国诞生之后,包括广播在内的电信与国家的关系,却只有一个模式——"官办"。

据民国十五年(1926)上海商务印书馆出版的第一部《中国年鉴》上"电政"部分中"中国电报小史"中的记载,"吾国电报之经营,约可分为四期"。即官款官办时期、官督商办时期、商款官办时期,"至光绪三十四年(1908),由邮传部收全国官商各线,归部直辖,所有商股概由政府买收,是仍为官款官办时期。民国以来,仍而未改。"④

由此发现,对这些统称为"电政"的事业,在推广的初期,就打上了很深的"官办"烙印。刚开始国家投资当然为"官款官办";发展初期,国家资金不足就让民间投资,虽然"商办"但是还要"官督";发展得越来越好之后,还是民间资本投入期间扩大经营,而政府则见有利可图,就要成立专门的机构来督办;最后,当事业发展渐成规模,国家的力量就出击了,统统收为国有,变成纯粹的"国营"事业。国家永远是"赢者",这就是近代中国的商业逻辑!"官办"才是永恒的模式,才是铁律!

到了民国之后,这种"欲事事收归国有"、国家永远是"赢者"的决心被继承下来。伴随着这一系列新技术在国家军事、政治、经济和民间社会生活中重要作用的彰显,民国政府正式出台了法令法规对"电信"技术进行国家管理。1915年4月18日,民国大总统公布《电信条例》第二条即规定,"电信由国家经营",赋予这种"国家管制电政"的权力以必要的合法性。

当然,这之后电政的后起之秀——广播媒介也登陆中国,北从哈尔滨,南从上海。

从1923年到1928年五年间,北洋军阀控制的(北京)中央政府动用国家行政力量在哈尔滨、沈阳、天津、北京创办了中国最早的四座官办电台。当然这里所谓的国家行政力量,由于军阀割据的社会现实,其实是为军阀控制的地方力量。1922年4月至6月第一次直奉战争结束后,奉军总司令张作霖败出关外,图谋东山再起。之后便在外交与内部实力方面励精图治,为赢得未来战事的胜利,对能够迅速传通消息收获人心的宣传工具——无线电广播技术进行了有力的支持和广泛的普及。1926年10月1日,中国官办的第一座广播电台——哈尔滨广播无线电台开始正式播音。[5]

之后又进一步扩建,1928年1月1日,新建的哈尔滨广播电台正式启用,同一天开播的还有沈阳广播电台。作为官方创办的最早的两座电台,它们均由奉系东三省政府之电信主管部门——东北无线电长途电话监督处管理。

1927年3月,东北无线电长途电话监督处在北京、天津又设立广播无线电办事处,开始在京津两地筹建广播电台。同年5月15日、9月1日,天津、北京广播无线电台相继开播。[6]

为了收回电信主权,反对日本人在哈尔滨设置广播电台,1926年9月,东北无线电长途电话监督处特意出台了《广播无线电条例》《装设广播无线电收听器规则》《运销广播无线电收听器规则》三项专门针对广播的法律法规。在相当于总则的《广播无线电条例》中,第一款便是"东北无线电长途电话监督处为普及文化传布商情起见于东三省境内择相当地点设立广播无线电台办理广播无线电事业"。[7]言下之意,当然是外国人、中国民间都无权私设广播电台,这正是中国近代史中启蒙与救亡的两大命题难以协调之处,在半殖民的背景下,当然要维护国家主权,但是问题在于这国家又所为何来?借助于其合法性,民办广播的权利也被国家权力消解了。

事实上,国家主权是否得到根本维护还需存疑,更多的时候可能是"于己之民禁之,与他人则听之"(郑观应)。1923年之后,在上海华洋三界杂处的时空背景下诞生了诸多的西人广播电台,有在英美公共租界大来洋行楼顶的美国人奥斯邦(E. G. Osborn)创办的"《大陆报》——中国无线电公司广播电台(The China Press—Radio Corporation of China Broadcasting Station)"(1923年1月23日);有在法国租界福开森路上美商开洛公司(Kellogg Switchboard and Supply Co.)的开洛广播电台(1924年4月)。北洋政府交通部在1924年5月为取缔开洛广播电台致函上海护军使,宣称"此项情事,查显系违反《电信条例》之规定,损害主权,妨碍电政,关系殊为重大",并声明"本部为谋中外人民幸福起见,对于广播无线电话正在积极筹备,厘定规则,不日公布,该商民人等尽可静候政府办法,何得先事嚣张,致干例禁"。⑧然而,在一片禁止声中,开洛广播电台却比北洋政府的寿命还长,直到1929年10月才停止播音。

对外商电台有令不行,中国民间申请开办广播电台呢?任白涛先生在他1941年出版的《综合新闻学》中记录了这样一件公文事件。1926年4月,北洋政府管制下的浙江电政监督曾致浙江省署一封公函:

案奉钧属令开:"余姚县呈:绅商何联第等,拟购无线电话放音机。是否可予装设,饬即查复,以凭饬遵……"职处以此项无线电话,系属电信范围之内,曾经部定有管理专章。当即转呈请示,并呈复各在案。兹奉交通部庚字第三九五号指令,内开:"……余姚县绅商……拟出资在该县购装无线电话播音台,播放无线电话,通达商情一节,核与《电信条例》第三条⑨之规定不符。在广播无线电信尚未准予私设以前,碍难照准……"⑩

这里转引的当然是一件普通的开办广播电台的民事申请被驳回的历史往事,然而,感谢网络时代的来临,笔者将"浙江、余姚、何联第"这几个关键词放到了一个常用的中文搜索引擎上,任白涛先生在文中没有任何交代的何联第的身世,竟然让人豁然开朗,这个人就属于中国近代史上那个"下落不明"的资本家(企业家)阶层,(百年间)"那似乎是一群从来没有出现过的人,尽管他们为中国人的日常生活带来了机纺棉布、电灯、收音机和带空调的房子"。⑪根据网上2007年7月25日《中国青年报》"冰点"栏目的文章《博友玩出的历史拼图》,笔者发现何联第身世居然如此"显赫",但注意并非"权贵",不过属于买办阶层。他出生于1895年,逝于1991年,跨越晚清、民国、新中国三个时代。1914年6月27日毕业于上海圣约翰大学,他的同班同学中有林语堂。其祖父何丹书为民国著名大报《新闻报》1906年股份制改造时的三位华人董事之一(总董为美国人福开森)。何丹书还曾是上海的五金大王,因贩卖军火为中法战争作出贡献,受到慈禧太后的嘉奖。他还曾介入当时上海的金融业、轮船业、新闻业。何联第父亲早亡,留下他和姐姐,由何丹书抚养长大。何联第从祖父手上继承的两笔主要遗产,一是《新闻报》股份,一是"何寿康酱园"。

根据网友们对何联第后人的采访,1920年何联第已经介入《新闻报》的管理,大概在1929初"史量才并购《新闻报》"事件后,他被推选为常务董事,时年34岁。那么,是否可以推测,1926年31岁的何联第,在"十里洋场"的上海看到了太多洋人办的广播电台,对新闻媒体颇有运作经验,而且还有能力筹措资本的他,一定希望为家乡余姚的"现代化"做些贡献,比如创办一座民营电台,而且他懂得依法办事,按照程序,提出申请……然而,在"在广播无线电信尚未准予私设以前,碍难照准"。

如果连何联第这样的人都无法自办广播,那么民间办广播的路大概是没有的了。好在,民国时代,"且介亭"的特殊时空,让民营广播也有了存在的旁门左道,只是这再兴起的国家带来的"千年未有的变局",不但让民营广播遭受到党政二元力量的双重钳制,广播媒介自身也沦为这党化国家的"耳目喉舌"。

二、国家与广播:二对一模式

1927年4月,南京国民党政府成立。未来十年,被称为国民党统治的黄金十年,是中国广播发展的黄金十年吗?

立国之初,与北洋政府时期交通部管辖电政事业不同,而是由国民党中央筹设了一个建设委员会掌管建设电信事业的大权。这个委员会的领导者是国民党四元老之一张静江,他以建设中国的工程师自居,新人新办法,1928年12月13日这个建设委员会就出台了《中华民国广播无线电台条例》,该条例第三款明文规定:"广播电台得由中华民国政府机关公众或私人团体或私人设立,但事先须经国民政府建设委员会无线电管理处之特许,违者由当地负责机关制止其设立"。[12]

然而,半年不到,党政权力矛盾公开化,在交通部部长王伯群的力争乃至以辞职相要挟下,1929年6月经国民党三届二次会议议决后,无线电事业正式从建设委员会归由交通部管理,并从1929年8月1日起移交。8月5日,国民党政府公布的《电信条例》第二款即写明,"凡国家经营之电信由国民政府行政院交通部管理之,惟海陆军及航空机关为军用起见自行设置者不在此列"[13]。当然,对私人团体或私人设立广播电台的要求,就又回到了1915年北洋政府交通部公布的《电信条例》的老路上去了,除了专门性、专业性的部门单位,一般民众或团体是不能私设广播电台的,就是前者也要经过交通部或其委托机关的审批核准。[14]事实上,这个条例不过为交通部争得了管理无线电事业的合法性,但是对于民间是否具有开办广播电台的权利的问题,却没有什么实质性的促进。

由此,需要重新审视这个新建的国家。"党""政"二元化?这国家的权力究竟有何特质?

国民党南京政府建立的这个(威权)国家形态不是从古典意义的文化—国家转变成民族—国家,而是变成了党化国家(政党—国家),即不是直接以民族作为国家建构的基础,而是由组织严密的政党作为国家建构的基础,由一党垄断所有的政治资源,继而由此发展到垄断其他的经济和文化资源。⑮这就开辟了中国政治制度史上"千年未有之变局",由此拉开了近百年来中国政治体制由帝治到党治,由王朝体制向党国体制转型嬗变的序幕。1928年底"东北易帜"结束了北洋军阀割据局面,国民政府实现了形式上的统一,国民党开始一党独掌全国政权,在"训政"体制下,其政治体制是党务组织系统与行政组织系统双轨并进的。⑯

在这样的特殊政体之下,国家的公权力被党政二元化。这就使得国家与广播的关系呈现出异常复杂的二对一模式。换言之,国家对广播事业的建设与管制分化为党政二元路径,民间设置电台或购买收音机都要受到党政二元力量的规制。

(一)党政二元广播系统的建立

从国营广播事业的建设来讲,国民党建立的国营广播系统从立国开始,就与党政二元政治体制同构,从"党务组织系统"与"行政组织系统"两条途径建立了垄断性质的从中央到地方的国营广播系统。

"党系统"在建国之初忍痛放弃掌控全国广播事业的权力后,就开始自身的建设,逐步做强做大。尤其是中央级的广播系统,由1928年8月的500瓦电台1座,扩建为1932年11月的75000瓦,并继续增加了福建福州台(250瓦)、北平河北台(即抗战后陕西西安台500瓦)、江苏南京短波台(500瓦)、湖南长沙台(1000瓦)等具有相当实力的4座电台。

"党系统"的广播管理机构也逐步合处合一,通过中央广播无线电台(1928年8月,1932年11月电力扩大),至中央广播无线电台管理处(1932年8月),再至中央广播事业管理处(1936年1月),由一个台,到台的管理处,变成了整个广播事业的管理处。在这十年中间又通过承办收音员训练班,为省市县党部、法团培养了近500名收音员,并为部分收音员配备了收音机,扩大了"党系统"广播事业的影响力。

"行政系统"在中央层级的交通部扩大了事业建设,陆续接办、创办了北平(300瓦)、上海(2000瓦)、成都(10000瓦)3座电台。

(二)"党系统"对"行政系统"广播管理权力的僭越

1936年1月随着中央广播事业管理处(中广处)的成立,"党系统"的广播管理机构终于又将权力之手伸向了"行政系统"。1936年2月,成立了直属国民党中央执行委员会的中央广播事业指导委员会,这是一个由中广处、中宣部、中央文化事业计划委员会、军事委员会、交通部、内政部、外交部、教育部代表组成的跨部门的领导机构。该委员会的主任委员是具有(党营)"广播保姆"之称的陈果夫,副主任委员是中广处处长吴保丰,交通部代表不过是该委员会的八大部委代表委员之一,更重要的是,这个委员会在休会期间所有的职能执行工作都是由中广处代办的。通过这种"借壳上市"的方式,即"借""中央广播事业指导委员会"的名义实际上是"中央广播事业管理处"代行职权的方式,并通过之后出台的一系列法规又将行政广播系统及其管辖下的民营广播系统,乃至全国的收音机管理都纳入了党营系统的控制范畴。

(三)党政二元权力对民营广播的规制

在中央广播事业指导委员会成立之前,负责统管民营广播的交通部就于1932年1月22日修正公布了《限制民营电台暂行办法》[17],并在同年11月24日出台了《民营广播无线电台暂行取缔规则》。[18]从这两个条例中可以发现,国民政府对民营广播电台放松了管制,并明确"设台之团体公司或个人应以中华民国国籍及完全华人资产为限",不允许外国人在中国办广播电台。然而允许民间进入,条件却比较苛刻,比如要求电台最大功率为50瓦特,每年登记一次并征收执照费20元。之后,又规定"广播电台所用之周率须由交通部指定并须随时测验调整,使上下相差不得逾指定数量2‰"。执照费也提高到50元,并要求"随缴保证金200元或殷实铺保1000元"。同时,可以看出,交通部对民营广播的规制仅限于技术层面,少有对广播内容的审查与严禁。

但是,当中央广播事业指导委员会成立之后,形势就发生了变化,党系统对全国广播电台颁布了一系列关于节目内容的限制要求。

这些法规主要包括1936年10月的《指导全国广播电台播送节目办法》及"暂定民营电台播音节目时间标准表及说明",[19]辅以《节目内容审查标准》及处分方法《民营广播电台违背〈指导播送节目办法〉之处分简则》(1937年4月12日交通部令公布施行),[20]这之后还出台了《教育节目材料标准》(1937年4月)[21]。这些法规主要涉及具体的节目内容和播出时间两个方面。

在节目内容方面:首先是明确了节目时间表和节目内容预报表的送审制度,即节目表一定要事先"送请中央执行委员会广播事业指导委员会审查后核准施行"。再者,还要求民营台要转播中央台的重要节目,"其暂无转播设备者,得报明停播"。这些节目包括每周一上午九点到十点的《中央纪念周》,每天两小时的《重要新闻》节目,还有每晚八点到九点五分的"(一)简明新闻;(二)时事评述;(三)名人演讲;(四)学术演讲;(五)话剧;(六)音乐"六类节目。除此之外,还进一步提出"凡遇中央广播电台有特别重要节目,经中央执行委员会广播事业指导委员会认为有转播之必要时,得随时通知办理之(但至多每日一节目为限)"。

同时,在1937年出台的《教育节目材料标准》中对电台经常设置的八大类节目内容提出了非常具体的要求。这些节目包括:(一)体育知识或其他卫生品德修养;(二)国语教授或其他适合后期小学或初中程度之教育节目;(三)外国文教授;(四)教育及常识演讲;(五)防卫知识或其他国防知识;(六)家庭节目及儿童教育;(七)长篇或短篇故事;(八)新闻。对这八大类节目的播出范围,列出了从具体出版社的出版物,到各报章副刊等有关刊物的明确要求。对于"长篇或短篇故事"节目,甚至列出了一长串多达29项包括《廿四史通俗演义》《三国演义》《洁本今古传奇》《国耻史》等在内的细目。值得注意的是对"新闻"节目的严格规定,要求"国内外重要新闻均根据中央社稿或采用当地报纸上之'中央社电'或收录中央电台之广播新闻",而且"如关于时评、讨论政见、发表宣言、批评政党或团体,及讲述主义均须将讲稿呈会核阅,批准方可播讲"。还有就是在该标准的附注后面还附加了该会颁发的"各台播音材料一览(截至民国廿六年四月底止)"11种,其中有4种就是"蒋委员长安内演讲集""总理遗教要义(蒋委员长讲)""蒋委员长言长论辑(三)""蒋委员长最近演讲集"。这就从根本上限制了广播电台的新闻自由,而且还将各类电台,特别是商业属性的民营电台纳入了宣传"一个主义、一个政党、一个领袖"的"党国喉舌"的宣传范畴。

在播出时间方面,还针对不同发射功率的广播电台做了具体规定,"各民营电台播音节目时间以电力大小为比例,暂定如下:50瓦以下的,每日播音时间10小时为限;50~1000瓦的,每日播音时间12小时为限;1000~10000瓦的,每日播音时间15小时为限"。而且"各电台播音时间每日最少不得少于五小时"。通过播出时限的规定,有力地控制了各类微型民营台的生存空间。

需要特别说明的是,根据中央广播事业管理处编辑出版的《广播周报》第122期到147期(1937年1月30日至7月24日)上刊登的中央广播事业指导委员会21次"已审播音稿本一览"(节目内容播出时间从1937年1月4日到7月18日),

实际中央广播事业管理处审查的广播电台一共有 55 座,其中有 6 座国营台,49 座民营台。根据国民党中央广播事业管理处处长吴保丰发表于 1937 年 6 月的《十年来的中国广播事业》②中详细数据的统计,此时,全国共有 78 座广播电台,其中民营台 54 座,国营台 24 座,也就是说,在民营电台中有 90.7% 的都接受了节目审查,而在国营电台中只有 25% 的接受了节目审查。在 24 座国营电台中有 7 座党营电台,16 座中央和地方政府办的电台,1 座军队办的电台,但是接受节目检查的党营台只有西安台 1 座,中央和地方政府办的电台 5 座,军队办的电台一座都没有。而且在这 21 次的节目审查中,国营台在这半年(1937 年 1 月 4 日到 7 月 18 日)中大多是 1 次,只有交通部上海电台有 2 次,而民营台少则 1 次,多则比如苏州百灵电台,多达 14 次。

因此,中央广播事业指导委员会成立后出台的这一系列法律法规,其规制的对象矛头直指民营电台,尽管在各项法规中名义上是对所有电台而言的。而规制的内容,除了早被《教育节目材料标准》(1937 年 4 月)统一了的包括新闻在内的八大类教育节目,还有就是娱乐性的节目内容,可以说是"疏而不漏"。到抗日战争全面爆发前,这一年多的时间里,民营广播电台因违反上述有关规定,被明令撤销者有 9 座,暂停播音者 4 座,受警告处分者 3 座。③

当然,必须承认,尽管有如此苛刻的管制环境,但是政治的"去中心化"还是让诸多的民营台可以在上海的租界地此起彼伏。根据吴保丰提供的数据,此时 54 座民营台中,有 34 座在上海,其中 30 座是国人所办。

民营台数量巨大,是否就有很大的影响力呢?还是根据吴保丰的数据,"(民营台)电力最大者,为福音广播电台,计一千瓦,余多在五十瓦特至五百瓦特之间,最小者仅 7.5 瓦特"。54 座民营广播电台仅占发射电力总数的 5.4%,而党营的中央广播电台一台则有电力 75000 瓦,占公营广播电台电力总量的 64.5%,占全国广播电台电力总量的 61.0%。根据无线电常识,同样波长的广播发射机,自然是发射功率越大,被收音机接收到的可能性也越大,越清楚。试想,在江浙一带的上空中,尽管有几十座民营台在播音,但是一到南京中央广播电台播音时,这些民营的电台岂不变成了聋子的耳朵,何谈所谓民间的广播空间?

抗战期间,民营台大多纷纷停办,交通部所属广播电台萎缩,中央广播事业指导委员会实际上成为帮助(党系)中央台(及国际台)在物资紧缺的抗战硝烟中西迁重建的协调部门,之后还陆续在昆明、贵州等地创建了广播台,这些直属于中央广播事业管理处的广播电台使得党系广播在抗战中一系独大。

抗战胜利后,中央广播事业管理处从1945年8月下旬开始"接收"沦陷区诸多日伪广播电台。到1947年9月两年间,就将全国的广播电台统一在国营化的制度之下,在国营化的招牌下中央广播事业管理处的党营电台数量飙升,一系独大,达到41座,交通部仅余成都一台,原属交通部的北平、上海两台也为中广处"接收"而去,地方省市办的电台仅有南京的首都广播电台、广东省广播电台、广州市广播电台、广州行辕广播电台4台。民营台约有49座,但是发射功率仅占总电力的1.9%,比抗战前的5.4%少了近三成,难与国营台,当然主要是指中央广播事业管理处领导的党营台抗衡。

三、国家与广播:还是一种模式?

1948年12月27日,国民党中央广播电台三部主机停播。1949年4月23日,南京解放。1949年5月6日,中国人民解放军南京市军事管制委员会文教委员会派出李强、陆亘一等正式进驻接管了国民党中央广播电台。在此基础上组建的南京人民广播电台于1949年5月18日开始正式播音。

中共中央于1948年11月20日颁布了《中共中央对新解放城市的原广播电台及其人员的政策决定》[②],确定了"新中国之广播事业,应归国家经营,禁止私人经营"的原则。

1997年8月1日国务院第61次常务会议通过,1997年8月11日国务院令第228号发布,自1997年9月1日起施行的《广播电视管理条例》,总则第四条规定:国家发展广播电视事业。

在"德""赛"二先生时代背景下舶来中国的广播媒介,作为文明的利器,却少有发挥文明作用的制度空间和历史机遇。在政治制度裹挟着公共政策和政治后果的历史进程中,广播媒介只能在制度惯性的推动下,路径依赖于国家决定型的制度安排。其间有益则在于技术的舶来,毕竟能增长见识,跨越时空的阻隔,然而公权力的遮蔽,却让广播在国民政府历史的天空上难有科学与民主的回响。

注释:

① 罗志田:《民族主义与民国政治》,《开放时代》2000年第5期。

②③ 〔加〕哈罗德·伊尼斯:《帝国与传播》,何道宽译,中国人民大学出版社2003年版,第5、80页。

④ 《中国年鉴》,商务印书馆1926年版,第922页。

⑤ 另据陈尔泰著:《中国广播之父——刘瀚传》(中国广播电视出版社2006年版,第39页)转述,藏于吉林省档案馆的《满洲电信电话株式会社十年史》(下卷)记载哈尔滨中央放送局于1923年开播。

⑥ 关于京津台还有由北洋政府交通部创办的说法。据吴保丰:《十年来的中国广播事业》,载于中国文化建设协会编:《十年来的中国》,商务印书馆1937年版,第693页。交通部于(民国)十六年(1927年)在天津设立广播电台一座。北京台是由前东北无线电长途电话监督处创办。在曾虚白:《中国新闻史》,三民书局1989年9月第六版,第603页中则记载天津台和北京台都由交通部创办。笔者以为这时的北洋政府为奉系张作霖控制,1926年12月1日,张作霖在天津就任安国军总司令,统兵入京,以抵御广东国民革命军的北伐。1927年6月18日,张作霖在北京成立"中华民国军政府",直到1928年4月南京国民政府出师北伐,迅速迫近京津,6月张率部退回关外,军政府结束。鉴于东三省创办广播电台的经验和技术水平,京津两台很有可能是当时的交通部和无线电长途电话监督处共同创办的。

⑦ 《广播无线电条例》,藏于黑龙江省档案馆全宗号:62,目录:5,卷号:1628。

⑧ 《北洋政府交通部为取缔开洛广播电台事致上海护军使咨稿》,上海档案馆、北京广播学院、上海市广播电视局合编:《旧中国的上海广播事业》,档案出版社、中国广播电视出版社1985年版,第45页。

⑨ 1915年《电信条例》第三条规定左(下)列电信经政府之许可得由个人或团体私设:一、供铁路矿山及其他特别营业之专用者;二、个人团体或官署因图递送之便利设于其所居之处与电报局相接续者;三、个人团体或官署专供一宅地范围内通信之用者;四、船舶航海时所用者;五、供学术试验上之用者;六、电话之通信范围限于一定区域者,但以该区域尚未有电话之联系者为限。前项之规定除第四款第五款外,于无线电报不适用之。《电信条例》(1915年4月18日),《中国年鉴》,上海商务印书馆1926年版,第921—922页。

⑩ 任白涛:《综合新闻学》,商务印书馆1941年版,第668页。

⑪ 吴晓波:《跌荡一百年:中国企业1870—1977》(上)之《序言:寻找一个"下落不明"的阶层》,中信出版社2008年版。

⑫ 《中华民国广播无线电台条例》(1928年12月13日):载于立法院编译处:《中华民国法规汇编》第十编"交通"第二类"电政",中华书局1934年版,第150~152页。

⑬ 《电信条例》(1929年8月5日):载于国民政府文官处印铸局编印:《国民政府法规汇编》第一编,1929年出版,第1035~1038页。

⑭ 1929年8月5日《电信条例》,第三条规定左(下)列电信经国民政府行政院交通部或其委托机关之核准得由地方政府公私团体或个人设置其电信设置规则由交通部另行定之。一、供铁路矿山或其他特别营业之专用者。二、供船舶及航空机航行时通信之用者。三、因图收发之便利其当地之电信机关接线通电者。四、专供在一宅地范围内通信之用者。五、专供广播有益于公众之新闻讲演气象音乐歌曲之用者。六、供学术试验上之用者。七、在未有电话联络之一定区域内设置电话者。该《电信条例》载于国民政府文官处印铸局编印:《国民政府法规汇编》第一编,1929年版,第1035~1038页。

⑮ 〔美〕迈克尔·罗斯金等:《政治科学》,林震等译,华夏出版社 2001 年版。
⑯ 载于王奇生:《党员、党权与党争——1924~1949 年中国国民党的组织形态》,上海书店出版社 2003 年版,第 362 页。
⑰ 载于《限制民营电台暂行办法》(1932 年 1 月 22 日交通部修正公布),徐百齐编:《中华民国法规大全》(1912~1936 年法规)第四册,上海商务印书馆 1937 年版,第 4643 页。
⑱ 《民营广播无线电台暂行取缔规则》(1932 年 11 月 24 日交通部公布,1936 年 3 月 17 日修正),《中华民国现行法规》,商务印书馆 1933 年版,第 636 页。
⑲ 1936 年 10 月的《指导全国广播电台播送节目办法》及"暂定民营电台播音节目时间标准表及说明",载于《广播周报》(中央广播事业管理处编),第 132 期,1937 年 4 月 10 日,第 27~29 页。
⑳ 《节目内容审查标准》及处分方法《民营广播电台违背〈指导播送节目办法〉之处分简则》(1937 年 4 月 12 日交通部令公布施行),《广播周报》(中央广播事业管理处编)第 135 期,1937 年 5 月 1 日,第 31~32 页。
㉑ 《教育节目材料标准》:《广播周报》(中央广播事业管理处编)第 136 期,1937 年 5 月 8 日,第 34~36 页。
㉒ 吴保丰:《十年来的中国广播事业》,《十年来的中国》,商务印书馆 1937 年版,第 693~737 页。
㉓ 赵玉明:《中国广播电视通史》(上卷),北京广播学院出版社 2000 年版,第 52 页。
㉔ 中国社会科学院新闻研究所编:《中国共产党新闻工作文件汇编》(上),新华出版社 1980 年版,第 194~196 页。

从"小新闻"走向"大传播"*
—— 新闻传播学学科建设和科研的新取向

◆ 李良荣　张　华

所谓"小新闻",是指以采写编评、媒介经营管理等新闻业务和媒体内部业务为主的新闻学教学与研究。1978年到1992年之间的十五年新闻改革,奠定了中国新闻传播学学科的基本框架,即"小新闻"的取向。

所谓"大传播",是指新闻学研究突破"小新闻"的框架,视野不再局限于媒体内部,也突破了以"受众为重点、效果为目的"的大众传播学领域,而是以互动、沟通为重点,在更广阔的视野中探索信息传播与社会治理、国家治理、全球治理之间关系的宏观研究。

不断翻新的信息传播技术是新闻传播学学科建设与拓展的重要推手。从世界范围来看,文字与印刷术推动了报纸的诞生与普及,以采写编评为研究重心的传统新闻学得以诞生;电影、广播、电视的相继问世,是催生大众传播学的主因;互联网与新媒体的迅猛发展,推动了传统新闻学、大众传播学又逐渐走向以互联网为基础、以信息传播为重心、以沟通互动为目标的"大传播"领域。

从"小新闻"走向"大传播",是为了适应全社会的信息化进程,是新闻传播学科自身必须进行的新的调整、突破与转向。对整个学科来说,这不仅是挑战,更是学科发展的机遇。

---

*　原载于《现代传播》2013年第8期。

一、中国新闻传播学学科建设历程

三十余年来,中国新闻传播学科的建设,是在外部力量推动下不断拓展的。这一过程,可分为三个阶段。

(一)承认学科规定性:"小新闻"框架的确立

这一阶段是从1979年到1991年。与新时期的新闻实践和新闻改革相伴,通过一系列的讨论、争论和研讨,"小新闻"框架最终确立。

1979年到1982年,和整个中国社会一样,新闻界也进行了"拨乱反正,正本清源"的工作。新闻事业的"正"与"本",当然是新闻规律。这四年间,新闻界否定了"报纸是阶级斗争工具"的性质说,恢复了报纸是刊登时事为主的、面向社会大众的传播机构;摒弃了"假大空"的做法,重新确立了新闻真实性的权威;肯定了"读者需要论"和"社会需要论"的合理性,进而确认新闻价值是选择新闻必不可少的标准。

如果说重新讨论和确认新闻规律的重大意义在于明确了新闻学作为一门应用性社会学科有着特殊的规定性,并为新闻学科建立了核心概念、构建了学科框架的话,那么信息概念的引入才真正开启了新闻学学科建设和不断拓展的大门,并且主导了此后三十余年的学科建设和科研的取向。

1983年,信息概念的引入立即引发了关于新闻和宣传的争论,其结果是导致媒介功能的重新定位,即向社会传播信息是新闻媒体的第一功能和生存依据,新闻媒介不但要从事宣传,还必须承担提供信息、介绍知识、提供娱乐等多种功能。①自此之后,信息的概念、功能被新闻界普遍接受,并主导了三十年的新闻改革,导致媒介结构、媒介内容、新闻报道样式等发生重大变化,也拓宽了新闻学学科领域。

1980年代末关于舆论监督的讨论,1989年下半年到1991年底新闻界对党报党性原则的权威的确立,明确了中国的新闻改革必须坚持"一个中心、两个基本点"。这些讨论引发了全社会的关注,但它仍是对新闻媒介功能的探讨,仍在媒介内部的范畴内。

至此,通过对新闻规律的重新确认,对新闻学基本理论的厘清,对传媒性质的确认,对新闻媒介内容、结构、报道方式、功能的实践和学术争论,从而奠定了新闻学学科框架,学科规定性得以确立的基础,即"新闻学是以人类社会客观存在的新闻现象作为自己的研究对象,探索新闻事业的产生、发展的特殊规律和新闻工作的基本要求"。新闻学包括新闻理论、新闻史、新闻业务、媒介管理与经营四方面的内容。②

不难看出,这些努力都是针对新闻业内部的问题进行的讨论与厘清,其结果是"小新闻"的框架的确立。

(二)新闻学走向大众传播学:突破"小新闻"框架

这一阶段是从 1992 年到 1990 年代末。1992 年,中共十四大正式确立了建立社会主义市场经济体制的目标。市场经济的运行有赖于巨量的、多样化的信息,以信息传播为第一功能的媒介在市场经济中开始发挥举足轻重的作用,这在相当程度上促进了新闻媒介功能的转化,进而促使媒介改变内部结构。1993 年 6 月,中共中央、国务院发布了《关于加速发展第三产业的规定》,正式将报刊列入第三产业。在媒介内部,信息产业概念的引进,突破了以往把新闻业局限于上层建筑范畴的认识,使新闻界明确了新闻业既属于上层建筑领域,同时也属于第三产业即信息产业的双重属性。③

媒介市场化浪潮从此蓬勃而起,报纸开始了大众化之路,电视将新闻与娱乐并重,媒介集团纷纷组建。新闻业走向市场,立刻引发了以争夺受众和广告为目的的新闻市场的激烈竞争,媒介从单一的党报走向多元化的报纸结构,媒介的功能从唯一的宣传功能走向多元化功能,媒介经营方式也越来越多。

于是,从 1992 年以后的新闻改革,重点不再放在媒介的功能以及媒介的传播内容上,而是转移到媒介的外围即经营管理上。但传统新闻学理论已经不适应媒介多元化、功能多元化、结构多元化的媒介现实,新闻学必须开辟新的研究领域。1990 年代,受众研究、收视率研究、效果研究等大众传播学的研究纷纷被借鉴、效仿和移植到新闻学领域,美国大众传播学的核心理论如"议程设置""使用与满足"等被全面介绍、引进,并在中国现实中予以研究。这样,新闻学研究逐渐突破了立足于媒介内部如采写编评等新闻业务以及内部管理的研究,即突破"小新闻"的框架,将重心向媒介与信息、媒介与市场、媒介与受众的关系方面转移,探讨整个信息传播业与社会其他领域的结构性关系。新闻学开始走向大众传播学。④

新闻学转向大众传播学是对传统新闻学的一次改革,是对蓬勃发展的新闻实践的一种关照。

(三)走向"大传播":新传播革命重构学科格局

1990年代末,特别是进入新世纪之后,互联网和新媒体异军突起,电脑、手机、平板电脑等终端设备不断推陈出新;BBS、博客、微博、微信等传播手段日新月异,日益丰富。互联网与新媒体不但在形态上将文字、视频、音频融为一体,更使媒介融合成为不可逆转的大趋势。

而进入新世纪后特别是近几年,社会化媒体、移动终端和大数据等新技术又开始对传媒业产生着深远影响。社会化媒体开启了"用户为中心"的时代,新闻生产模式将是公民新闻与专业媒体平分秋色;新闻消费模式则是个人门户兴起而大众门户式微;移动传播重新定义了新闻生产与消费的时空观;大数据时代,数据成为新闻的"富矿",成为新闻的核心资源之一。⑤如此一来,以往的新闻样式、新闻生产、媒体形式、传播形式以及传受关系将被颠覆。传媒业的整个生态随之改变,其中心正飞快地转向移动终端和互联网,如今的新闻业是互联网新闻业。

互联网和新媒体的广泛应用,深刻改变着我们的生活方式和社会生态。国家、社会、个人均处于信息传播的全球化、碎片化和分工的精细化当中,这使得人与人之间的依赖更强,更需要分工协作和沟通。鲁滨逊式的生存方式无法适应现代社会。当下中国社会,急剧转型、矛盾凸显,又恰逢新媒体介入,社会冲突事件不断发生。民间舆论场的声音越来越强烈,与官方舆论场处于激烈的胶着状态。现实提醒我们,媒介技术的进步、信息传播的便捷、海量信息的喷涌并不必然带来沟通障碍的消除,如何重建互信成为一个难题。

互联网和新媒体通过技术赋权改变了执政者和民众之间在信息传播、公共事务处置等方面不对称的关系,新媒体为执政者形塑了一个全新的执政环境。社会与政府、国家与国家之间争夺传播主导权的斗争,成为一个重大命题。在全球范围内,新传播革命大大加速了全球化进程,编织起一张错综复杂的全球传播网络,时空被无限压缩,全球信息空间被重构。跨国传媒公司的信息传播突破、解构了民族国家的疆界,动摇了民族认同的基础,个体主义与全球化相颉颃的局面将在长时期内存在。而互联网与新媒体的个人化运用,促使世界范围内的非主流媒介向主流的媒介话语以及统治性媒介政策提出挑战。这引发了新一轮的世界信息与传播新秩序的斗争,又影响着全球格局的确立。争夺传播主导权,不仅仅在于硬件设施即传播渠道的掌控,更在于能否利用传播来赢得舆论,赢得人心,利用传播来治国理政,获得参与重塑全球格局的权利。

总之,互联网和新媒体正水银泻地般地渗透到政治、经济、社会、文化诸多方面,正深刻地改变着世界。传播与社会治理、国家治理、全球治理联系在一起,不仅是一个未来趋势也是现状。在国家战略、世界格局的层面上观照新闻传播现象,就打开了新闻传播研究无比开阔的新视野,也是新闻传播学大显身手的机会。

而综观近些年的新闻传播学研究,学者们已经在这一信息技术引发的全局变革的背景下展开了学术研究,并取得了相当的成果。这些研究及成果突破了"小新闻"的框架和大众传播学的领域,体现出宽广的学术视野和包容的学术胸怀,说明新闻传播学研究在不断深化、扩展,"基础渐厚,蓄势待发"。⑥有学者通过对2012年新闻传播学专业9种CSSCI期刊所发表论文的统计,发现传统的新闻理论和狭义的传播学研究的比重在下降,网络与新媒体研究论文超过了广播电视研究。"新的媒体形态、传播活动以及传播现象层出不穷,大大拓展了学术研究的外延。新闻传播学研究正在发生结构性变化,重心开始转向新媒体领域"。而且"学术研究内涵正在发生革命性变化。新媒体带来的更深刻的影响是全面性地改变了学术研究的内涵,它将我们从'职业新闻传播研究'推向'社会化新闻传播研究'的新阶段。"⑦

再以《新闻与传播研究》《新闻大学》《国际新闻界》《现代传播》等学术期刊为例,其栏目分类在立足于新闻传播学各二级学科的基础上,又设置了交叉性更强的栏目,如《现代传播》的"传播艺术与艺术传播"等栏目及新兴研究方向。这些期刊近年来所刊登论文的主题与涉及的专业领域、理论资源等,均呈现出多样化的特点。曾经属于其他社会科学学科的研究议题,如"身份""共同体""社区""城市""国家形象""国家战略"等,近年来也有了新闻传播学学者的成果出现。这些研究以传播、交往、沟通为切入点,为相关研究奉献了学术见解,也为新闻传播学科拓展了学术领域。

从上述学术前沿可以看出,新闻传播学从"小新闻"走向"大传播"的研究取向已初具规模。我们想强调的是,目前的研究成果并不能完全说明这一"转向"出于新闻传播学术界的学术自觉,它或者仅仅是学者个人的学术兴趣所在,或者仅仅是对传播现状的反应。我们应抓住新传播革命给理论创新、学科布局拓展带来的历史机遇,以完全的学术自觉、以学科建设的胸怀实现新闻传播学的又一次跨越和突破。

二、"小新闻"走向"大传播"的含义

"小新闻"走向"大传播",不是放弃传统新闻学和大众传播学的研究而"另起炉灶",而是在新传播革命的背景下,将新闻学、传播学研究推向更为广阔的领域,进一步确认学科发展的方向,确立学科建设的重心,确定学术研究的课题。

具体来说,从"小新闻"走向"大传播",有两层含义。

(一)新闻学研究超越媒体内部,面向整个社会

新闻传播学学科的突出优势是始终与社会现实保持紧密联系,关注并解决现实问题,这是新闻传播学的"生命"所在。新闻传播学学科向社会提供科研成果和毕业生这两大"产品"来满足社会各阶段的不同需求。

第一,就科研来说,应在沟通、交流层面上,研究信息传播与社会治理、国家治理、全球治理的大问题。"大传播"的研究视野和目标决定了新闻传播学不应仅仅关注并解决国内经济社会发展中的问题,即中国问题,因为在全球化的语境中,中国问题和世界问题很大程度上是同构的。这就要求我们必须从全球治理的高度出发来审视全球传播下中国的境遇以及与世界的关系。同时也要以传播的视角,针对全球问题如气候、环境、食品、医药、能源、和平、发展等展开研究,提出对策。一句话,新闻传播学应为社会治理、国家治理、全球治理作出贡献,这是这门应用性学科的最大价值。

大众政治的勃兴、网络社会思潮的喷涌、网络舆论的涨落、网络群体性事件的爆发,这些都改变着政治生态。执政党如何应对新执政环境,同样是"大传播"要研究的课题。美国学者蒂莫西·E.库克(Timothy E. Cook)于上世纪末提出了"新闻执政"的概念,认为新闻媒体是政府每天的日常运作不可或缺的一个政治机构。⑧近几年国内也有一些关于该话题的硕博论文出现。我们更应关注的是新媒体时代执政者如何与民众有效沟通,共同治理社会。

在媒体与个人、社会的关系研究方面,也应有新的方向和突破。信息生产与传播的个人化、社会化、碎片化,严重冲击着传统媒体组织化的信息生产与发布方式。人们接触信息的途径已不再以大众传媒为主,各种正式和非正式的组织传播,如手机短信、BBS、QQ群、微博、微信等,其沟通影响力大大超越了大众传媒。新闻传播

学必须创新自身理论,超越新闻学、大众传播学中关于新闻和传播的定义中或明示或暗含的"专业化的组织机构"这一前提,面向个人化、碎片化、社会化的新闻、信息生产与传播。同样,新媒体注重交互、即时的传播特点,使传统媒体的线性传播优势不再。对三大传统媒体的研究,不能延续"信息如何有效传递"的原有思路,而应放在沟通的角度和位置上。

第二,就另一"产品"——学生来说,据粗略统计,全国新闻传播院系的毕业生,到媒体就业的已不足 30%。这一数据一方面说明,由于各种原因,新闻传播学专业学生到媒体就业变得困难;但另一方面,也应看到其他大约 70% 的毕业生的就业去向是各级党政机关、部队、学校、企业、社区、医院等社会很多行业。这正说明,社会各行业认可并大量吸收、接纳新闻传播学专业毕业生就业。这就提醒我们,不应该将培养目标、就业方向局限在媒体特别是传统媒体上,而要根据社会的需要,主动调整培养方案、课程体系、培养模式、培养目标,突破"小新闻"和大众传播学的教学框架,面向整个社会,培养能够从事诸如健康传播、商务传播、社区传播、政务传播、国际传播等工作的各种人才。

(二)超越单一学科,实现跨学科的融合

1992 年,有 43 年悠久历史的东京大学新闻研究所(Institute of Journalism)更名为东京大学社会信息研究所(Institute of Social-Information and Communication Studies),旨在以"社会信息综合研究"为基本定位,设立信息媒体、信息行动、信息社会三大部门。到了 2004 年,在信息环境多元化的社会现实中,该所又与计算机等相关院系合并,组建为研究生院"信息学环·学际信息学府"。它标示着日本新闻传播学从 1950 年代的新闻学跨越了大众传播学和传播学后,开始进入了"社会信息学"时期。① 这也许可以看出半个世纪以来学科的转向与融合是必然的趋势。

就我国目前的传媒业现状和新闻传播学研究来说,也经历着同样的路径。新媒体环境下,层出不穷的传播现象和不断嬗变的传媒形态拓展了学术研究的外延,新闻传播学研究的格局不断翻新。媒介融合、移动互联网、大数据、云计算等成为学术研究的热点和前沿领域,新闻传播学研究的内涵也发生了变化。例如上文提到的传统新闻学、大众传播学赖以存在的基础即"组织化传播"的坍塌,传者、受者、过程、效果等传播规律必然被改写,传统新闻学、传播学的理论体系必将重构。而重构的起点,就是突破囿于媒介组织内部的"小新闻"研究框架和以受众、效果研究

为重点的大众传播学研究,走向以沟通、交流、互动为目标的"大传播"。这就要求新闻传播学突破原有的专业、学科限制,借鉴、容纳其他学科的研究成果、研究方法、理论体系,实现跨学科的融合。

以最近的研究热点"大数据"为例,数据挖掘和相关性分析,可以有效地预测、分析新闻热点事件的发生、舆论热点的生成和群体性事件的突发,从以往的抽样分析到大数据时代的相关性分析,转换了研究思维和研究方法。而大数据的研究与应用,就需要数学、统计学、计算机科学等多门学科知识的支撑。

再以现实研究为例。近年来拆迁、环保、食品安全、公共卫生等议题始终是新闻传播学学科的热门议题,但这些议题和问题的研究,必须借助其他学科才能有深度、有突破,比如最热门的就是社会学中的阶层分化、阶层流动等理论。[⑩]关于新型社会关系的研究,社会学中社会关系理论、社会资本理论为目前大热的微博、微信研究以及人际传播研究提供了一个新视角。

在技术变迁及社会现实的双重逻辑下,新闻学、传播学已不能囿于原有的专业、学科划分。新闻学必须与其他社会科学学科如政治学、社会学、社会心理学、法学、经济学、哲学,甚至一些自然科学学科实现跨学科的融合。

三、"小新闻"走向"大传播"的途径

"小新闻"走向"大传播"已是必然的趋势,但如何转化?这条必由之路在哪里?

新闻传播学学科每个阶段的理论创新与实践突破,都是学界、业界对信息新技术、媒介新形态做出的回应,是新闻人在观念的进步与更新中推进的。新媒体时代,更要具备这样的创新意识。"小新闻"走向"大传播",新闻传播学者自然不能画地为牢、自我封闭,要树立开放的观念,站在学科建设的高度,以开阔的学术视野,海纳百川的胸怀,融合多学科、多专业、多取向的相关研究,为新闻传播学所用。也要以新媒体时代的理论勇气和学术智慧,不囿于"小"问题,进一步开拓学科的领域,重新开辟新闻传播学研究的新课题,规划学科建设。

在此指导思想下,新闻传播学界必须不断更新知识结构,组建具有多学科背景的科研、教学队伍。近几年来,新闻传播学教育教学改革取得较大进展,调整了本科专业设置,网络与新媒体教育得到加强。但新闻传播院系教师的学科结构和知识结构仍显单一,这自然无法应对媒介融合以及新传播技术带来的媒体和社会变

化。要适应"大传播"的转向,对研究者个人来说,必须更新自身知识体系,包括新闻传播学知识的更新,以及相关学科知识的补充。对研究团队来说,其成员不应限于新闻传播学的专业背景,而应是多学科专业人员的汇聚。

目前,一些综合性大学出现了一个新动向:长期被其他学科所轻视的新闻传播学专业忽然很"吃香",医学、信息科学、社会学、政治学、管理学等专业纷纷到新闻传播学专业来挖人,吸收到他们的研究团队里。这说明,其他专业已明白,在当下,传播已极其重要。而我们新闻传播学专业是否有这样的学术自觉,去组建跨学科的研究团队?

总之,"小新闻"走向"大传播",是媒介变迁、社会转型对新闻学、传播学提出的新要求,本文正是在这一背景下从学科交融角度对学科发展和建设所做的探索。

注释:

① 李良荣:《艰难的转身:从宣传本位到新闻本位——共和国60年新闻媒体》,《国际新闻界》2009年第9期。
② 李良荣:《新闻学概论》(第四版),复旦大学出版社2011年版,第1页。
③ 李良荣:《十五年来新闻改革的回顾与展望》,《新闻大学》1995年春季刊。
④ 李良荣等:《新闻学需要转向大众传播学》,《新闻大学》1998年秋季刊。
⑤ 彭兰:《社会化媒体、移动终端、大数据:影响新闻生产的新技术因素》,《新闻界》2012年第16期。
⑥ 黄旦:《由功能主义向建构主义转化》,《新闻大学》2008年第2期。
⑦ 刘自雄、刘年辉:《2012年度我国新闻传播学研究综述——基于9种CSSCI期刊的分析》,《现代传播》2013年第3期。
⑧ Timothy E. Cook: *Governing with the News: The News Media as a Political Institution*, Chicago and London: University of Chicago Press, 1998.
⑨ 吴信训:《新媒体时代传媒及创意人才培养模式的再考量》,《新闻与传播研究》2013年第4期。
⑩ 陆学艺:《当代中国社会阶层的分化与流动》,《江苏社会科学》2003年第4期。

冲击与吸纳：互联网环境下的新闻常规*

◆ 白红义

一、研究缘起

自20世纪90年代以来,互联网对于新闻业的意义引起了新闻研究者的极大兴趣。尽管互联网并没有如一些人预料的那样,给传统新闻业带来一场革命,塑造出全新的新闻业。但如今我们再讨论新闻业时,已不得不正视这样一个现实——互联网已经深深"嵌入"到新闻业的肌体:一方面,它成为新闻实践的活跃平台,为新闻业提供具有无限可能的技术基础;另一方面,它本身就是新闻实践的一部分,在或明或暗地改变着传统新闻业的面貌。互联网究竟为新闻业带来了什么?在互联网环境中成长起来的新闻业与传统新闻业有何区别?本文尝试从新闻常规(news routines)的角度来对上述问题做一解析。

新闻常规是新闻社会学中的一个重要概念,按照休梅克(Shoemaker)和瑞斯(Reese)的定义,新闻常规是新闻工作者用来完成工作的一系列模式化的、常规的、重复的实践和形式。[1]简单来说,它指涉的是新闻工作者用来处理每天工作任务的习惯方式,包括寻找选题、联络消息来源、判断核实信息、采访、写作等部分,以上各项还可以再做细分。[2]这些新闻常规其实就是日常新闻生产中隐藏着的规则,能够帮助新闻工作者有效地应对新闻工作的无序和不确定性。新闻常规的形成是个动态的过程,往往随着组织内外环境的改变而调整。从这个角度来说,它是一个很好

---

* 原载于《现代传播》2013年第8期。

的观察新闻业变迁的切入口。正如夏倩芳和王艳所言,"新闻传播的变迁必然会反映在新闻常规的变化上,体现在新闻工作者习以为常的工作方式中,可以说,新闻常规是我们描绘和理解新闻业现状时必须把握的实然存在"。③

互联网已经极大地改变了新闻制作和发布的方式,随着互联网给传统新闻业带来的冲击日趋明显,新闻组织如何适应这一挑战?在这一过程中,传统的新闻常规发生了哪些变化?这样的变化对新闻组织而言,有什么样的意涵?本文希望在梳理相关西方文献的基础上,结合中国的新闻实践对此做一探索性的研究。

二、新闻组织与新闻常规

新闻既是一种个人产品,也是一种组织产品。记者虽拥有各自的特长与自主性,但新闻的采访、写作、编辑等生产流程却必须在新闻室内经过层层的把关与决策,才能制作出成品。新闻室的日常运作未必会有一套巨细无遗的规章制度,而更多依靠一种无形的组织文化。因此,新闻常规在组织运作中扮演了重要角色,媒体甚至被认为是一种在新闻室内使用常规使工作顺利完成的正式组织。④新闻组织内部通过各种规训手段,如日常采编流程、业务培训、晋级和奖惩体系、薪酬体系等,使新闻工作者不断内化和重复这些做法,从而使新闻生产呈现出较为稳定和一致的样貌。⑤新闻工作者在常规中执行任务,也通过常规完成他们的工作。这套新闻常规的运作对于新闻组织和个体均有裨益。对于个体来说,常规赋予他们一套既定的观念和程序以快速认识、分类和理解新闻事件;对于组织来说,常规确保其在有限时间内完成新闻生产,保障组织运作的有序性和稳定性。⑥常规虽为新闻工作者个体所用,但它的根本目的是为了应对实践中的工作问题,其形成与运作必须考量组织的目标和要求,在与组织目标校准的过程中,组织便会透过常规引导工作。⑦

塔克曼(Tuchman)在西方学术界中率先使用了"新闻常规"这一概念。⑧新闻工作每天面临大量的非预期性事件,为了应对和处理这些突发的例外事件,新闻生产过程必须"常规化"(routinized),只有把这些事件与应对的方式常规化,才能应付新闻的突发特性。在日常的新闻生产过程中,新闻组织为处理每日复杂的新闻事件会相应制定出许多常规:第一,新闻网络的设置。新闻网络在空间上连接在一起,覆盖具体的组织,关注的重心则是具体的话题。第二,新闻的时间。为了配合新闻制作的节奏,新闻组织必须善于规划时间,迎合主要机构的办公时间进行采访,下班之后的事件除非极为重大,通常不会被采访。第三,新闻的类型。塔克曼将新闻分成软新闻与硬新闻两大类,软新闻以人情趣味性为主,硬新闻则是那些突发的、无法预料或安排的事件。具体来说,硬新闻又可分成突发性新闻、发展性新闻和连续性新闻。新闻组织和记者会根据新闻的类型进行资源的安排与调配。⑨第四,新闻报道的方式。因为记者往往没有足够的时间来证明他们所获取的信息是事实,客观性的报道就成为抵挡外界批评的一种策略性仪式。⑩

虽然塔克曼率先引入了常规概念,但她的研究并不是从一个空白领域起步的,类似的将新闻生产标准化、行业化的思想在她之前已经产生,只是没有使用常规这个概念而已。比如 1960 年吉伯(Gieber)对新闻室中个体新闻工作者"任务导向"工作特点的研究以及 1965 年加尔东(Galtung)和鲁格(Ruge)对新闻价值的研究。⑪在塔克曼之后,一系列关于新闻生产的研究也都试图讨论新闻工作者如何构建这些新闻常规。莫洛奇(Molotch)和莱斯特(Lester)针对媒体报道一起漏油事故所做的研究指出,常规已经成为新闻组织的专业规范,它包括在突发事件发生时尽快进行报道,否则受众的关注度会随着时间推移而下降;将新闻工作者集中部署在大城市、报道那些近在咫尺而非遥远外地的新闻等。⑫甘斯(Gans)基于对四家美国媒体的参与式观察对新闻生产流程进行了全景式的描述,展现了诸多媒体内部的新闻常规,如新闻故事选择的可用性与相适性、消息来源的可用性与实用性、美国新闻从业者所遵行的新闻价值观等。班茨(Bantz)等人对于地方电视台的研究提出"新闻工厂"(news factory)的概念,将新闻工厂内的工作分成五部分:提出新闻线索、采访工作调派、采访获取新闻素材、整合新闻素材、新闻播出。电视台的新闻生产依照上述流程进行,就好像工厂内的生产线(assemble line)。新闻工作的常规化会导致四种负面后果:缺乏弹性、新闻产品缺少新闻工作者的个人投入、以新闻工作者的新闻产量和效率来评定其好坏以及个人期望与新闻工厂现实之间的不一致。⑬伯克维茨(Berkovitz)对坠机事件报道的研究也突显了新闻生产常规的重要性。他描述了一家电视台的新闻记者如何调整日常的工作惯例来报道一起空难。与日常新闻生产过程中使用的六个主要步骤略有不同,记者采用了与之类似的五个步骤来报道这起出乎意料之事(what-a-story)。也就是说,新闻工作者会自动地将此类无法预料的突发事件纳入常规性的生产流程中,使得他们即使面对非常规事件时也能以一种几乎常规的方式完成工作。⑭

按照布赫(Bucher)的说法,常规实际上是一个协商过程。也就是说,具体的情境决定着何种常规得以形成。⑮大量既有研究发现的新闻常规是在现代新闻业日趋专业化的过程中慢慢形成的,在这一历史过程中,势必不断有新的常规形成和出现,也有旧的常规日趋式微乃至消逝。互联网对于新闻业的渗透则为我们提供了这样一个契机,探讨新闻常规在急剧变化的新闻生产环境下所发生的变化。

三、网络时代的新闻常规

新闻常规究竟包含哪些内容,学者们并没有统一说法。为了理解常规在新闻业中的形成和效果,研究者必须确定常规自身所发生的变化。过去几年来,西方学者已经注意到新闻生产中的常规、模式与实践发生了许多变化,比如记者外出采集核实新闻的常规正在逐渐削弱、新闻组织越来越依赖于从互联网上寻找新闻素材、新闻工作者的角色越来越模糊、越来越强调记者的全能性以适应跨平台的新闻生产等。⑯本文主要以下列三种基本的新闻常规为例,讨论新闻常规在互联网环境下的变化。正是因为其在新闻生产过程中具有基础的地位,才能更深刻地体现出新的时间、空间、技术等因素所带来的新闻常规的变化。

(一)路线常规

在塔克曼的研究中,社会被新闻组织分割成若干细格,组织内部则设计出特定的"路线(beat)",配备专门的记者长久而定期地获取路线信息,不同新闻组织根据对事件或机构的不同重视程度决定是否或如何设置路线。路线中比较重要的机构成为记者关注的重点,为不遗漏重要线索,记者须定期联络与拜访这些机构。一般来说,政府、大企业、宗教团体等较容易成为媒体的固定路线。⑰费什曼(Fishman)认为路线是扎根于记者实际工作世界中的概念,它在新闻组织中的历史甚至早于主跑路线的个体的历史。在他看来,虽然路线主要由记者负责联系,但路线的归属却由新闻组织内的管理人员负责调配。⑱路线并不总是由机构构成,也存在一些话题或活动因为出现频率较高而持续受到重视,逐渐形成"话题决定路线"的情况,比如环保议题便成为许多媒体的固定路线。可以说,路线是影响新闻选择的先决条件,而且不同路线的记者在报道同一新闻事件时选取的报道角度往往会有不同。

随着网络技术的发展,互联网提供的信息成为许多记者获取新闻线索的重要资源库。早在1999年,美国就有92%的新闻记者在网上搜索新闻素材。[19]2010年,一份对2500多位中国记者的调查也显示,受访者中超过9成的记者认为社交媒体上的新闻线索有价值,超过6成的记者曾通过"从社交媒体上获取的新闻线索或采访对象"完成过选题报道。[20]当来自互联网的内容在日常新闻生产中的作用日趋凸显时,设置与网络信息有关的路线就成为一个理所当然的选择。从国内媒体的实践来看,一些媒体设置了专门的报网互动版面,如《南方都市报》的网眼版将原本在网上流传的事件信息"落地"成为传统媒体报道的题材。在具体操作中,网眼版不是直接采用网民报料,而是主动去一些热门的网络论坛寻找网络相关题材,记者需要大量阅读与网络事件相关的每一个帖子,提炼角度、设计问题,然后去采访与事件相关的当事人或有关部门。[21]还有媒体设置了专门的网络监控记者,如《安徽商报》设置一名监控记者,负责实时监控百度新闻等搜索引擎中有关安徽的新闻。他的工作内容就是在百度中键入"安徽""合肥"这类关键词进行检索,看全国其他媒体报道中有没有关于安徽方面的新闻,如果有的话,就需要看新闻内容是否可以做到"本地化"。如果可以"本地化"的话,就可以安排下一步的采访计划。[22]

值得注意的是,互联网之所以成为传统媒体不得不重视的一个路线,其根本原因就在于近年来国内颇有影响力的新闻报道多源于互联网。尤其是微博的出现使得公共事件的发生频率、传播广度和深度都发生了天翻地覆的变化,比如"宜黄事件""李刚事件"等共同推动微博事件成为传统媒体报道的常规题材,进入新闻生产的常规流程。[23]传统的新闻从业者根据个人经验以及对社会的认知来判断某个事件的新闻价值,某些被选择的事件之所以能够成为新闻,是因为它们符合了特定的组织标准和文化价值。但互联网出现后,这一状况发生了一定的改变,网上热门事件成为媒体新闻选择的新标准。网络热点往往意味着此事具有吸引网民注意的元素,也就意味着具有较高的新闻价值,从而简化了记者们的新闻选择过程。

(二)消息来源常规

虽然不同新闻组织设置的路线会存有差异,但与路线上的消息来源保持密切互动的工作常规则大体一致。在一项开创性的研究中,西加尔(Sigal)分析了1949年至1969年间《华盛顿邮报》与《纽约时报》的头版新闻,结果发现美国及外国政府官员占所有消息来源的四分之三。[24]此后对消息来源的研究也都有类似的结论,学者们发现一些特定的组织或个体更容易成为消息来源,官方部门、社会精英、专家、男性等更多地出现在新闻报道中。记者与消息来源的互动关系也成为一种例行性的新闻常规,在实践中表现出共生、同化、对立、交换四种类型。㉕消息来源的角色如此重要,以至于新闻社会学者们认为,真正的新闻应是新闻记者与消息来源共同合作的结果。甘斯把新闻生产比喻为一段新闻记者与消息来源"共舞"的过程,两者虽然均可随时带领另一方起舞,但大部分时候占上风者仍为消息来源。㉖

在记者搜寻消息来源的过程中,传统上比较重视人际关系在这方面的作用。而随着互联网技术的不断革新,网络业已成为一种非常重要的中介资源。近年来的研究指向了与消息来源有关的新闻常规和实践的重要变化,帕弗里克(Pavlik)就强调了记者如何使用网络工具来搜集信息或者与人联络。㉗从中国记者的实践来看,在搜索引擎、网络论坛之外,以微博为代表的社会化媒体越发凸显出它在帮助记者寻找消息来源方面的重要性。在记者微博平台上寻找消息来源的行为已经形成了下列几种方式:第一种是微博用户的主动爆料,他们或是事件的当事人或是知情者,将相关信息发布到微博上后引起记者的关注。第二种由事件当事人自行发布,记者跟进采访。他们发布的微博基本上是一手信息、原始素材,记者往往可以由此接近核心信源,把握事件最新进展。第三种则为记者主动求援、广泛搜寻新闻事件的当事人或知情者。在微博平台上,记者与消息来源的距离缩短,由疏离、陌生变为接近、熟知。由于微博发布技术门槛低、发布主体去中心化,与新闻事件相关的名人或普通人都能在报道聚焦时期成为"焦点人物",记者可以即时掌握其动态,还可以用关注、跟帖、转发或私信方式与其公开交流或私下联系。㉘事实上,Twitter 之所以受到美国新闻记者的青睐,与它便于记者寻找消息来源也有密切关系。㉙与此同时,这些网络工具提供的便利性也使得记者更多地待在编辑部里。尼格伦(Nygren)的研究就指出,许多瑞典记者比 5 到 10 年前花费了更多的时间待在编辑部。同一调查还表明,大多数很少离开编辑部的记者是所谓的网络记者,他们利用其他记者搜集的材料、网上的消息来源以及电话来尽可能快速地制作新闻。值得注意的是,尽管互联网使记者与消息来源的互动变得更加便捷与快速,但并没有使消息来源的多元性变得更强。㉚

(三)时间常规

时间是影响新闻取舍的重要考量因素,尽管关于新闻的定义纷繁多样,但在新闻价值的判断中,时效性却是一个最基本的元素。事件发生与新闻报道之间的间隔越短,新闻报道也就具有更高的价值,重视突发新闻、设置截稿期限都是时间观念影响下的产物。新闻工作是一个"因时作息"的行业,一方面,为了获取新闻,新闻组织和新闻工作者会配合路线与消息来源的工作时间而形成独特的工作节奏,比如定时定期拜访路线上的消息来源;另一方面,任何社会事件要被报道都须与新闻媒体的工作节奏相吻合。

在传统媒体环境下,尽管记者们努力缩短事件发生与新闻报道之间的时滞,但受限于客观条件,记者们处理的永远都是已经完成的新闻。随着媒介生产平台的多样化以及一些更为复杂的内容管理系统的引入,记者生产所需要的单位时间越来越短。尼格伦的调查表明,传统的地方媒体的记者一天可以制作2~3条新闻,但在网络媒体工作的记者效率最高的可以达到一天5~10条稿件。这充分证明,互联网及其他数字技术的应用大大提高了记者的生产效率,增加了新闻产品的数量。但与此同时,新闻产品的质量并没有随之提升。也有学者注意到,数字技术也使得传统媒体的截稿期有所变化。克兰纳伯格(Klinenberg)指出,网络媒体已经打破了一个新闻工作日内(news day)原有的时间边界,创造了一个总是有突发新闻需要报道和作出反应的信息环境。㉛记者完成工作的单位时间比以往被压缩了很多,在网络环境下从事新闻生产,必须面对时效性所带来的压力。"高速新闻"越来越具有支配地位。㉜中国媒体在报道突发事件时,也开始越来越频繁地使用社交媒体。比如6月7日发生的"福建省厦门市BRT公交车燃烧事故",在事故嫌疑人的有关信息被锁定后,《新京报》等传统媒体就在第一时间通过官方微博发布了前方记者的稿件,以长微博的形式突破微博文本140字的限制,将记者采访到的内容予以披露,而没有拘泥于传统的截稿期限的限制。

四、新闻常规的冲击与吸纳

从上述讨论来看,新闻常规具有很强的适应性,以应对千变万化的新闻生产情境。虽然传统媒体在新媒体技术的冲击下,会对其既定的新闻常规进行范式修补(paradigm repair),但这种修补只是在程度上有深有浅,难以形成根本性的范式更替。即使是最有可能对传统的新闻范式形成冲击的参与式新闻也难以撼动既定范式。

参与式新闻描述的是普通公众如何参与到收集、选择、出版、发布、评论及公开讨论新闻的过程和这种公众参与所产生的效果。㉙它正是依托互联网的技术特点，让受众的参与性在互联网平台受到最大程度的尊重与拓展，使普通公众有可能直接介入新闻的生产和传播过程。但在新闻生产过程的五个阶段中，公众参与的程度有非常明显的不同。第一个阶段是接近/观察阶段。媒体为公众提供了不同的方式，可以联系到新闻室或是某位特定的记者，最常用的方式是电子邮件，鼓励用户提供新闻线索或者是对新闻报道的建议，但是能否采用仍取决于专业记者的判断。因此，公众设置议程的能力被记者们紧紧地限制住。第二个阶段是选择/过滤阶段。这个阶段通常是对公众关闭的，如果放任公众介入就意味着新闻的决策权交给了公众，对于专业的新闻工作者而言，这是不可容忍的。在第三个阶段处理/编辑阶段，媒体也会尽量避免允许公众来撰写他们自己的新闻报道，即使为公民报道提供了机会，整个过程也要受到严厉的编辑控制。而且公民的参与要取决于新闻的性质，如果是硬新闻则仍由专业记者掌控，只有如旅游、文化一类的软新闻才会欢迎公众生产的内容。新闻生产的第四个阶段是传播阶段，用户能够决策的程度也非常有限。很多报纸网站设置了根据最多用户阅读或邮件发送的报道排名，这看似是记者把判断哪条新闻最佳的决策权力交给了用户，但在许多专业记者看来，做出这样的判断其实是记者能够而且应该扮演的另外一个角色。最后一个阶段是新闻的阐释阶段，这是目前为用户参与提供了最多选项的阶段，用户被鼓励就当日的新闻发表意见。最简单又最直接的工具就是关于当日议题和报道的民意调查，这通常会吸引最多的用户参与，对用户来说匿名投票不需要花费什么时间。除此之外，还有两种主要的参与方式：一种是在报道的下方评论，另一种是与新闻分开设置专门的论坛供读者讨论。可见，评论是最为广泛应用的参与方式，促使用户讨论专业记者生产的内容。㉚

从上述五个新闻生产的不同阶段可以看出，报纸网站在大多数新闻生产的阶段提供给用户的参与选项都是相对有限的，只有在生产过程的最后一个阶段，用户能够评论或者讨论专业记者已经制作完毕并出版的内容。也就是说，专业新闻记者作为把关人仍然牢牢地掌控着新闻生产的绝大多数权力。张伟伟对一家中国报纸报网互动版面采纳 UGC（用户生产内容）所进行的研究也证明了上述西方学者的结论。根据她的观察，"报网互动"栏目的编辑记者每天有一套相对固定的工作流程，实际上和报纸新闻的工作常规并没有区别。他们在进行新闻选择时并不考虑网民因素，和网友之间也完全没有互动。张伟伟认为，"报网互动"一周有五天要出版,填版压力对于版面的一个编辑和三个记者来说是很大的工作负荷。他们每天工作的目的就是尽快找到合适的新闻线索,安排采访,赶在规定时间内完成版面内容。为了节省时间和精力,不得不将"受众参与"摒弃在工作常规之外。㉚

从参与式新闻的例子可以看出,传统新闻组织的新闻常规具有强大的适应和吸纳能力。李立峰发现香港的传统媒体在受到新媒体事件的冲击后,很快做出了"范式订定",结果导致新媒体事件在新闻生产的过程中被常规化、工具化,最终又被纳入到权力关系的旧有体系之内,并没有对传统媒体的权力架构形成强有力的改变。㉛周葆华则在李立峰的"范式订定"基础上提出了"动态订定范式"的概念,在大陆的新闻生产环境下,由于事件的类型、地点、传播符号、微博介入的功能等特质的差异,范式订定很少一蹴而就,而是由一组事件共同推动的动态过程,其中的具体事件可能会从不同方面修订既有范式,比如"对新闻生产过程的不同冲击、对新闻价值的更新以及对报道框架的改进等"㉜。

两位学者都注意到,互联网对传统的新闻常规构成了一定的冲击,但最终都被新闻常规所吸纳,没有从根本上颠覆原有的常规。新闻常规为何会具有这种特征?近年来,新闻研究中兴起的制度理论给出的解释是,新闻组织通过各种规则来协调新闻生产,这些规则在组织场域中经过系统化后,形成一个由相对稳定的、趋同化的规则组成的体系,便成为组织中理所当然的制度结构,它"包括新闻业信奉的道德准则,媒介公司的官僚机构内等级森严的劳动分工,新闻采访的组织分工,新闻从业者进行选择和解释辩护的标准化言辞,以及典型的新闻视觉呈现、叙事结构和文字风格等"。㉝在一个较长的时段内,制度具有相对的稳定性。这是因为制度通常以路径依赖的方式发生演变,初始事件或过程比后来的事件和过程对系统产生的影响更大。最初的模式带有积极的正反馈特征,行动者受到激励而采用已经建立的制度结构,而不是寻求改变。只有当系统发生断裂的关键节点以及出现新方向的机会,制度变迁才有可能发生。㉞

结　语

过往对新闻工作的研究可以分成两种截然不同却又相互补充的路径:一类是讨论新闻组织和记者如何建构现实,另一类研究新闻记者如何将自身塑造成为一个职业团体。㉟对互联网情境下的新闻工作的研究属于第二种路径,此类研究关心的是具体的新闻实践在新的技术条件下发生了怎样的变化,本文从新闻常规的角度对这一问题进行了初步的探讨。

自塔克曼以后,有关新闻行业的常规或规范的研究渐成一个专门的研究领域,集中探讨新闻业日常新闻生产中形成的固定程序、行业惯例、标准化实践以及专业规范。㊵尽管这些关于新闻常规的研究来自不同的时期、不同的作者、不同的媒体,但其研究结论却都非常一致,不管组织、地域、规模和种类有何不同,新闻都非常趋同,导致这种趋同的一个主要原因就在于新闻是由一系列共享的组织常规和惯例界定的。这种缺乏变化的看法使得在对新闻常规的研究中,还有一些更关键的问题有待解决:"这些制约新闻生产过程的组织常规和惯例究竟是从何而来的?他们又是如何在媒介组织间传播和扩散的呢?不同的新闻组织在运用这些惯例时会产生差异吗?其他地方的新闻媒介也会使用相同的新闻惯例和传统吗?如果是,这些新闻惯例会导致同样的新闻趋同的结果吗?"㊶

具体到本文所讨论的互联网情境下的新闻常规,下列疑问是值得深究的:互联网元素是如何渗透到新闻常规中的?传统的新闻室和网络新闻室中采纳的新闻常规是否有所不同?这些新的常规成分能否推翻传统的新闻范式?由于本文是一篇主要基于现有文献的初步讨论,对上述问题的回答有待于更加深入的经验研究,或可尝试从以下三种研究路径着手:

第一,对于关键事件或热点时刻的研究。选择某一重大事件,深入探讨新闻从业者进行新闻生产时体现出的规范、惯例、流程等。热点时刻则指那些关系到新闻业专业地位的事件,透视新闻工作者如何划清专业实践的边界,修补新闻范式或提升新闻业的社会地位。前者如李立峰以一起新媒体事件"巴士阿叔"为例,展示了新媒体对主流媒体既定范式的冲击,主流媒体又如何通过修正范式来回应㊷;后者如李艳红对"邓玉娇事件"中新闻工作者专业反思的讨论,围绕此次公共事件引发的报道争议,具有专业自觉意识的新闻从业者重申和确认了"事实、客观、平衡"等新闻工作的普适性原则。㊸

第二,新闻室的人类学研究。20世纪七八十年代,新闻社会学的一批经典著作采用参与式观察、深度访谈等方法对新闻生产的过程进行了细致、全面的解剖。近年来,一批欧美学者进入到不同网络媒体的新闻室进行参与观察,取得了不少成果。这些研究最为关心的问题就是网络新闻的生产过程,新闻常规是学者们最为关注的一个问题。他们进入新闻室考察新闻常规、行业规范、专业认同等在网络环境下的变化，掀起第二波对新闻室的民族志研究。⑯

第三，记者职业生涯的研究。新闻记者的职业流动是一种正常现象，随着互联网在中国舆论生态的地位愈显重要，不少传统媒体的资深从业者转换跑道，投身到互联网媒体中。在这个职业生涯转换的过程中，他们是否也会对传统的新闻专业产生不同的价值观与认知差异？他们如何调适原有的新闻工作方式以适应网络环境下的新闻生产？在对这类转换生产平台的新闻从业者进行访谈时，宜采用再现式访谈（reconstruction interview）的方法，选择具体的新闻报道，让受访者回忆采写的过程。⑯通过比较受访者在新旧平台上的新闻实践，探求新闻常规的变化过程。

注释：

① Shoemaker, P. J., & Reese, S. D. (1996). *Mediating the Message*. White Plains, NY: Longman, p. 105.

②⑦ 张文强：《新闻工作者与媒体组织的互动》，台北秀威资讯科技股份有限公司 2009 年版，第 153 页。

③⑤⑥ 夏倩芳、王艳：《"风险规避"逻辑下的新闻报道常规——对国内媒体社会冲突性议题采编流程的分析》，《新闻与传播研究》2012 年第 4 期。

④ Molotch, H., & Lester, M. (1974). "News as Purpose Behavior: On the Strategic Use of Routine Events, Accidents, and Scandals". *American Sociological Review*, 39(1), pp. 101—112.

⑧ Tuchman, G. (1973). "Making News by Doing Work: Routinizating the Unexpected". *The American Journal of Sociology*. 79(1). pp. 110—131.

⑨ Tuchman, G. (1978). *Making News: A Study in the Construction of Reality*. New York, London: The Free Press. pp. 15—63.

⑩ Tuchman, G. (1972). "Objectivity as Strategic Ritual: An Examination of Newsmen's of Notions Objectivity". *American Journal of Sociology*. 77(4). pp. 660—679.

⑪ Preston, 2009; Laurily Keir Epstein.

⑫ Molotch, H., & Lester, M. (1975). "Accidental News: The Great Oil Spill as Local Occurrence and National Event". *American Journal of Sociology*. 81(2). pp. 235—260.

⑬ Bantz, C. R., McCorkle, S. & Baad, R. C. (1980). "The News Factory". *Communication Research*. 7(1). pp. 45—68.

⑭ Berkowitz, D. (1992). "Non-routine News and Newswork: Exploring a What-a-story". *Journal of Communication*. 42(1). pp. 82—94.

⑮ 钱进：《时差、节奏与驻华外国记者的新闻生产常规》，《新闻记者》2013 年第 5 期。

⑯ 参见 Mitchelstein, E., & Boczkowski, P. (2009). "Between Tradition and Change: A Review of Recent Research on Online News Production". *Journalism: Theory, Practice & Criticism*. 10 (5). pp. 562—586; Wallace, S. (2013). "The Complexities of Convergence: Multiskilled Journalists Working in BBC Regional Multimedia Newsrooms". *International Communication Gazette*. 75. pp. 99—117。

⑰ Tuchman, G. (1978). *Making News: A Study in the Construction of Reality*. New York, London: The Free Press. p. 22.

⑱ Fishman, M. (1980). *Manufacturing the News*. Austin: University of Texas Press. pp. 29—30.

⑲㉜ Mitchelstein, E., & Boczkowski, P. (2009). "Between Tradition and Change: A Review of Recent Research on Online News Production". *Journalism: Theory, Practice & Criticism*. 10 (5). pp. 562—586.

⑳ 美通社:《2010—2011 年中国记者社交媒体工作使用习惯调查报告》。

㉑ 曾繁旭、周俊林、杨艾莉:《"报网互动栏目"的新闻产制与公共议题的生成》,《国际新闻界》2009 年第 10 期。

㉒ 李小军:《变革与想象:网络科技影响下的传统媒体新闻生产——基于一项个案考察的研究》,安徽大学 2010 年硕士论文,第 62 页。

㉓㊲ 周葆华:《作为"动态范式订定事件"的"微博事件"——以 2010 年三大突发公共事件为例》,《当代传播》2011 年第 2 期。

㉔ Sigal, L. V. (1973). *Reporters and Officials*. Lexington, MA: D. C. Heath and Co. p. 4.

㉕ 喻靖媛、臧国仁:《附录二:记者及消息来源互动关系与新闻处理方式之关联》,臧国仁主编:《新闻工作者与消息来源》,台北政治大学新闻研究所 1995 年版,第 203 页。

㉖ 〔美〕赫伯特·甘斯:《什么在决定新闻:对 CBS 晚间新闻、NBC 夜间新闻、〈新闻周刊〉及〈时代〉周刊的研究》,石琳、李红涛译,北京大学出版社 2009 年版,第 144 页。

㉗ Pavlik, J. (2000). "The Impact of Technology on Journalism". *Journalism Studies*. 1 (2). pp. 229—237.

㉘ 张志安:《新闻生产的变革:从组织化向社会化——以微博如何影响调查性报道为视角的研究》,《新闻记者》2011 年第 3 期。

㉙ 邓建国:《速度与深度:Twitter 对美国报业内容生产流程的重构》,《新闻记者》2011 年第 3 期。

㉚ Preston, P. (2009). *New News Nets: Media Routines in the Network Society*; Preston, P. (2009). *Making the News: Journalism and News Cultures in Europe*. Routledge. p. 66.

㉛ Klinenberg, E. (2005), "Convergence: News Production in a Digital Age", *The ANNALS of the American Academy of Political and Social Science*, 597(1). pp. 48—64.

㉝ Hermida, A. (2011). *Mechanisms of Participation: How Audience Options Shape the Conversation*. In Singer, J. B., Domingo, D., Heinonen, A., Hermida, A., Paulussen, S., Quandt, T. & Vujnovic, M. (2011). *Participatory Journalism: Guarding Open Gates at Online Newspapers*, Wiley-Blackwell, Malden, MA. p. 15.

㉞ Hermida, A. (2011). *Mechanisms of Participation: How Audience Options Shape the Conversation*. In Singer, J. B., Domingo, D., Heinonen, A., Hermida, A., Paulussen, S., Quandt, T. & Vujnovic, M. (2011). *Participatory Journalism: Guarding Open Gates at Online Newspapers*, Wiley-Blackwell, Malden, MA: Wiley-Blackwell, pp. 18—27.

㉟ 张伟伟:《参与式新闻还是专业新闻?当用户生成内容进入主流报纸——基于中国大陆主流报纸 N 报"报网互动"栏目的个案分析》,第五届青年传播学者论坛,中山大学 2012 年 11 月 17~18 日。

㊱㊸ 李立峰:《范式订定事件与事件常规化:以 YouTube 为例分析香港报章与新媒体的关系》,《传播与社会学刊》2009 年总第 9 期。

㊳㊴㊷ 叶青青:《新制度主义视野下的新闻生产研究》,《国际新闻界》2012 年第 1 期。

㊵ Anderson, C. (2006). "Journalistic Professionalism, Knowledge, and Cultural Authority: Towards a Theoretical Framework". Paper Presented at the 2007 International Communications Association

Conference, San Francisco, CA, May 24—28, 2007.

㊶ Preston, P(2009). "New News Nets: Media Routines in the Network Society"; Preston, P. (2009). *Making the News: Journalism and News Cultures in Europe*. Routledge. p. 50.

㊹ 李艳红:《作为反思性话语实践的新闻专业主义:在线"民意"、被裹挟的新闻报道与事实原则的新阐释——以 2009 年邓玉娇事件为例》,第三届文人论政学术研讨会:"中国记者和传媒的专业主义——历史路径与现实建构研讨会"论文集,香港城市大学 2012 年 4 月 26～27 日。

㊺ 这一领域的研究可参见 Chris Paterson 与 David Domingo 合作编著的两本《制作网络新闻》。Chris Paterson, David Domingo(eds). *Making Online News-Volume 1: The Ethnography of New Media Production*. New York: Peter Lang in 2008; David Domingo, Chris Paterson (eds). *Making Online News-Volume 2: Newsroom Ethnographies in the Second Decade of Internet Journalism*. New York: Peter Lang in 2011. 除此之外,一个值得注意的研究是安德森(Anderson)把美国费城不同形态的媒体视为一个新闻生态系统(news ecosystem),考察在互联网环境下,新闻的生产常规、组织结构与专业权威是如何变化的。参见其博士论文 Anderson, C. (2009). "Breaking Journalism Down: Work, Authority, and Networking Local News", 1997 — 2009. Unpublished doctoral dissertation, Columbia University.

㊻ Reich, Z. (2009). *Sourcing the News: Key Issues in Journalism in an Innovative Study of the Israeli Press Cresskill*, NJ: Hampton Press. pp. 24—28.

中国共产党新闻工作群众路线的理论来源及实践传统*

◆ 郑保卫

近期,中共中央政治局决定实施的以"为民务实清廉"为主要内容的群众路线教育实践活动正在全党深入开展,这是保持中国共产党先进性和纯洁性的重要举措,也是党的各项事业能够顺利进行并获得群众认可和拥护的必要保障。

在新闻工作领域,如何贯彻好群众路线,践行和发扬好党的新闻工作群众路线的优良传统,是需要新闻界认真思考和努力实践的问题。本文将对中国共产党新闻工作群众路线的理论来源及实践传统进行阐释和论述,以期对新闻战线群众路线教育实践活动的开展有所帮助。

一、中国共产党新闻工作群众路线的理论来源

正如中央政治局会议所指出的,全心全意为人民服务是党的根本宗旨,群众路线是党的生命线和根本工作路线。深入开展党的群众路线教育实践活动,对于教育引导党员干部牢固树立宗旨意识和马克思主义群众观点,切实改进工作作风,赢得人民群众信任和拥护,夯实党的执政基础,巩固党的执政地位,具有十分重大而深远的意义。①

坚持群众路线是由中国共产党的性质所决定的。作为马克思主义的政党,共产党始终把无产阶级和人民大众的利益作为自己的根本利益,马克思和恩格斯在《共产党宣言》中就明确指出"共产党人不是同其他工人政党相对立的特殊政党。

---

* 原载于《现代传播》2013 年第 9 期。

他们没有任何同无产阶级的利益不同的利益"。

中国共产党人从来都把为无产阶级和人民大众服务作为自己的根本宗旨,把坚持群众性作为自己的传统和优势。1942年延安《解放日报》在总结党报的办报传统和办报经验时,就把"群众性"与"党性""战斗性""组织性"并列为党报工作的四大基本品质之一。[②]

新闻工作必须坚持群众性原则,走群众路线,这一思想原则是由马克思、恩格斯确立的,他们在总结自身革命报刊实践的基础上,对新闻工作群众路线的内涵作了基础性的理论阐述。后来,列宁和毛泽东等无产阶级革命领袖又根据时代的发展和新闻工作的实际需要,对其内容做了进一步的丰富和发展。

(一)马克思、恩格斯:人民的信赖是报刊赖以生存的条件

马克思、恩格斯作为共产主义理论的创始人对新闻工作的群众路线有许多精彩的论述。早在青年时期,马克思就提出了要办"人民报刊"的理念,并对其内涵作了深刻阐释。他提出人民报刊应当是"历史人民精神的英勇喉舌和它的公开表露",是"人民(确实按人民的方式思想的人民)日常思想和感情的表达者","它生活在人民当中,它真诚地和人民共患难、同甘苦、齐爱憎"[③]。他认为人民报刊的实质就在于它体现"人民精神",而人民报刊的记者应当"极其忠实地报道他所听到的人民的呼声","多描写些他和人民来往时人民的贫困状况所给他的直接印象"[④]。

马克思还提出,"人民的信任是人民报刊赖以生存的条件",他认为"没有这种条件,报刊就会萎靡不振"[⑤]。他在自己的报刊实践中,总是把争取人民的拥护和信任作为追求的目标。在他看来,只有获得人民的信赖,得到人民的支持,才是真正的人民报刊,这也成为马克思和恩格斯检验一家报纸优劣的标准。

为了确保能够得到人民的信赖,马克思和恩格斯希望他们亲自创办的《新莱茵报》能够成为"热情维护自己自由的人民精神的千呼万应的喉舌"[⑥],能够始终站在人民的行列中,反映和维护人民的利益,表达和代表人民的意愿。他们在《新莱茵报》上大量刊登工农群众的来信,反映他们的呼声和要求,替他们代言,为他们伸张正义,因而受到了他们的信赖和拥护。他还注意在工农群众中发展通讯员,让他们直接参与报纸工作,因此可以说,党的新闻工作的群众路线传统是由马克思和恩格斯开创的。

(二)列宁:党的出版物要为千千万万劳动人民服务

列宁是马克思、恩格斯办报传统和新闻思想的继承者与发展者,在关于新闻工

作群众路线的论述上,列宁在继承马恩思想的基础上又有许多独到观点。例如,他提出党的出版物要"为千千万万劳动人民服务,为这些国家的精华、国家的力量、国家的未来服务"⑦。很明确,列宁是把广大劳动人民群众作为党的新闻事业忠诚服务的对象。

列宁非常强调党报工作要争取工农群众的支持,认为"唯有他们积极参加报纸工作,唯有他们表示支持,提出批评,撰写文章,提供稿件,反映情况和发表意见",才能使党报"站稳脚跟和保证出版"⑧。为了充分体现和发挥工农群众在党报工作中的作用,列宁极为重视在工人群众中发展通讯员。他提出要尽一切力量在工人和青年学生中为党报组织写作力量,他要求报社"必须让成百上千的工人直接向《前进报》投稿",而且要积极主动,"不能坐等",要"亲自去约","亲自去取"。⑨列宁非常看重群众对报纸工作的意见和建议,他要求报社的同志要重视并处理好群众来信,要定期将其写成综述反映给中央。列宁的这些思想对我们认识党的新闻事业的群众路线具有重要启示。

(三)中国共产党人:党的新闻事业要服务人民群众,依靠人民群众

人民群众在中国共产党人的心目中被置于极其重要的位置,为人民服务被确定为中国共产党的根本宗旨,成为各项工作的指导方针。新中国成立后,党和国家的一切事业和所有工作都同人民群众密切相关。我们的国家叫"中华人民共和国",最高权力机关叫"全国人民代表大会",军队叫"人民解放军",货币名称定为"人民币",党所建立的新中国第一所社会主义大学定名为"人民大学"(即中国人民大学)。党中央的机关报也以"人民日报"为名,毛泽东亲自为其题写报名。该报反复强调自己"既是党的报纸,也是人民的报纸",是"人民的公共武器",是"人民的益友和知音",⑩要始终坚持为人民服务的方向。

人民被置于党和国家工作中无以替代的核心地位,这说明了人民的分量之重,更说明了人民群众在一切事业和工作之中的决定性作用。

为了在实际工作中体现人民群众的核心地位,中国共产党将"密切联系群众"与"理论联系实际""批评与自我批评"作为党的工作的三大传统作风,并制定了群众路线,强调党的各项工作都应当立足于服务人民群众和依靠人民群众。

在新闻工作中,中国共产党领导人对党报的群众路线做过许多精辟论述。特别是毛泽东同志,他从共产党人的群众意识和群众观点出发,对党报的群众路线进

行了全面的阐释。

1. 毛泽东强调党报要坚持联系和服务人民群众,要依靠人民群众办报

(1)党报要坚持联系和服务人民群众

党报要坚持联系和服务人民群众,这是由党报的性质所决定的,也是党报的一贯传统。毛泽东在1942年指导延安《解放日报》进行改版时就明确指出:"共产党的路线,就是人民的路线",党的政策要"合乎人民公意"⑪。当年4月1日《解放日报》发表的改版社论《致读者》就明确体现了这一思想。社论表示报纸要"密切地与群众联系,反映群众的情绪、生活需求和要求,记载他们的可歌可泣的英勇奋斗的事迹,反映他身受的苦难和惨痛,宣达他们的意见和呼声。"⑫

1944年底,毛泽东在给晋绥边区《抗战日报》的指示中明确要求报社的同志"不要忘记自己是给晋绥边区的人民办报,应根据人民的需要(联系群众,为群众服务)"办好报纸⑬。

为了使党报能够更好地适应党和人民群众的需要,更好地联系和服务人民群众,毛泽东还对如何做好读者调查、讲究宣传技巧、改进新闻文风等提出了许多具体要求。例如,他强调党报要对宣传对象作调查、研究和分析,了解他们需要什么⑭;他批评一些文章的八股文风,提出要善于用形象、生动、鲜明、准确、通俗易懂的文字;他倡导要树立"新鲜活泼的、为中国老百姓所喜闻乐见的中国作风和中国气派"⑮。总之,他要求党报要密切联系人民群众,要注意从人民群众的需要出发来改进宣传报道的内容和形式。

(2)要依靠人民群众办报

依靠人民群众的支持和帮助办好报纸,是毛泽东关于党报群众路线的又一个重要观点。毛泽东1940年2月在为《中国工人》写的发刊词中指出:"一个报纸既已办起来,就要当作一件事办,一定要把它办好。这不单是办的人的责任,也是看的人的责任。看的人提出意见,写短信短文寄去,表示欢喜什么,不欢喜什么,这是很重要的,这样才能使这个报办得好。"⑯在毛泽东的心目中,唯有人民群众的参与和支持,党报才能办好,而这也成为检验一家党报是否办得好的一个标准。

后来,毛泽东在1948年4月对《晋绥日报》编辑人员的谈话中又明确强调说:"我们的报纸也要靠大家来办,靠全体人民群众来办,靠全党来办,而不能只靠少数人关起门来办。"他还对当时一些报纸违背群众路线的做法提出批评:"我们的报上天天讲群众路线,可是报社自己的工作却往往没有实行群众路线。"他举例说:"报

上常有错字,就是因为没有把消灭错字认真地当做一件事情来办。如果采取群众路线的方法……一定能使错误得到纠正。"[17]

"报纸要靠大家来办,靠全体人民群众来办,靠全党来办",这是毛泽东对党的新闻工作群众路线的最精辟、最恰当的概括。这一观点后来被概括为"全党办报,群众办报",成为中国共产党党报思想中的一个重要观点。

"全党办报,群众办报"的实质与核心在于,真正把人民群众当作党的新闻事业的主人,从而确立了人民群众在党报工作中的主体地位。

经过几十年的实践,毛泽东所确立的"全党办报、群众办报"原则逐渐形成了丰富的理论内涵。具体包括以下内容:

一是党报要始终保持同各级党组织和人民群众的密切联系。中国共产党党报历来注意保持同各级党组织和人民群众的密切联系,帮助他们了解党报的性质和任务,从而使他们能够积极、主动地帮助宣传党报,支持其工作。各地党的组织和广大人民群众了解了党报的性质和任务,知道党报是他们自己的报纸,便会主动向党报提供新闻稿件、反映有关情况,包括向党报提批评建议,积极配合党报做好宣传报道和群众工作。各地党报有各级党组织及广大群众的支持,新闻工作就有了明确方向,新闻报道就会更有针对性,就能够更好地满足各级党组织和广大人民群众的需求。这种党报与党组织和人民群众的良好关系体现了各级党委、政府和人民群众对党报的信赖和支持,也是党报做好宣传报道工作的基础和保障。

二是党报要做好通联工作。党报始终都很重视保持同人民群众的联系,积极做好与人民群众的通信联络工作,尤其是重视加强群众通讯员队伍建设,积极、主动地在基层,在人民群众中,特别是工农群众中培养和发展通讯员,帮助他们成为联系党报与当地党政部门及广大群众的桥梁和纽带,同时也成为党报了解基层情况,及时得到新闻线索,并提供相关报道材料的好帮手。为了帮助群众通讯员提高业务素质和能力,党报有关部门定期或不定期地举办各种类型的培训班、研讨班,召开群众通讯员会议,表彰先进,交流经验,平时还注意帮助群众通讯员解决工作和生活中的一些实际困难和问题,以使他们更好地发挥作用。在进入新媒体时代后,党报的工作条件发生了重大变化,获取信息的渠道和形式越来越多,而且越来越便捷,即使在这样的情况下,党报依然需要依靠基层群众,特别是群众通讯员的帮助来了解情况,开展工作,保持同实际工作、现实生活和人民群众的沟通渠道,密切同人民群众的联系。

三是党报要做好读者调查研究工作。读者是党报的服务对象和工作目标,也是新闻工作做得怎样、效果如何的评价者和检验者,因此及时听取他们的建议、意见,了解他们的信息需求,研究他们的接受心理,有助于更准确地发现宣传报道中的问题,更好地改进工作,进而增强宣传报道的针对性,提高新闻传播的效果。因此,我国党报十分重视把做好对读者的调查研究作为全党办报和群众办报路线中的一项重要工作,注意通过座谈会、调研会、研讨会以及问卷调查等形式,及时了解读者的阅读需求及反馈意见,并以此为依据调整和改进新闻报道和供稿工作。另外,通过读者调查,党报还可以及时了解公众对新闻报道所涉及的一些国内外事件及当前事态的态度、看法和意见,据此可以更加准确地把握舆情方向,从而能够更有针对性地实施舆论引导,掌握舆论导向的主动权。

新闻工作说到底是一种群众工作,因此加强调查研究,了解群众需求,联系群众的思想和生活实际,是新闻工作者的一门必修课,也是一项基本功。新闻工作者要时刻坚持群众观点,要同广大人民群众同呼吸,共命运,做好调查研究工作,紧扣时代脉搏,倾听群众心声,这样才能多写出充分反映人民意愿,受到群众欢迎的新闻作品来。

从上述内容可以看出,"全党办报,群众办报"集中体现了党的新闻工作群众路线的基本要求,反映了党的新闻工作群众性原则的基本内容。

2. 邓小平强调要确立为民宗旨,树立务实作风,反对新闻报道中的形式主义

作为承上启下的党的新一代领导人,邓小平对党的群众观点和群众路线有许多深刻阐释。他认为,党和人民群众的关系不是领导与被领导的关系,而是一种服务与被服务的关系。他指出,工人阶级政党"不是把人民群众当作自己的工具,而是自觉地认定自己是'人民群众在特定的历史时期为完成特定的历史任务的一种工具'"。因此,他认为"党没有超乎人民群众之上的权力","没有向人民实行恩赐、包办、强迫命令的权力",也"没有在人民群众头上称王称霸的权力"⑱,而只应该全心全意地为人民服务。

邓小平的这些论述为新闻工作者认识和处理同人民群众的关系,坚持群众路线确定了基本原则,指明了正确方向,它提醒党的新闻工作者应当准确地把握好同人民群众的关系,自觉地坚持为人民服务的宗旨和方向。

邓小平一向崇尚务实作风,反对日常工作中各种各样的形式主义,他还把人民群众欢迎不欢迎,喜欢不喜欢,满意不满意作为考察和衡量包括新闻工作在内的各

项工作的标准。他从群众观点和群众路线的角度对党内存在的追求表面文章,不讲实际效果、实际效率、实际速度、实际质量、实际成本的形式主义的做法提出了严肃批评,并强调必须杜绝说空话、说大话、说假话的恶习。

针对媒体上的一些形式主义表现,他曾多次提出批评。1992年他在考察南方时的讲话中就指出:"现在有一个问题,就是形式主义多。电视一打开,尽是会议。会议太多,文章太长,讲话也太长,而且内容重复,新的语言并不很多。重复的话要讲,但要精简。"⑲在他看来,文风与作风是相互联系的,形式主义的文风其实反映的是一种不顾群众,虚浮不实的思想作风。

3. 江泽民强调新闻事业要做党、政府和人民喉舌,要代表广大人民根本利益,要打好群众观点根底

江泽民在其担任党的总书记期间对新闻工作发表了许多重要讲话,他把新闻工作看作是"党的生命的一部分",是"党和国家的前途和命运所系的工作",在国家政治生活和社会生活中占有极其重要的地位。他反复强调新闻媒体是"党、政府和人民的喉舌"⑳,做"人民的喉舌",既是党的新闻事业的一项基本功能,也是其义不容辞的使命和任务。

江泽民提出的"三个代表"重要思想,是党的各项工作的指导思想、行为准则、衡量标准,也是做好党的新闻工作的根本保证。在"三个代表"中,核心是要代表广大人民的根本利益,因为人民是先进生产力和先进文化的实践主体,也是其受益者和检验者。

为了更好地落实党的新闻事业所承担的重要使命和任务,江泽民对新闻工作者提出了要打好"五个根底"的要求,其中就包括"群众观点根底"。另外还有理论路线根底、政策法律纪律根底、知识根底和新闻业务根底。

4. 胡锦涛提出"以人为本"执政理念,把"贴近实际、贴近生活、贴近群众"作为新闻工作的指导方针

2002年召开的中共十六大提出了"立党为公,执政为民""以人为本"等一系列新的执政理念。正是依据这些理念,胡锦涛在2008年考察人民日报社时明确指出"坚持以人为本,是做好新闻宣传的根本要求"㉑。2003年3月,胡锦涛在主持中共中央政治局会议,研究关于如何进一步改进会议和领导同志活动新闻报道问题时提出:"新闻单位要坚持正确舆论导向,大力宣传党的理论路线方针政策,多报道对工作有指导意义、群众关心的内容,力求准确、鲜明、生动,努力使新闻报道贴近实

际、贴近群众、贴近生活,更好地为人民服务、为社会主义服务、为党和国家工作大局服务。"㉒ "三贴近"原则的提出为新闻工作进一步明确了改革与发展的方向,成为新时期新闻工作的重要指导方针。

在"三贴近"原则中,核心和关键的一条是"贴近群众"。因为只要真正深入到了人民群众之中,贴近了人民群众,自然也就贴近了实际,贴近了生活,因为人民群众是一切实际工作的参与者,是现实生活的主人。因此可以说"三贴近"原则是党的群众路线在新时期新闻工作中的集中体现。

在强调"三贴近"的同时,胡锦涛还提出要把"体现党的主张与反映人民心声统一起来"㉓,总之要处处体现对人民的尊重和敬畏,体现对人民的关爱和体贴。

为了把"三贴近"原则真正落到实处,近些年来中央又在全国新闻界开展了"走基层、转作风、改文风"活动,要求新闻工作者真正深入基层,深入群众,去接地气,通民情,达民意,虚心向人民群众学习,努力为人民群众服务,借以转变工作作风,改进新闻文风。"走转改"活动为新闻战线坚持群众性原则,贯彻新闻工作的群众路线找到了一条最好的途径和最有效的方式。

5. 习近平强调要始终依靠人民,倾听人民呼声,改进工作作风,密切联系群众,反对形式主义、官僚主义、享乐主义和奢靡之风

习近平当选国家主席后,在十二届人大一次会议闭幕会上所作的近25分钟的讲话中有44次提到"人民"。他表示:"要随时随刻倾听人民呼声、回应人民期待,保证人民平等参与、平等发展权利,维护社会公平正义……不断实现好、维护好、发展好最广大人民根本利益,使发展成果更多更公平惠及全体人民,在经济社会不断发展的基础上,朝着共同富裕方向稳步前进。"㉔

中共十八大闭幕不久,习近平便主持中央政治局会议,制定了"改进工作作风,密切联系群众"的八项规定,提出要改进调查研究,到基层调研要深入了解真实情况,总结经验、研究问题、解决困难、指导工作,向群众学习、向实践学习,多同群众座谈,多同干部谈心,多商量讨论,多解剖典型、多到困难和矛盾集中、群众意见多的地方去,切忌走过场、不搞形式主义;要精简会议活动,切实改进会风,要提高会议实效,开短会、讲短话,力戒空话、套话;要精简文件简报,切实改进文风;要改进新闻报道,中央政治局同志出席会议和活动应根据工作需要、新闻价值、社会效果决定是否报道,进一步压缩报道的数量、字数、时长等。㉕

随后,2013年7月中央又组织全党开展以"为民务实清廉"为主要内容的群众

路线教育实践活动,集中解决形式主义、官僚主义、享乐主义和奢靡之风这"四风"问题。习近平在动员会议上的讲话中提醒全党要清醒地认识面对世情、国情、党情的深刻变化,党内存在"精神懈怠""能力不足""脱离群众"和"消极腐败"的危险。他指出:"必须紧紧依靠人民,充分调动最广大人民的积极性、主动性、创造性。"他强调:"党只有始终与人民心连心、同呼吸、共命运,始终依靠人民推动历史前进,才能做到坚如磐石。"㉘这表明了以习近平为首的新一届党中央对坚持党的群众路线的新的思想认识和行动决心。

这一系列活动的开展对于党的新闻事业进一步加强作风建设,着力解决人民群众反映强烈的突出问题,提高做好新形势下群众工作的能力,保持党的新闻事业同人民群众的联系,发挥党的新闻事业密切联系群众的优势具有重要意义,可以使新闻工作更好地为推动国家经济社会发展、全面建成小康社会、实现中华民族伟大复兴的中国梦发挥新闻宣传和舆论引导作用。

二、中国共产党新闻工作群众路线的实践传统

中国共产党领导人关于新闻工作群众路线的理论阐释,为我国广大新闻工作者强化群众观点,践行群众路线,并逐步形成坚持群众路线的优良传统提供了理论指导和行动指南。在从战争年代开始的几十年的新闻实践中,中国共产党的新闻事业始终在坚持群众观点,践行群众路线,形成了许多优良传统。

(一)当好人民耳目喉舌,服务广大人民群众

在长期的新闻实践中,中国共产党新闻事业在当好人民耳目喉舌,服务广大人民群众方面,逐步形成了一系列传统的做法。

一是当好人民耳目喉舌,全心全意为人民服务。

"耳目"的功能是"听"和"看","喉舌"的功能是"说话"。党的新闻事业的性质决定了它必须把人民群众作为主人,充分尊重其知情权和表达权,尽可能当好他们的耳目喉舌,全心全意地为人民服务。

作为人民的"耳目",党报首先须努力满足人民群众的知闻需要,为他们提供优质、高效的新闻与信息服务。党报要及时、充分、准确地反映和报道人民群众所需要的各种新闻与信息,以帮助他们闻知"天下事",了解世情、国情和身边发生的各

种事情,而且通过这些工作来联系和服务人民群众,这也正是新闻工作存在的重要价值和意义,刘少奇就提出,新闻工作之所以有必要存在,就因为它"能给广大读者服务,而且帮助他们",他还认为,"看报的人从你那里得到材料,得到经验,得到教训,得到指导"[②],新闻工作就算是做好了。

作为人民的"喉舌",党报须细心观察和了解人民群众的困难和疾苦,反映好他们的呼声、愿望和要求,要敢于为他们伸张正义,真正成为他们知心人和代言人,要像刘少奇所说的那样,能够说出"人民的呼声,人民不敢说的、不能说的、想说又说不出来的话"[③]。党报还要尽力帮助人民群众行使好舆论监督的权利,使他们能够自由地、顺利地利用党报平台来监督党和政府的工作,监督那些官僚主义、玩忽职守的渎职官员。

二是让人民群众成为新闻报道的主角。人民群众是社会的主人,是现实生活的主人,也是新闻事业的主人,理所当然他们应当成为新闻报道的主角。党报在宣传好党的路线方针政策的同时,须十分注意宣传好人民群众的劳动业绩和伟大创造,反映他们丰富多彩的现实生活,颂扬他们高尚的道德品质和崭新的精神风貌。

在战争年代,根据地军民抗击日寇,反对国民党反动派,以及发展生产、支援前线的模范事迹,党的新闻媒体都给予了及时报道;在社会主义革命和建设时期,广大群众建设新生活的政治热情和创造才能,特别是艰苦奋斗的精神,在新闻报道中都得到了充分的反映,如今许多群众仍然耳熟能详的那许许多多工农兵和党员干部中的英雄模范典型人物,当年都是经过新闻媒体的报道在群众中广为传播的;进入改革开放新时期后,广大群众在改革开放和现代化建设过程中所创造的业绩和经验,新闻媒体也都作了全面的反映和报道。

几十年来,党报始终坚持新闻工作的群众路线,在党、政府与人民群众之间发挥了无以替代的精神导线、思想纽带和信息桥梁的作用,密切了人民群众同党和政府的关系,也使自己获得了人民群众的认可、欢迎和拥护。

(二)做好通联工作,依靠人民群众支持办报

党报群众工作中的一项重要内容就是组建通联网络,建设群众通讯员队伍,直接依靠人民群众的支持办报。在瑞金时期,《红色中华》和红中社等党的新闻媒体就开始培养通讯员,建立通讯员网。当时《红色中华》和红中社只有几个编辑人员和译电人员,所需新闻稿件的来源主要靠苏区党政机关、人民团体和各地群众,因

此便在各地发展了一批通讯员,后来又专门油印出版了一份《工农通讯员》刊物,借以对通讯员进行业务辅导,帮助他们提高采访写作水平。到1933年底,《红色中华》和红中社的通讯员已达到400人。在他们的努力工作下,《红色中华报》的发行量从1万份增加到4万份,红中社发布的新闻稿的数量和质量也都有提高。

这一传统后来得以坚持和延续。无论是在抗日战争时期还是在解放战争时期,党报以及新华社的通联工作一直受到重视,并且不断得到加强,那时候在党报和通讯社周围形成了一个庞大的通联网络。正是这个网络在战争中保证了各地战况及群众工作情况能够得以及时反映,以便于中央及时了解下情,调整战略部署和斗争策略,而人民群众也能借助这个网络保持同党和解放区政府以及党报的联系。同时借助这个网络,党报的宣传报道意图也能够得以落实,使党报可以更好地完成宣传报道任务及相关群众工作。

新中国成立后,人民日报社和新华社等新闻单位仍然把做好通联工作视为事业发展的基本条件,从50年代起便逐步建立起遍布全国各地,包括党政军各部门的群众通讯员网络,将其作为联系人民群众,做好新闻宣传工作的重要依靠。

进入改革开放新时期后,《人民日报》等党报和新华社等新闻机构,在新形势下依然把加强新环境下的通联工作和建设通讯员队伍作为一项重要工作,采取了许多新形式和新举措,使得战争年代保留下来的这一传统能够得以延续和发展。这一传统也成为中国共产党新闻工作中一个最突出和最有效的优势。

(三)开展"走转改"活动,开创践行群众路线新路径

进入新世纪后,面临深化改革、扩大开放的新形势,面对新媒体新技术所带来的新的传播环境和新的工作挑战,如何使党的新闻工作的群众路线能够继续发扬光大,特别是如何使一大批年轻的新闻工作者能够继续像老一辈新闻同行那样,通过深入实际、深入生活、深入群众去汲取养分,真正在向群众学习的过程中得到思想和业务上的提高,成为我国新闻战线的一个重要命题。在解决这一命题的过程中,近年来在全国新闻界开展的"走基层、转作风、改文风"活动,可以说是一个创造,它对于新闻战线坚持群众路线,密切同人民群众的关系,加强新闻队伍建设,提高新闻工作者的综合素质有着十分重要的意义。

新闻工作者只有走进基层,走入生活,深入群众,面向实际,全面了解人民群众的劳动生活和创造智慧,切实弄清他们的生存状况和生活状况,真实反映他们的呼

声、愿望和要求,才能真正成为人民利益的代表者和维护者,成为他们信得过的信息传播者和思想代言人。

而从近些年来我国新闻战线在思想作风、工作作风和新闻文风方面存在的问题看,一些脱离群众,背弃群众,甚至侵害群众利益的情况时有发生,而且有时候表现得还十分严重。除了那些长期受到群众批评和社会诟病的虚假报道、有偿新闻、低俗之风、不良广告、新闻侵权、新闻敲诈等问题依然禁而不止外,形式主义、享乐主义、娱乐至上之风也在不断蔓延,这些问题的存在,在社会上和群众中产生了不良影响,严重损坏了新闻媒体和新闻工作者的形象和声誉,也影响了新闻媒体在群众中的公信力。可以说,当前在一些新闻工作者中所存在的思想作风、工作作风和新闻文风方面的问题已经到了不解决不行的地步!

而要解决这些问题,加强新闻队伍的思想和作风建设是关键。在这一背景下全国新闻战线开展的"走转改"活动可谓十分"适时",也非常"对路"。通过这一活动可以鼓励新闻工作者怀着对人民群众的深厚感情和高度负责的精神,自觉自愿地迈开双脚,脚踏实地地走进基层,深入实际,深入生活,深入群众,通过向群众学习来转变思想和工作作风,改进新闻与宣传文风。

近些年来我国新闻媒体开展"走转改"活动的实践说明,新闻工作者通过深入基层、深入实际、深入生活、深入群众,可以锻炼思想,转变作风,改进文风,这既是新闻工作者成长成才的必由之路,也是使新闻报道增强亲和力、吸引力、感染力和影响力的有效途径。

"走转改"活动从根本上改变了以往我们一些新闻报道脱离基层、脱离实际、脱离生活、脱离群众,高高在上,接不到地气,摸不透民情,找不准民意的情况,使得广大新闻工作者的思想面貌和工作面貌发生了重大变化。当人民群众从报纸、杂志、网站的"走转改"专栏和广播电视的"走转改"专题节目中,看到那些记者们发自农村、企业、社区、军营、校园的"沾着泥土、带着乡音、冒着热气"的新闻时,看到那些在春节返乡的路上与普通百姓共同品尝人间苦乐的记者采访的画面时,自然会得到精神与心理的慰藉和满足,会发现原来新闻媒体和新闻记者是同他们心连着心的,跟他们是一家人。

新闻战线的思想、作风和文风建设是一项长期任务,如果将其与当前开展的群众路线教育实践活动结合起来,将其置于坚持群众路线,维护群众利益,反对形式主义、官僚主义、享乐主义和奢靡之风的高度来看,那么就应当进一步持续、深入地推进"走转改"活动。这就需要新闻媒体和新闻工作者进一步提高认识,坚持不懈,以高度负责的态度,持之以恒的精神,在深入基层、深入实际、深入生活、深入群众的过程中实现思想的新飞跃、作风的大转变和文风的大改变,这样才无负于时代的要求和群众的期待。

广大新闻工作者在"走转改"活动的实践中,回答了中央领导同志向新闻界提出的"为了谁?依靠谁?我是谁?"的问题。"为了人民,依靠人民,我是人民的记者",这就是答案,而这也正是新闻战线开展群众路线教育实践活动所应追求的目标和求解的答案。

注释:

① ⑩ ⑲ ⑳ ㉑ ㉒ ㉓ ㉔ ㉕ ㉖ 《人民日报》2013年7月9日;1956年7月1日;2003年5月21日;1996年9月27日;2003年12月8日;2003年3月29日;2004年9月20日;2013年3月18日;2013年1月5日;2013年7月9日。

② ⑫ ㉗ ㉘ 《中国共产党新闻工作文件汇编》下册,新华社1980年版,第52、50~51、248、258页。

③ 《马克思恩格斯全集》第1卷,人民出版社1956年版,第50、187页。

④ ⑤ 《马克思恩格斯全集》第1卷,人民出版社1956年版,第210、294页。

⑥ 《马克思恩格斯全集》第6卷,人民出版社1961年版,第275页。

⑦ 《列宁全集》第12卷,人民出版社1987年版,第97页。

⑧ 《列宁全集》第16卷,人民出版社1959年版,第294页。

⑨ 《列宁全集》第45卷,人民出版社1990年版,第7~9页。

⑪ ⑬ ⑯ ⑰ 《毛泽东新闻工作文选》,新华出版社1983年版,第90、120、48、150页。

⑭ 《毛泽东选集》第3卷,人民出版社1991年版,第837页。

⑮ 《毛泽东选集》第2卷,人民出版社1991年版,第534页。

⑱ 《邓小平文选》第3卷,人民出版社1993年版,第381页。

"挣工分"的政治:绩效制度下的产品、劳动与新闻人[*]

◆ 夏倩芳

新闻人"挣工分"的故事最早开始于上世纪 80 年代末,到 90 年代中期以后随着都市报的涌现而推广开来。到 2000 年前后,伴随着媒体激烈的市场化进程和事业单位人事制度改革,这种内部分配制度在全国媒体中铺开。绝大多数党报也一改从前传统事业单位的"大锅饭"分配制度,采取了业绩与个人收入直接挂钩的内部分配制度。于是,这种内部的绩效制度与外部的市场化制度和政治体制一起,构成了目前我国新闻产制复杂而独特的制度环境。

媒介组织的绩效化制度虽是微观制度,处于整个媒介市场化制度的末端,但因为关系到媒体人的切身利益,对于其职业行为和职业心态发挥着直接的调控作用。绩效化制度下,媒体普遍采纳了最能激发市场化效应的计件薪酬制,新闻人的劳动处境因而被改变,其劳动过程被重新规驯,以适应商品化的新闻生产。外部的宏观制度,正是通过组织的中介而落实到日常的新闻生产中。此前,"事业单位,企业化管理"的方针已于 70 年代末实行,但因为没有组织制度的有效配合,新闻人的日常工作并未紧随市场机制,新闻的商品化生产并未贯彻成为媒体人的意识形态。直到绩效化制度铺开以后,经济利益成为直接的调控之手,再加上人事制度改革,将媒体人与媒体机构的关系改造成了市场化的劳动雇佣关系,生存伦理超越职业伦理而被引入到工作情境中,使新闻人的劳动处境被大大改变,新闻产制的场域因而大不同于以往。

挣工分制度是 90 年代中期以后由国家发动的媒介经济增长狂潮的产物。中

---

[*] 原载于《现代传播》2013 年第 9 期。

国的媒介市场化是国家主导下的市场化,市场化的每一步骤、每一重要策略都有国家的推动或默许,国家意志深深地卷入媒介市场进程中,塑造着媒介市场机制的独特性。因此,挣工分制度不是一种单纯的媒体内部分配制度,也不是一种单纯的媒体组织对新闻劳动过程的控制策略,它本身就是国内复杂的市场政治的构成部分。而且,这个制度还具有极为重要的"意识形态效果"①。本文通过对挣工分制度的分析,探讨我国媒介市场化的政治效应。

本文将不对媒体之间的挣工分制度再作具体区分,而采纳该制度作为分析对象,抽取其本质特征进行研究。研究期间,作者共接触了67位新闻从业者②,他们分布在国内12个城市的27家媒体中,其中党报/台12家,大众媒体15家。受访者中新闻资历10年以上的有17位,5~10年的23位,5年以下的27位;15位为中层管理人员,6位为总编/主编,其他为普通记者编辑。访谈在2008~2012年间陆续进行。此外,材料来源还有记者的参与观察、博客等。

一、媒介市场化、增长狂潮与挣工分制度

我国媒体从1979年起进行"事业单位,企业化管理"的改革。从广告经营开始,传媒管制逐步放开,媒体被推入市场。1992年邓小平南行讲话和中共十四大之后,中国社会开始了全面的市场经济改革。当年,传媒业被国家正式列入"第三产业",在1994年的《国民经济行业分类》中,又明确地将新闻业划出政府机关,单独列为一类经济行业,从纯粹的意识形态领域和公益事业中解放出来。媒介的市场化方向被确定后,传媒业从此前的被动市场化转向主动市场化③,迈步朝经济实体转型。国家的财政补贴急剧缩小,1999年后,国家正式出台了各新闻媒体在3年内全部转为"自负盈亏"的政策,从而将新闻媒体全面推向市场。④为因应企业化发展,媒体组织内部的生产关系、生产方式必须进行大规模变革,原来的事业单位管理模式让位于企业化的绩效管理模式。在"创收"的指挥棒下,媒体中普遍推行责权利结合的成本控制和员工激励机制,媒体内部层层分解利润指标,签订承包合同,最后用计件薪酬的办法将利润压力传导到采编人员身上。

用工制度的企业化改造主要在两个方面:一是媒体人的身份转换,一是薪酬制度的变革。以往的媒体"单位"中人,不仅是劳动力的提供者,还是具有政治身份的权利主体。⑤他们拥有"国家干部"的身份,享受着高福利,工作高度稳定,也形成了

"单位院落化""身份档案化""分配平均化""晋升排队化""精英仕途化"的现象⑥。1990年初,国家开始了事业单位人事管理改革,目标是逐步打破铁饭碗,引入竞争机制。到2000年前后,国家全面推行事业单位人事聘用制,取消行政级别,破除干部终身制。⑦而此时媒体的改革则更进一步,国家广电总局和新闻出版总署分别出台了本行业的用工细则,规定媒介机构"全面推行聘用制",实行"单位自主用人、个人自主择业"的用工制度。媒体用工制度改革的形式主要有全员聘任制、新进人员招聘制、新进人员人事代理制、劳务派遣制、专业职务评聘分开制等。媒体人与媒体组织的关系被改造成企业化的劳动雇佣关系,媒体人褪去了"事业单位"的政治身份,而变身为媒介机构的劳动力。

对新闻生产关系更彻底的改造,是薪酬制度的改革。在计划经济体制下,媒体员工的收入主要来源于政府财政支付,员工报酬以基本工资为主,加上福利分房、医疗保险和若干"大锅饭"的花红,工资高低则取决于员工所属报纸的行政级别以及自己的专业职称。⑧1994年以后,媒体的主要收入来源转为广告和其他市场经营活动,并能够自行支配其大部分利润。为激发员工的积极性和提高组织效率,绩效考核制度首先被新兴的都市媒体和行业媒体采纳,紧接着,南方较早实行市场运作的媒体也积极转轨。2000年以后,在国家人事制度改革的推动下,"以岗位绩效工资为主要内容的内部分配办法"在媒体中全面推行。

目前,大多数新闻机构采取了高度市场化的量化考核和计件制的绩效薪酬制度。⑨这种极端化的制度是通过"价格杠杆"来实现调控功能,以单篇稿件的"价格"为核心,通过调整稿件价格来左右相关种类稿件的供需情况,同时,通过难度加权和等级评定等手段来实现一定的控制和引导作用。⑩但绝大多数媒体是以数量为主,质量为辅,所以被称为"计件制"。这里的奥妙,据访谈者说,是因为媒体扩张后需要大量的稿件来填充版面,这导致了媒体产品普遍"浅轻薄"的现象。

为激励员工的积极性,底薪之间的职级差距被大大缩小,导致职称、年资、经验在媒体中失去了实际意义。多数媒体,尤其是市场化媒体,底薪被压低到只占一般记者收入的30%不到,甚至低于10%。比如,一个内地一线记者的底薪扣除"三金"后,一般只有几百元到一千多元,所以他必须不断地跑新闻才能赚够在城市中体面地生活的收入。正是在这个意义上,很多新闻从业者将自己的工作称为"挣工分"。

同时,为了强化"压力传导"效应,许多媒体还采取了"末位淘汰制",连续三个月处于末位的员工必须离职或重新选岗,这进一步加剧了职业的不安全感。一些采取"上不封顶下不保底"稿分制的媒体,员工的压力更大,离职率更高。这样的工作状态越来越偏离"知识分子"或"宣传干部"的身份,而更像被生存驱使的普通劳工。

但是,从世界范围来看,媒体市场化并不必然导致挣工分制度,绩效化制度本身也有多种形式可选择。导致我国媒体采取计件绩效制的直接背景,是自上个世纪90年代以来,我国以"经济建设为中心"的治理目标所催生的GDP增长狂潮。它所带来的片面增长模式很快通过各方面的体制改造而席卷各个行业,尤其重要的是这种增长合法性所带来的意识形态效应。

90年代中后期开始,我国媒体与其他行业一样,不约而同地陷入了这种经济增长陷阱。媒体在保持"政治正确性"之外,评价体系独尊经济指标,评判一家媒体的"实力"和"影响力",主要靠创收业绩。同时,市场化不断地推高媒体的产制成本,为了获得大产出,媒体竞相大手笔地投入。近些年来,电视媒体在制作娱乐节目、争夺电视剧首轮播映权等方面,耗资越来越大,这些节目所占用的时间和资金大大地排挤了公共服务类节目。媒体之间无止境地你争我夺,背后的驱动并非是真正的生存危机,而是在职业价值被压抑之下所产生的单向的增长驱动。这种集体性的增长盲目性,反而制造了媒体集体性的生存焦虑,形成了一个谁也不敢跳出的生存陷阱。

对于媒体来说,"经济增长点"集中在媒体自身拥有的垄断资源——传播渠道上。从90年代中期开始,报纸不断地扩版、增刊,到增加子报;广电媒体不断地扩张频道、频率,以形成规模经济,为的是刊载更多内容,吸引更多受众,以增加广告量。此前,各个省级台基本上维持一台一个频道/频率,现在都已扩张到十几甚至几十个频道/频率。这些扩张出来的媒体资源,需要大量的劳动力来填补时段/版面。而同时,媒体采取承包制/分频制,这就导致各家媒体为了增加积累而必须压低成本。受访的媒体管理者指出,压缩人工成本最好的、貌似最合理的、大家最能接受的方式就是挣工分,因为这可以以多劳多得的面貌取得员工的心理认同。实际上,整个用来分配的"蛋糕"大小掌握在媒体领导手里,貌似一些员工通过努力可以拿到很高的收入,但媒体管理层是以最低的成本支出拿到了最多的产品。

挣工分制度是中国独特的媒介市场化的产物,它不能被看作是一种单纯的经济现象。那么,在当前我国整体政治经济环境下,"挣工分"是一种怎样的政治?它产生了怎样的政治效应？这是作者要探讨的问题。

二、"挣工分"的政治

(一)"工分"、功利和理想

在大多数受访者那里，挣工分的压力是实实在在的。即使是那些优秀记者，也不可能自外于其生存状况而抽象地践行新闻理想。一位颇有名气的记者在博客中直陈其工作压力和危机感：

"基本工资过低，逼得大家不得不疲于奔命。时下，不论你在这个行业里干了几年，都得做一个苦逼的劳力去写啊写。否则，你只能拿到可怜的底薪。如果你渐渐老了，又没有在报社混到个中层或者你干脆不愿意做什么中层，三个月或半年不写稿子，你可能会被辞退。……这种薪酬构架，决定了现下中国的新闻业不得不成为一碗'青春饭'……"⑪

底薪的高低与媒体的经营效益往往并不相关，而是一种组织控制策略。如华东的某省级电视台，效益居全国翘楚，但它新闻部记者的底薪水平却与其实力极不相称。该节目组中级职称记者的底薪1700元，去除"三金"后，拿到手的只有700多。大头在绩效，所以必须拼命跑。栏目组成员绩效收入一般在五六千元，高的在七八千元水平。考虑到当地城区两万元以上的房价，记者们声称是肯定不敢承担报道风险的。这个栏目组的受访者说道：

"我们一天要跑几个现场……。产品低层次多，重复多，体力依赖大。大家都有这个'跑'的能力，我如何脱颖而出呢？跑了几年了，这个要好好打算。一线记者不能做一辈子的，体力、精力都跟不上。"(JS电视台记者YT)

通过挣工分的组织策略，员工的积极性被高度激发出来，以填满为市场效益而扩展出来的版面和时段：

"绩效考核制度的组织目标就是让你多写稿。以前晚报的记者们一个月写8篇稿，现在我们要写80多篇，日均2~3条见报，25个工作日，日均3条见报是很正常的……"(武汉记者ZC)

计件薪酬制，如谢国雄所说，不仅计算着产品，也计算着一个又一个特殊的劳动者⑫。在日常工作中，当经济利益的计算须被放在头等位置考虑时，从业者们便发展出很多功利化的应对策略,以更快更多地发稿。一位上世纪 80 年代入行的省报老记者坦言,他必须改变以前爱琢磨的习惯,"每个月先把扔出去的粑粑(指基本奖金)拿回来再说"。他还指出,他们很多人喜欢把以前是一篇稿子的内容,拆成几篇发,这样能多挣几倍工分,比做深度一点的划算,做深要多花很多脑筋和时间。"因为是省委党报,以前记者们喜欢下去转转,现在大家都不愿下了,耽误时间,有这个工夫坐在家里可以写好几篇稿子了。"(省报 ZH 等)"有的记者经过精确计算后,甚至连一些红包都不要,一天多赶几个场子。因为如果一个红包才两三百块钱的话,那还不如多跑一个场子,多一条稿可以多挣几百。"(受访者 CPY)许多管理者的访谈证实:"现在的记者一般来不及考虑稿件的深度,也不愿意做费时费力的东西,因为要考虑经济收益。"(LW 等)

在挣工分的压力下,做新闻褪去了神圣的光环,被许多受访者描述为一项充满动感的体力活——"跑新闻"。在多数媒体里,那些快跑、多发的记者才是赢家。笔者有幸见过几家不同媒体的"扒分王",都是些精明强干的 30 岁以下的年轻记者。他们的基本要诀是特别会揣摩编辑意图,怎么容易上版怎么写。他们都能很理性地处理事情,懂得把新闻理想与现实分开。他们无一例外地表示,这几年趁年轻拼命跑,积累点人脉和经历,干几年就要做转行的打算。笔者在 2008 年接触的三位"扒分王",在 2011 年底再联系时都已经跳槽。

其中一位曾经很得意地向笔者介绍说,他们部的人"倒一棵树都能写两千字"(受访者 CRX)。因为是社会新闻部,每天出各种突发现场,本来就没有什么成就感,就更要在钱上多赚点。既然写越长工分越多,大家就拼命写。这位记者每月可以拿到一万多稿酬,在当地属于高收入。但是四年后,当他的个人经济压力缓解后,还是选择跳槽到某中央媒体的记者站。他自称,其实总收入是差不多的,也许还会略少,但记者站底薪更高,因而感觉更稳定。以前那种做新闻的方式让他很厌倦,很没有成就感,现在虽也说不上新闻理想,但至少换了个新鲜。他现在结婚了,不可能再像以前那么拼命跑了(CRX)。

挣工分促使记者们的行为趋向功利化。

一位市报受访者讲述他们为什么喜欢写领导稿:"那么大家就拼命地揣摩编辑的意图嘛。你只有迎合他的意图,才能在报纸上发嘛。最好发的稿是谁的稿?肯定是领导的稿嘛。他写领导稿的时候就使劲地写长啊,因为领导稿好发嘛。那么其他稿他就不愿去写了,写了不好发啊。你怎么去做社会调查?怎么去写一些你

想写的稿子？老百姓的声音从上到下，这不就被屏蔽掉了吗……"（某报部主任TL）

一位知名晚报的记者说道："就像我们平时聊天，哎呀，我这一个礼拜只做了300块钱，你就感觉我们像老城隍庙地摊上的女营业员说的话。比如说有时你要去搞点调查，很辛苦，而且也没有红包拿，虽然是很好的稿子，但在这种机制下也不会有人去写。我们这里本意是说多劳多得，但是到后来大家就挑着多去写就行了。到后来，我们写得最多的人是光找通讯员，每天不出去采访，就坐着打电话采访。"（晚报记者LZ）

经济实"利"对新闻产制过程的规训作用，是文化劳动商品化的普遍现象。林富美对上个世纪90年代台湾媒体的研究发现，在媒介组织采取绩效化薪酬策略后，媒体员工往往会在新闻判断、采写标准上主动迎合组织的发稿标准，新闻工作者的自主权被进一步削弱[13]。她指出，新闻商品化使新闻产制的"控制结构"发生了变化，原来由采编部门主控的新闻把关权力，被广告、营销、发行等不同部门、不同类型的权力瓜分，并且采编部门居处次要地位，一切都要服从利润这个"象征性暴力"[14]。其中，薪酬制度起到了将"结构"性的控制"落地"的作用。通过绩效考核制度，使员工主动地迎合媒体的赢利指针，放弃其专业自主权。潘忠党在讨论中国内地的新闻专业主义时，也指出"经济实利在决定新闻采写的题材、角度、表现手法等方面的影响不容忽视"。经常，记者、编辑们采写一篇报道的开始是揣摩到了"上面的精神"，同时又有获取经济实利的可能。[15]

我们的访谈材料表明，经济实利也是促使记者们采取"稳妥""不冒风险"的行为取向的原因之一。近些年来，舆论监督和"打擦边球"的报道数量减少，力度减弱，既有政治大环境的压力，也有媒体人普遍提高了"风险意识"而主动收缩专业权力的原因。受访记者们普遍的说法是："舆论监督稿子我们一般是不做的，公关太多了，报道风险太大。稿子枪毙了是没有工分的。"（卫视记者YT）"我首先要保证选题能通过，对不对？"（受访者CY）"当确定一个选题，我首先衡量的是它的报道风险。"（受访者XH）很多受访者承认，记者个人也是屏蔽新闻的屏障。"许多新闻在记者手里就已经屏蔽掉了。"（受访者ZP等）媒体管理层也大多认同此说法。一位广电总台的负责人说，现在的记者都不愿做费时费力的调查报道，风险太大，一个电话来了就不能发了，只算一点工分，不划算（湖北广电LW）。一位省报部主任甚至对笔者谈到："现在管理要轻松多了。以前我拜托他们不要做这些，有人就不听，现在就不用做思想工作了,写了发不了你就拿不到工分的。"(FX)笔者此前的一次全国媒体人调查也发现,当报道风险产生后,对当事记者进行经济及其他惩罚已成媒体惯例,这在媒体人中产生了很强的寒蝉效应,大家普遍地不敢冒险,使很多冲突性议题在记者手里已被遮蔽。⑯

我国宣传部门的禁令有两种:一种是明令禁止的禁令,一种是模糊型禁令。后者要求"报道要慎重""不许炒作""要采取积极稳妥的形式"等。受访者们指出,许多指令属于后一种,是"定神而不定形"的,"它其实不是不让你报,是要你拿捏分寸,不能出乱子,这是考验媒体人智能的时候。"(武汉记者 ZY 等)这种模糊型指令到了记者这里直接变成了禁令。为了安全起见,很多人干脆一刀切,凡是有指令的一律不碰。一位资深的受访者透露说,其实宣传部也对媒体的这种表现不满意,据说某位中央领导曾批评媒体说,你们是"自建庙宇自拜佛,我们是叫你们慎重报道,没让你们完全不报"(武汉受访者 ZC 等)。在上下(高层与底层)两端、左右(政治和经济)合力的挤压之下,近些年来,我国新闻报道的空间越来越逼仄。

我们的访谈发现,在领导意图与个人经济利益之间寻找合拍点,是记者们的常规行为模式。外部的压力和高层的想法可以通过调整分值轻松地贯彻下去。受访的媒体中层领导都承认,挣工分是很省事的管理办法,比起以前的说服性管理来,能达到立竿见影的效果。一位省报部主任接受访谈时说,"以前有些人吧,你叫他们这么那么叫不动,现在我不叫了,你们自己看着办吧。"(JC)在一些实行层层承包制,权力下放到部门甚至制片人的媒体中,记者的工作细节能被栏目组长直接左右。如央视《新闻调查》栏目的制片人张洁曾经谈到,当他们的栏目改版,将访谈方式改成对抗式时,他就直接修订考核指标,把对抗性采访列进去赋予分值。⑰通过工分的设计,掺杂着管理者个人好恶的市场压力清晰地传导到一线采编人员身上,销蚀其新闻理想。一位效益不错的市级电视台记者描述道:

"领导会天天拿收视率来跟我们念紧箍咒的。采访专家,他要我们采访,可采访了人家说话慢了,它们就说这样会影响收视率,删掉……这样的破事每天都在影响我们的工作。一个破会议,他们又非要我去开,然后就是一个工业的会,比如人家讲节能减排的,我出去费尽辛苦找了个工厂,说为了环保要关闭了,结果他们说都是工厂镜头,人家会用遥控器换掉的。"(苏州电视台 NHXF)

就在三年后,恰恰是这位记者本人,由于工作出色,上片率高,出错少,被提拔到制片人岗位。如今她得心应手地重复着自己曾经厌恶的管理方式,把收视率要素细致地分解到记者的工分指标里。

挣工分更深层的政治意涵,是它规驯之下的意识形态效果。计件制不仅形塑了劳动的样态,而且形塑了一个个有着特定想法的劳动者,形塑了他们对自己和劳动的看法,以及人与人之间关系的形态。⑱工分不仅"计算"着一件件新闻产品,而且计算出了一个个高度功利化、理性化的新闻从业者。访谈显示,无论是记者本人还是管理层,"很现实""缺乏社会责任感"是他们对年轻一代新闻从业者的共同评价。上一代新闻工作者大多认为这是他们之间的代际差异:

"现在的这帮人不像我们以前了,太现实了,不爱钻。我们以前是好这口才来入这个行的。有激情做事,总想把事做得最好,总要琢磨……"(《皖江晚报》副总编LL)

"现在的这帮人,跟我们那时不一样,他们就是干活拿钱,不享受做新闻的这个过程。"(前《楚天都市报》某部主任XHW)

"年轻一代跟我们很不一样,他们非常功利,缺乏社会责任感,普遍都是雇员思想。我后来跟他们座谈过,对他们也很理解了,也不能怪他们,他们自己都没有职业安全感,哪儿还有干劲替别人打抱不平?"(湖北广电受访者LW)

很多年轻记者不仅认可"很现实"的说法,而且认为新闻工作本身就是一个职业、一个饭碗而已,没有什么崇高,跟其他的行当没什么区别,既然如此,大家这种"雇员心态"就很正常。

值得思考的是,当功利化成为意识形态,听话、不犯规的庸常状态便成为常态,理想主义、激情、责任感反倒成为这份职业不可承载之重。自1999年我国媒体进入市场化改革的第二阶段后,新闻记者群体的精神世界发生了悄然转向,更趋于保守和功利。⑲无论是对于"专业人士"抑或"党的宣传工作者",这种精神蜕变都大大地伤害了他们的职业认同。尤须提及的是,在我国的宏观政治经济体制尚不能支撑新闻专业主义的情境下,我国新闻专业化的表现恰恰来自那些理想主义者的激情演绎。那么,当功利化成为意识形态,犬儒主义盛行,理想主义进一步退缩时,我国的新闻专业化土壤将更趋贫瘠。

(二)产品、劳动与逃离

业内人士普遍焦虑的"天花板"现象,是指新闻从业者在收入和业务两方面都能很快到顶,此后便缺乏职业上升空间的窘况。政治控制已经大大地限制了新闻从业者的职业发展高度,市场力量又进一步驱使新闻产制的快速消费性,挣工分制度使这块"天花板"更加低矮,并更快地到来。挣工分制度使多跑、快发者成为赢家,新闻工作成为一桩更多依赖体力而更少依赖脑力的活儿。一个新人如果足够勤奋的话,在两三年内就可以在收入上超过工作多年的老记者,达到顶峰。此后,随着年龄的增长、体力和精力的减退,加之家庭的负担,如果继续留在采编一线的话,收入反而会下降,使生存受到威胁。同样,业务上的成长空间也十分逼仄,由于新闻产品普遍呈现出碎片化、肤浅化的产品样态,一个记者的业务能力在入行三五年内便可到顶,此后便是不断地重复自己,进行机械化、简单化的劳动,不可阻挡地被后来者超越。当"跑新闻"成为新闻工作的特质,也就意味着这个职业的不可持续性。也正是在这个意义上,做新闻成了人人有后顾之忧的"青春饭"。

　　知名记者南香红在博客里写道:记者在中国很难作为一个终身的职业,这是中国的现实,也是传媒人的共识……二十多年来,中国媒体和媒体人周而复始地动荡、流动,使记者成为一个吃青春饭的职业,而年龄上限似乎不超过35岁。①

　　老记者消失的现象,是二十多年来媒体全面市场化和用工制度变革的结果。此前,媒体员工拥有稳定的事业编制,单位内部的晋升论资排辈。从业者们一辈子按照资历有节奏地爬升,职级和收入随着资历增长。同时,因为没有绩效考核的压力,他们能够从容地积累自己的业务资本。"挣工分"改变了新闻劳动的样态。挣工分以"同稿同酬"的形式,抹杀了对记者年资、经验和成熟度的价值的承认,而使"跑新闻"成为新闻劳动的特质。当"跑新闻"成为新闻劳动的特质,新闻产品的样态也随之发生了质变。记者们的产出很少再是自己心目中的"作品",而更多是肤浅、琐碎、缺乏深度和价值、快速更替的产品,业内人称为"快餐化"产品。林富美在台湾媒体中也观察到,新闻人"在赶工的压力下,新闻产制更趋向于轻、薄、短、小、弱智化的意义生产"。②这样的产品样态,自然无法容纳一个记者的成熟度和深度。当一个做了三年的记者与一个做了八年的记者产出一样的产品时,老记者是很难找到尊严的,他们必须以离开采编一线来证明自己的价值。

　　一位部门主任谈到:"它不需要专业,不需要专业知识。不像医生、律师,他需要专业知识,那么你在里面干的时间长的话,你的经验、你的专业就有优势。记者不是这样的,我们跟年轻记者是一样的,不需要你去深入地思考那些问题,你的稿子跟他写出来的是一样的,那你就不好意思再待了。"(TL)

　　许多受访者都谈到这种"不能"继续做记者的无奈:

"四五十岁还出去采访的话,经常会遭到年轻记者的嘲笑……这么大年纪还在外面跑新闻是吧,就说明这个人没本事,爬不上去,是不是啊……"(上海媒体人 JGZ)

"……那个记者估计是头发比较少了,去采访,一个小姑娘就说,哎呀,这么老了还做记者。我就感觉到新闻这个东西,确实不是因为你做的时间长,你就可能获得一个地位,或者那种地位感很强,不是那种时代了。因为现在新闻行业就变成了一个工厂,不断地有很多年轻人、新人冲进来,年轻人、大学生冲进新闻行业来。"(受访者 SZD)

政治力量和市场力量,原本是塑造媒介产品和新闻劳动样态的无形之手,透过内部的绩效化制度,它们更直接、更深入地参与到媒介产品形态和劳动样态的形塑中,锻造着职业的"天花板"。越是商品化氛围浓厚的媒体,往往职业"天花板"越低。在笔者调查的某省级电视台中,有几位在业内颇有名气的四五十岁编导,都在新一轮的竞聘中主动"下岗"赋闲。顾及他们的贡献,再加上他们都属于事业编制的保护范围,台里以行政人员平均奖的待遇把他们暂时养起来。笔者了解到,他们之所以不愿参加栏目和频道负责人岗位的竞聘,是"因为电视台要抓钱,现在的节目都太商业化了、太碎片、太没价值,只为哄小市民笑笑,我们这种人在里面是根本没法待的"。(省电视台 ZJ)笔者所做的一项电视节目质量研究亦发现,很多有抱负的电视人对目前电视台的过度商业化十分不满,认为有价值的节目创意很难被容纳。㉒

在我们的访谈中,随处可以体味到这种无处安放的价值感。一位记者感叹道"好新闻是做不出来的",他说:

"大家在平常的交流中就很疑惑了,做了三年五年,有一种找不到前途的感觉……假如说……好的新闻我们能做了,我到四五十岁还继续做记者,我觉得还是会有成就感。可能我的一篇报道能够改变一些东西,是吧,那么像这样一个变革,你就感觉到你自己呐,好像是参与到历史当中来了,但现在是很难的。"(《东方早报》记者 JGZ)

这种新闻产制的政治效应在于,当新闻从业者们生产着一件件肤浅、琐碎的媒介消费品时,他们也同时生产着一个个随时可替代的自己,生产着自己的危机和困境。诚如林富美指出的,那些"轻、薄、短、小""弱智化"的文化产品,反过来压缩着专业职能的伸展空间,使专业权利更加难以主张。㉓

这种低端的产品样态对于劳动样态和劳动者的规驯,既符合斯科特所讨论的极端现代主义设计下的生产和生活将减少劳动者的"人力资本"^②,从而削减其自主性的后果;又印证了布雷弗曼所讨论的"劳动者均质化"^③的效应。当新闻工作沦为重复化、肤浅化、机械化、去技术化的简单操作,当它对于智力、知识、经验和成熟度的依赖大大减少,媒体从业者的工作自主权便会大大缩减。记者们运用知识和经验进行抗争的能力便会被削减以至于被剥夺,尤其当门外拥挤着新生的劳动力大军时。当下我国传媒产品的状况和媒体人的精神状况,正诠释了此一管控制度的政治意涵。

在劳动者均质化和人力资本削减的压力下,"老"记者们必须逃离,才能逃脱"跑新闻"的宿命,得到一份相对稳定的收入,同时也才能证明自己的价值。但上升的路径十分逼仄,不外乎两条:一条是单位内部升官,一条是跳槽。一位受访者告诉我们:

"实际上,当了副主任才叫上了岸。你当记者每天被人家考核,年复一年被一帮小年轻吆来喝去,面子上也过不去,再说你也没有那么好的待遇。……你在这里就不行啊,你还得写稿啊采访啊,你还得生存啊。"(广州受访者 WY)

二十多年来,绩效化制度消减了专业职级的实际价值,使得官位炙手可热。官位不仅意味着相对稳定的收入,还有相对安全的职业前景。但是僧多粥少,有限的位子早已被先行一步的年轻成功者们占满,后来者的官途越发艰辛,许多人选择了跳槽,甚至转行。受访者指出,正是因为大家都想早些跳出挣工分的圈子,才导致年轻人之间的拼杀十分激烈。(ZYL 等)

我国媒体中的"官"并不稳定。由于高层的人事任免由上级行政机关决定,中层管理者时时面临着重新洗牌的威胁。如果没有进入核心圈的话,中层的位置很不稳固。笔者调查的某省级电视台,每年以竞争上岗的方式重新进行栏目调整,中层管理者的位置经常随着栏目的撤销而自动消失。在官本位的价值氛围里,一个人重回采编岗是很失败、很没面子的事,所以中层的压力也非常大。为了保住位子,中层必须一边紧跟领导,一边紧追市场。他们通过挣工分的机制,将两种压力传导到下面的采编人员。上述受访者中的两位,如今都已坐上了中层的位置,他们现在重复着老套的故事:政治上不出差池,经济上紧追市场。政治与经济、外部与内部、组织与个体,各方各层次的利益绵密地编织在挣工分的机制里。

(三)价值、生存与归宿

上个世纪末为因应媒体"企业化运营"而进行的媒体用工制度改革,是要完成媒体人的身份转型:使之由"国家干部"转化为能上能下、能进能出的自由劳动者。为提高生产效率同时控制成本,媒体普遍实行了以计件绩效制为主的绩效化制度,使新闻从业者的工作压力和不安全感极大地提高。从经济上讲,市场化改革确实使媒体获益匪浅,媒体人的收入大大地提高了,很多市场化媒体人收入都超过其母报。在挣工分的制度下,年轻群体显然是经济获利最大者。然而,一个普遍现象是,市场化程度越高的媒体,人员流动率往往也越高。以武汉地区为例,党媒的流动率很小,省报最小,十几年中除了升迁到政府部门外,很少有人离职。省报员工收入普遍低于其子报——《楚天都市报》。都市报和晚报相比,晚报流动率更小,原因是"晚报给记者的自由空间更大"(ZC等)。电视台中,老台湖北台的流动率远远小于1988年出生的经济台(现为湖北电视台经济频道),但后者的经济效益高于前者。

当初的改革设计者们或许并未预计到,"身份""稳定"这些改革要着意破除的东西,在产业化深入之后,却成为许多媒体人寻求的归宿。被媒体人视为成功的行业内流动路线,是沿着从市场化媒体向大报大台、从行政级别低的媒体向更高级别媒体、从子报向母报的走向,即向权力靠拢。当人事制度改革剥离了新闻从业者对于国家的依附,挣工分的制度又将他们转化为新闻劳动力之后,对于稳定感与归宿感的追求在媒体人身上反而突显出来。

一位从业8年的晚报记者,一年前跳槽到了另一家省报集团下属的都市报。他告诉笔者,这样跳的原因是为了通过关系进入省报,以后过上安稳的生活。2012年初与笔者再联系时,他已离开都市报,跳槽到了一家中直机关所属媒体的驻鄂记者站,他说是看中了该报能给他解决中直机关的编制。类似的例子在从业5年以上的记者中不乏其人。前面提到的某报"扒分王",后来跳槽到了新成立的央视记者站,还有一位从市场化媒体跳到了机关报,都是为了一份更稳定的工作。受访的某市场化媒体部主任告诉笔者:转制对媒体人确实影响很大,现在有三条路可走,一条路是去大报,相对稳定,福利好一些,退休金高一些;一条是去国企等,薪酬高,年薪动辄几十万;一条是去政府机关,公务员待遇好,有保障,稳定。(CPY)这位受访者自己打算再过几年找个国企安顿下来。笔者还了解到如下事实:在2000年以前,湖北省政府机关有不少领导都将子女安排进入湖北电视台工作,2000年以后,这个现象再没出现过了,他们的亲属大多被安排进入国企和政府机关。

自 90 年代末以来,国家通过人事制度改革和媒体市场化改革,将媒体从业者的身份与国家剥离,将其转化为"自由"的劳动者。然而悖论是,在市场化深入之后,在媒体陷入增长陷阱之后,媒体人却日益向权力靠拢以寻求归宿。这个趋向也正是媒体自身的走向。在国家内部的资源分配结构中,媒体的生存问题并不是主要危机,最重要的是片面增长导致的集体性生存焦虑,以至于把生存作为唯一目的。媒体普遍职业价值感失落,陷入了除经济增长之外无所依托的境地。这种"生存的唯一目的性"㉘,通过挣工分的管道,而传导在媒体从业者的日常劳动处境中;同时又通过媒介产品和劳动样态的相互规驯,进一步瓦解从业者专业自主的可能和欲望。就像媒体自身一样,在职业价值感难以获得、伦理支撑已十分脆弱的情况下,媒体人的"生存"目的性映显出来,它驱使媒体人做出符合自身利益的理性选择。这种向利益的归依正契合改革三十多年来我国的权威行使特征。李汉林指出:如果说在过去的我国统治结构中,统治形式的向度主要表现在由命令权力到利益依赖的话,那么改革后的体制中,则出现了由利益依赖到命令权力的向度。但是,实现这种统治可以形成韦伯所说的"并不强迫个人哪怕是最微不足道的、对这种统治逆来顺受的义务"。因此,"这种特定的'依仗利益'的统治以一定的个人'自由行动'为特征,进而可以很顺利地逐步转为国家的权威统治,并且可能在很大程度上与原有的行政权力、官僚机构对'下级'统治的权威体制相一致。"㉒在国家权力主导的市场化进程中,挣工分之于个体如同市场化之于媒体,都以赋予利益和自由的形式而达到了国家权威的行使。

一个社会的职业流动与权力分配、资源分配之间呈现出正向关系,因此从职业的流动中可以看出身份权力、政治权力和经济权力的信息,流动本身便是结构的产物。㉓二十多年来媒体人的职业流动轨迹,进一步印证了改革三十多年来,随着经济的不断增长,国家权力日益强大而不是收缩的事实。许多媒体人离弃新闻职业的现象,说明新闻传播业的权力比从前大大地削弱了。

结　语

"挣工分"是我国媒体普遍采行的组织制度。它以一种经济利益驱动、个体行动自由的调控方式,取代了此前的硬性控制方式。通过分析我们看到,在当下的权

力结构中,它产生了如下值得深思的政治效应:

第一,挣工分制度培育和强化了媒体从业者的功利化取向。当功利化成为意识形态,听话、不犯规的庸常状态便成为常规,理想主义、激情和责任反倒成为这份职业不可承载之重。无论对于"专业人士"还是对于"宣传干部",这种取向都使其偏离其角色认同更远。

第二,挣工分制度下媒介产品和劳动样态的相互规驯,导致新闻劳动者的人力资本削减和劳动者均质化效应。这一方面削弱了从业者们运用知识和经验进行抗争的能力,进一步压缩了新闻从业者的专业自主权;另一方面也迫使媒体人将离开作为选择。这可以解释上个世纪90年代后期以来,媒体内部官本位日益强盛的事实。挣工分制度使市场与政治权力更加绵密地交织在一起。

第三,与媒体市场化改革的初衷相背离的是,在市场化深入之后,媒体人却日愈向权力靠拢以求归宿感的实现。媒体人的职业流动轨迹,印证了这二十多年来国家权力的进一步增强,而媒体本身的权力却比从前更弱。挣工分的政治表明,以"依仗利益"和个人"行动自由"为特征的治理,可以顺利地转化为权威的行使。

(感谢《广州日报》记者周睿鸣、宜春学院尹瑛副教授协助完成部分访谈并提供参与观察材料。本文亦受到香港浸会大学林思齐东西方研究中心帮助。)

注释:

① ⑫ ⑬ 谢国雄:《劳动力是什么样的商品:计件制与台湾劳动者主体性之型塑》,《台湾社会研究季刊》1994年第17期。

② 本研究中的新闻从业者主要指的是报纸、广播、电视媒体中从事新闻采编和相关管理工作的人员。

③ ⑤ 王维佳:《作为劳动的传播——中国新闻记者劳动状况研究》,中国传媒大学出版社2011年版。

④ ⑩ 周翼虎:《抗争与入笼:中国新闻业的市场化悖论》,《新闻学研究》2009年(总)第100期。

⑥ 魏文彬:《广播电视媒体人事制度改革的方向、瓶颈与路径选择》,《中国广播电视学刊》2005年第10期。

⑦ 《取消行政级别 搞活用人机制——我国将全面推进事业单位人事制度改革》,《人民日报》2000年6月10日。

⑧ 李金铨:《超越西方霸权:传媒与"文化中国"的现代性》,牛津大学出版社(香港)2004年版,第88—89页。

⑨ 大陆媒体绩效考核制度首先是在较早步入市场化的媒体中确立的,如《华西都市报》自1995年创办之初就开始摸索适合都市报的绩效考核制度,《广州日报》在1996年成立报业集团后也确立起一套绩效考核体系。此后,其他一些媒体也纷纷将绩效考核机制引入组织管理体系中,如《湖北日报》《河南日报》《南方日报》等均在2000年左右建立自己的量化考核制度。相关资料参见曹鹏、尹连

根、王亚明、陈柏健、肖燕雄等人的研究。

⑩ 尹连根:《绩效考评在报纸采编中的调控功能——以〈南方日报〉为研究个案》,《新闻界》2003年第4期。

⑪ 材料来源:http://blog.sina.com.cn/chuzhaoxin。

⑬ 林富美:《联合报系的薪酬策略》,《新闻学研究》1997年第54期。

⑭㉑㉓ 林富美:《台湾新闻工作者与艺人:解析市场经济下的文化劳动》,台湾秀威资讯科技股份有限公司2006年版,第43~64页。

⑮ 潘忠党:《新闻改革与新闻体制的再造》,《新闻与传播研究》1997年第3期。

⑯ 夏倩芳、王艳:《"风险规避"逻辑下的新闻报道常规——对国内媒体社会冲突性议题采编流程的分析》,《新闻与传播研究》2012年第4期。

⑰ 张志安:《报道如何深入:关于深度报道的精英访谈及经典案例》,南方日报出版社2006年版,第9~10页。

⑳ 南香红博客,网址:http://blog.sina.com.cn/nanxianghong。

㉒ 夏倩芳、管成云:《公共服务该如何做——关于电视节目品质的公众访谈》,《现代传播》2012年第1期。

㉔ 参见〔美〕詹姆斯·C.斯科特:《国家的视角——那些试图改善人类状况的项目是如何失败的》,王晓毅、胡搏译,社会科学文献出版社1998年版。

㉕ 参见〔美〕哈里·布雷弗曼:《劳动与垄断资本:20世纪中劳动的退化》,方生等译,商务印书馆1978年版。

㉖ 邱戈:《媒介身份论:中国媒体的身份危机和重建》,中国传媒大学出版社2008年版,第221~226页。

㉗ 李汉林:《中国单位社会》,上海人民出版社2004年版。

㉘ 郑路:《改革的阶段性效应与跨体制职业流动》,《社会学研究》1999年第6期。

突发性公共事件与政府形象修复策略研究*

◆ 袁 军　冯尚钺

一、问题提出

近年来,由于处于特殊的社会转型期,社会各阶层利益矛盾在一定范围内、一定程度上不断激化,新的社会问题不断产生;新媒体的发展,尤其以微博、社交网络为主的社会化媒体、公民媒体的介入,进一步增强了大众的传播能力和监督意识,也使得以往政府习以为常的传统形式的媒介控制(例如对报刊报道进行冷处理)和舆论引导的效力大大减弱。这两者的结合使得近年来涉及政府形象的公共事件层出不穷,甚至许多非政府的自然灾害及不可预测的突发事件,在受众舆论的解读和归因中也往往偏向强调政府应对能力或工作上的问题。凡此种种,对政府的威信及形象都提出了极大的挑战。

尽管舆论监督对于政府而言毋庸置疑是必要的,但一旦政府的形象及公信力不足以支撑其执政的需要,无疑会造成其社会管理能力下降,使社会更加地不稳定,这种恶性循环最终便会造成所谓的"塔西佗陷阱"。即当一个政府失去公信力时,无论说真话还是假话,做好事还是坏事,都会被认为是说假话、做坏事。因此在现时条件下,政府需要将自己的危机传播能力作为执政能力的重要组成部分加以重视。本文的研究即开始于此,拟以本尼特(Benoit)的形象修复理论为主要理论框架,对2011~2012年四个以政府为主要形象修复主体的重大公共事件为例,试

---

* 原载于《现代传播》2013年第10期。

图对以下几个问题进行解答:(1) 政府在以上一些事件的处理中,主要应用了哪些形象修复手法?(2) 这些形象修复手法的效果如何?是否起到了修复政府形象的作用?舆论对其反映的短期及长期效果如何?(3) 如何改进政府的形象修复方式?

二、何谓"形象修复"理论以及本文的关切

形象修复(Image Restoration)理论是与危机传播理论紧密相关的一个理论体系,该理论的代表人物是美国学者本尼特。形象修复理论最初来源于企业界。认为企业在发生危机之后应该迅速对该危机承担责任,从而使危机对企业形象造成的损害减至最低。本尼特提出了五项具体的策略用以修复组织的形象。[①]

1. 否认(Denial)。否认是组织在形象修复中可以首先使用的策略。本尼特认为否认包括两种形式:直接否认(simple denial)和转移责任(to shift the blame),也就是当组织发生危机之后,将危机的责任推诿于第三方。

2. 规避责任(Evasion of Responsibility)。对于那些不能进行否认的危机,组织通常还可以通过合理的规避责任来修复其受损的形象。这一策略具体又分为四种主要的方法:正当回应(Provocation)即组织之所以会犯错是因为其在捍卫自己的正当权益;无力控制(Defeasibility)指的是危机事件是因为组织缺少相关信息或能力对危机进行控制;意外(Accident)是指组织可以将危机事件或是组织曾经做出的失当行为归结为一次意外;本意良好(Good Intentions)指的是组织可以向公众解释组织虽然做了某些不当的行为,但其本来的意图是良好的,即所谓的好心办了坏事。

3. 减少敌意(Reduction of Offensives)。减少敌意即指组织发生危机之后通过各种方法减少公众对于组织产生的敌意,从而减少对组织形象的伤害。减少敌意具体包括六种方法:强化支持(Bolstering)即加强公众对于组织的积极看法或者组织解决问题的决心;最小化危机(Minimization)即尽量降低公众心中危机的严重性;区别化(Differentiation)即将危机事件与那些伤害更为严重的行为区别开;超脱(Transcendence)即改变事件的框架;反击(Attack Accuser)即攻击消息信源;补偿(Compensation)即补偿危机受害者。

4. 纠正行为(Corrective Action)。采取措施承诺会纠正自己的不当行为和歉

意(Mortification),通过表达歉意的方式获得公众的原谅。

5. 责任分离(Separation)。除以上策略外,Brinson 和本尼特在此后的研究中又提出了一种新的策略②,称之为责任分离。他们指出,组织可能会将它们自身与组织中涉及危机责任的个体区分开,并指出那些成员与组织的价值观是不符合要求的,或是未经授权而采取行动的,从而减小这些个体对组织整体形象造成的损失。

形象修复理论自提出以来便因其实用性和启发意义受到学界关注,尤其被广泛应用于企业公共关系和政治传播领域。本尼特自己便做了大量的个案研究,这些研究除了单一的形象修复的研究,还包括探讨哪种形象修复策略或者哪几种策略组合具有较高的有效性。总体而言,表达歉意和纠正不仅是两种最为有效的表达和被接受的方式,而且这两种策略的组合也是较为有效的组合。③

形象修复理论出现之后,也引起了华人学者的兴趣。众所周知,中华文化中对形象十分重视,"面子""体面"观念深入人心,但由于东西方受众接受心理不同,对于形象的认识、策略等都有较大差异。华人学术圈对于形象修复理论的研究,主要关注的问题是形象修复理论这一成长于西方社会的理论如何应用于跨文化的东方语境及受众心理。例如台湾学者黄懿慧最早于 2001 年介绍了形象修复理论,并且根据华人社会的情境对其理论进行了修正。

本文根据形象修复理论拟对突发性公共事件之后的政府形象修复手法进行研究。对于"突发性公共事件",本文主要采用《中华人民共和国突发事件应对法》中的定义,指"突然发生,造成或者可能造成严重社会危害,需要采取应急处置措施予以应对的自然灾害、事故灾难、公共卫生事件和社会安全事件"。此外,参考本尼特的形象传播理论,组织是否被认为对已经发生的事件负责是影响组织形象和采取策略的重要因素。因此,我们可将四种突发性公共事件按照政府的可能责任程度和起因粗略地一一对应为以下的矩阵(见表1)。

表1 四种突发性公共事件相关矩阵

	政府对事件的责任较弱	政府对事件的责任较强
起因与不可控的自然因素有关	无预兆的自然灾害性事件(如"7·24"北京特大暴雨)	环境问题、公共卫生问题,因政府的工作不当或疏忽而激化(如广西龙江镉污染事件)
起因主要与可控的人为因素有关	突然爆发的公共安全事故(如"7·23"温州动车脱轨事件)	政府明显的工作失误、官员的腐败问题等,造成的政府信任危机(如宁波PX事件)

根据这个矩阵，本文分别一一对应四个发生在 2011 年到 2012 年的突发性公共事件：2012 年 7 月 21 日北京市特大暴雨事件、2011 年 7 月 23 日动车侧翻事件、2012 年 1 月的广西龙江镉污染事件及 2012 年 7 月的宁波 PX 群体性事件。四个事件均为具有一定规模和舆论影响的突发性公共事件。本文研究方法为内容分析法，主要材料选取方法为选取事发之后七天的媒介报道来进行形象修复策略分析。包括《人民日报》及人民网[④]、新华社及新华网[⑤]及事发地政府党政机关报[⑥]，以篇为文本单位，选择新闻中所体现的政府最核心的形象修复策略（如文本包含有多种形象修复策略，则选择其标题、主题句或中心段落为准）。

三、突发性公共事件后政府形象修复策略的形式

尽管本尼特的研究为形象修复策略划定了基本框架，然而，由于文化背景及政府组织的特殊性，形象修复的具体形式仍然与理论本身存在着一定的差距。本文参考了台湾学者黄懿慧等对中华地区形象修复策略的修正[⑦]，从四个突发性公共事件之后的媒介表现，将目前政府在突发性公共事件发生后所采用的主要的修复策略简要归纳为几种，详见表 2。

与本尼特的策略相比较，我国政府形象修复策略具有一些不同的特征。本尼特的组织形象修复理论更多适用于西方语境下的组织公关工作，而中国突发性公共事件之后的形象修复实践，则属于政府舆论引导的一部分，受到传统的党报宣传思想指导，更多以配合政府处理工作，维护及稳定、团结大局而非修复政府形象为主要目的。此外，政治影响及文化背景也是一个差异较大的因素，尤其是在大型突发性公共事件中，政府形象修复往往让位于其他的政治考虑。例如地方政府在考虑形象修复策略时，往往首先考虑的并非政府的形象，而是政府的主动地位和领导人在事件中的责任问题，因此对于突发事件中公共舆论较为关心但较敏感的问题，往往选择沉默或模糊以对。相对于西方而言，中国的政治文化更加强调政府对于事件后的控制能力和善后作为，因而道歉这一策略虽然在西方研究中被证明为十分有效，但是在政府突发性公共事件处理中，往往会牵扯到政府威信的降低和事件责任的分配，因此道歉往往被视为万不得已的最后手段。

基于以上的考虑，尽管目前政府形象修复意识和危机处理意识较之前已经有了很大的提升，但应对突发性公共事件仍主要以正面宣传为主。就形象修复策略

表2 样本突发性公共事件发生后政府所采用的主要修复策略种类、形式与示例

种类	形式	举例
直接否认	与原策略相类似。	北京暴雨事件对于下雨预报的时间是准确的。
转移责任	与原策略相类似。	略
正当回应	政府正面回应群众质疑,证明其行为符合政策和法律的合理性。	炼化一体化项目符合环保部和省、市、区环保部门的要求。
无力控制	政府强调问题的突发性和规模,以证明其应对机制并无不当。	北京暴雨事件中北京大雨为建国首次,为"61年一遇"。
意外	与原策略相类似。	略
本意良好	政府强调其动机在于服务人民根本利益,发展经济等长远目标。	炼化一体化项目是国家生产力布局重点战略项目,具有重要战略意义。
强化支持(分为三项子策略)	诉诸意识形态:强调政府的先进性及为人民服务的本质。	政府一切发展的目的都是为了人民群众。
	诉诸已有作为:强调政府已经在事件前的作为。	动车事故中新闻发言人王勇平言中国高铁技术是先进的。
	诉诸领袖:强调该事件已经得到了政府高层领导的重视。	郭声琨:"绝对不能让人民群众喝上一滴污染物超标的水。"
最小化	与原策略相类似,但更强调事件在政府作为后已得到控制。	北京暴雨事件中,在特大暴雨灾害发生期间,全区无一人因转移不及时死亡。
区别化	官方通过对事件的"定性"尽量使其与更危险的事件区别开来。	宁波PX群体性事件中官方称部分村民情绪激动。
超脱(分为两项子策略)	宣传英雄:宣传事件中发生的英雄事迹及人们的正面品质。	宣传北京大雨事件中奋战在应急一线的好男儿。
	长期目标:强调人们应当着眼更为宏大的目标。	北京暴雨洗礼出了城市精神。
反击	政府对于事件中的不良信源的反击。	"不造谣,不传谣,不信谣"
纠正(分为两项子策略)	纠正许诺:政府许诺将做出行动。	动车事故后,铁道部称将全面开展安全生产大检查
	纠正行为:政府的具体纠正行为。	镉污染事件中,政府"动员一切力量,开辟2个战场,克服四大困难,构筑5道防线,全力降解污染水体"。
赔偿	政府对事件中的受害者进行赔偿。	略
分离	政府强调事件中的责任人并非政府的重要人物。	略

而言，主要分为"强化支持"与"超脱"两种。我们的"强化支持"策略可以被细分为三种：其一，诉诸意识形态，此处指政府强调其为人民服务的意识和对人民利益的切身关注，以增加受众对于政府妥善处理突发事件的信心和提高对于政府表现的评价。其二，诉诸已有作为，与政府在事件后的"纠正"措施不同，诉诸已有作为关注的是政府在事件之前已有的作为，通常与"无力控制"或者"意外"联合使用。其三，诉诸领袖，此种方法是强化支持中最常见的一种，即突出事件已经得到了政府部门的领导人的关注。这种形象修复的可能性与中国的政治文化有密切关系，因为作为行为主体的领导人行政等级越高，影响力越大，便越意味着公共事件受到政府妥善处理的可能性越大。高层领袖的出现，通常意味着政府密切关注公共事件发展，并且已经做好处理的准备。

我们的"超脱"策略则包括两种，第一种为宣传英雄，即发掘和强调事件中的正面行为（英雄）和闪光点，例如在北京暴雨中的自觉救灾的市民，河池水污染事件中的救灾官兵等。第二种则是从一个更大的社会进程框架中去解读公共事件的正面意义，例如从宁波 PX 事件的处理中解读出政府尊重民意的态度和建立沟通机制的必要性。就形象修复这一方面而言，"超脱"的意义在于改变人们对事件的解读框架，更多关注事件中的正面意义，从而减轻政府的压力。另外，超脱与具体改正措施相配合（如救灾现场的报道），可以为受众提供更多关于改进措施的感性认识，从而增强其说服力。

关于形象修复的策略也可从量化结果中得到验证。除宁波 PX 事件，由于事件的特殊性，仅有 4 篇样本报道外，在代表三种不同性质的北京暴雨事件（129 篇样本报道）、动车事件（125 篇样本报道）和河池事件（56 篇样本报道）中，"强化支持""超脱""纠正"这三种主要策略都是最多的；其中，主要体现"强化支持"策略的报道篇数在三个事件中分别为 25、12、11 篇，"超脱"分别为 57、70、16 篇，"纠正"分别为 23、30、23 篇。总体来看，体现三种策略的新闻稿件分别占总体事件报道比例的 81.3%、89.6% 和 89.3%。在官方媒体上，政府较少对事件起因及事件责任进行主动直接回应——无论是正当回应，转移责任或者否认。如果事件原因与政府责任直接相关，地方媒体通常采取的策略是沉默或者等待事件解决之后进行总结报道（如宁波 PX 事件）。

就对地方/全国媒体表现的比较而言，地方媒体较新华社、《人民日报》一类的全国性媒体更多使用"超脱"策略，尤其是"超脱"中的"宣传英雄"子策略（88.1%）。

这可解释为地方性报纸与事件第一线更为接近,因此能够提供更多的篇幅来报道正面的人和事,同时,地方政府也要负责更多的维稳任务,因此需要正面消息以鼓舞人心。而类似的,在地方媒体的"强化支持"策略中,则以"诉诸领袖"为最多(74.2%)。在一个报道中,"诉诸领袖"和"宣传英雄""纠正承诺"等经常配合出现,体现了地方媒介的宣传重心仍然是以领导为主。

四、突发性公共事件后政府形象修复策略的效果及反思

毫无疑问,由于缺乏可靠的调查手段,考察形象修复舆论策略的效果可能是比较困难的。本文为了对其进行大致的分析,将其操作化为网络论坛对形象修复策略新闻的反应。

我们以人民网强国论坛和天涯社区两个较大的网络时政论坛为例进行分析。以"北京暴雨""动车事故""龙江镉""宁波PX"四个关键词分别在论坛进行搜索。结果发现,尽管"强化支持"和"超脱"策略是政府的主要形象修复手段,也有许多主帖引用、运用这二者策略的如领导活动、政府救灾的新闻,但回复数几乎都没有超过10个。而在该事件相关的热帖中,则几乎没有关于这两者内容,例如关于动车事故,强国论坛共有1189个主帖,其中超过50个回复的有11个,天涯社区共有1363个主帖,超过50个回复的有156个,但这些引起网民关注的热帖内容主要是官方的具体回应、赔偿和纠正措施。官方媒介议程和民间议程出现了明显的不重合,官方形象修复措施类稿件没能起到设置议程的作用,网民恐怕在自己"选择性接触"这一阶段便已将其排除。进一步来看,不少网民对这两种形象修复方式的稿件采用的是批判式的解码,甚至帖子中只要含有"正能量"便会遭到嘲讽的回复。例如人民网的主帖《珍视动车事故面前的人性力量》便在回帖遭到了"继续把丧事变成喜事"的讥讽,针对北京暴雨中的"正能量",也有天涯网民针锋相对发表《北京暴雨:原来我们必须感动,不必问责》的反驳文章。虽然只是个例,但也说明传统的"强化支持"和"超脱"策略的组合,在新媒体时代能够起到的形象修复作用并不乐观。

是什么造成了这一点?究其原因,除了官方媒体的公信力下降以外,恐怕还有几个重要因素:首先,相对于上世纪90年代以前,新媒体的出现与民间媒体的活跃提供了大量的第三方信源,官方媒体尤其是地方党报尽管还有权威性上的优势,但

无法再垄断事件的解释权,因而政府对于舆论引导的能力下降。微博上的舆论领袖在动车事故中的持续追踪,主导了相关的舆论议程。其次,新媒体的无界性,使得突发性公共事件变得再无地域之分,不仅控制事态和保持沉默变为不可能,而且各地政府形象出现了"一荣俱荣,一损俱损"的现象。即某一地的政府形象修复成功与否不仅仅关系到当地政府的形象,还会使得全局性的政府形象受到影响,而这样又势必会影响之后的人们对政府形象修复措施的效果和评价框架。最后一个挑战是,如果没有足够有说服力的具体行动作为支撑,短期内一些缓解政府压力的措施未必能够修复政府形象,尤其是当类似的策略重复多次之后,形象修复便不会像最初那样有效。新媒体使得人们可以更详细地了解到关于突发性公共事件的处理情况,这大大加速了上述事件的过程。例如在汶川地震中,人们对灾区的同情心和灾区中的人性光辉曾在一定程度上缓解了政府经受的压力,但在北京暴雨事件中,同样属外力引起的自然灾害,对于"正能量"的描述却引起民意反弹,这样的现象令人深思。

  如何依据本尼特的形象修复策略,改进我国政府在突发事件之后的传播方式?我们认为,首先从内容上政府应当意识到,传统的突发事件后的传播方式,尤其是所谓"灾事喜报"的"强化支持＋超脱"宣传模式的局限性。有必要运用多种方式,根据不同性质的事件设定不同的宣传方案,例如,对于自然灾害类事件,应增加"正面回应"的比例和强度,针对人们所关心的问题积极主动地提供信息。而对于政府责任重大,民心关切的事件应适时运用"道歉＋纠正"的策略以维护形象。更重要的是,形象修复策略应当建立在事实的基础上,善后工作的密切落实,才是所有形象修复策略起到作用的根本。

  其次,政府应该意识到,新媒体时代下的政府形象修复是一个全面的、系统的工程,实质上政府形象已经没有明确的地域、时效之分,任何一个地方政府对具体危机事件的处理得当与否,都会影响到整个政府的形象和民众对于政府的评判框架,甚至会影响外交上我国的国家形象。因此,有必要将政府形象修复方案纳入整体的政府突发事件应对方案中,特别是针对一些历史条件、社会环境较为复杂的地区和一些可能激发社会矛盾的事件,在事前便应有充分的应对措施。同时,党报和政府宣传部门应当积极主动加大与新媒体、民间媒体的沟通与联动,意识到应对危机事件需要的不是一个单向的一元式的传播,更是双向多元的沟通,而后续的效果评估、舆情沟通很可能同最初的信息发布一样重要。

注释：

① 关于形象修复理论相关策略描述的参照 Benoit W. L. (1997). "Image Repair Discourse and Crisis Communication". *Public Relations Review*, 23(2), p.177；鲁津、栗雨楠：《形象修复理论在企业危机传播中的应用——以双汇瘦肉精为例》，《现代传播》2011 年第 9 期。

② Benoit, W. L., Brinson, S. L. (1999). "Queen Elizabeth's Image Repair Discourse: Insensitive Royal or Compassionate Queen?" *Public Relations Review*. 25(2), pp. 145—156.

③ Sellnow, T., Ulmer, R., Snider, M. (1998). "The Compatibility of Corrective Action in Organizational Crisis Communication". *Communication Quarterly*. 46, pp. 69—74.

④ 本论文引用《人民日报》的稿件来源于人民网搜索：http://search.people.com.cn/rmw/GB/bkzzsearch/gj_search.jsp#。

⑤ 本论文引用新华社的稿件来源于新华社多媒体数据库：http://info.xinhua.org/cn/gailan.do?cid=35。

⑥ 本论文引用地方党报具体来源为《北京日报》（2012 年 7 月 21 日至 7 月 28 日）、《温州日报》（2011 年 7 月 23 日至 7 月 30 日）、《河池日报》（2012 年 1 月 30 日至 2 月 5 日）、《宁波日报》（2012 年 10 月 22 日至 29 日）。

⑦ 黄懿慧：《危机回应：浅谈形象修复策略》，《公关杂志》第 42 期；黄懿慧：《当东方的面子工夫碰上西方的形象修复策略——初探公关形象修复策略的文化意涵》，http://dspace2.lib.nccu.edu.tw/bitstream/140.119/3575/1/912412H004026.pdf。

通达智慧:资讯社会与资讯泛滥的出路*

◆ 郑贞铭

一、资讯社会的特征

资讯社会①的特征,我们可以从网络的发展中一探究竟。举其大者,约如下述:

(一)人类彼此依赖程度更高

著名的传播学者麦克卢汉早就提出"地球村"的观念。在过去的观念中,遥远而不可及的社会,今天我们可以从传播媒体中得知;互通声息,早已不是梦想,而是生活的现实。

往昔在农业社会,除了少数必需品需要靠外面输运,其余的衣食住行资源,绝大部分可以靠自己生产。在这样一个"天高皇帝远",类似乌托邦的社会,人与人之间的关系主要建立在感情上的相互需要,而非物质的依赖。

但在资讯社会中,如今何以仍然会兴起"比邻若天涯"的慨叹?这是因为人类的关系主要建立在物质交易的功利基础上,不纯然是感情,所以更显复杂而无奈。

由于工业社会的环境较为安定,整个世界已逐渐融为大个体,任何地方问题都将波及其他地区:中东的战争必将影响全球的石油供给,美国经济的不景气会影响台湾的经贸发展,更别说中国大陆的政策对台湾的影响及华东水灾对香港食品的

---

* 原载于《现代传播》2013 年第 11 期。

供应。

在形成世界村的脉络中,各种传统形式的战争、暴力皆不应成为解决各种纷争的手段,否则人类将难免浩劫一场。传统上的国家民族观念,有其可贵的一面,但面对新时代的到来,我们更需要以世界公民的角度,思考并解决世界性的问题。

世界大同,是许多伟人的梦想。此梦想的实现,当然还需要更漫长的路程。但在面对21世纪来到的新时代,我们应该认真而严肃地思考:基本人权应是普世共遵的信条,而当我们大家在争取自己所珍惜的各种自由与权利时,人们也应该省察自己的义务——为社会、为世界、为人类,我们是否尽了更多的责任?

(二)知识的爆炸成长

"知识就是权力",这句话过去就很令人信服,今天尤其显得真切。这是一个知识爆炸的时代,这一代人的知识,正是以几何级数不断成长,从而与科学、资讯的成长形成因果关系。

在农业社会,天然资源就是力量。在工业社会,国家力量的泉源,主要靠工业力量,有天然资源并不再等于拥有霸权。而在今天,人们逐渐发现,强大的工业基础,也不够保证经济发展;只要有足够的知识和科技,一个国家将能够很快地发展任何工业。

在这个以"资讯"彰显其特色的年代,谁拥有知识,谁就拥有力量。因为,知识的几何级数增长,已是一个无法阻挡的趋势。每一点新知识的出现,都将增加其他新知识成长的机会。在新媒体环境中,"不进则退"真成了金科玉律。全人教育、终身教育,不仅成为理想,而且成为必须努力的方向。新的知识与科技,正不断取代旧的知识。如果不能与时俱进、不断学习、持续进步,人类终将很快被无情的知识淘汰出局。

资讯的形成与知识的成长,使我们认识到:单一文化独大对世界文化的发展将有百害而无一利;只有多元化的发展才能抗拒庸俗文化的诱惑,历史证明了人类的许多恶性,诸如大屠杀、饥荒等都是人类短视与罪恶的结果。

新时代应该让我们形成新思潮:无论个人或者国家,都只有透过对话,才是唯一符合理性及智慧的解除纷争之道,冲突只会涌现更多的障碍。

(三)贫富悬殊搬上台面

在工业社会,由于财富的增长,大多数的技术工人可以拥有自己的财富,大量的中产阶级成为西方工业国家的主流,也成为社会安定的力量。

但在最近十几年的发展中,我们似乎又看到贫富悬殊的现象再度发生。在许多先进的工业国家——包括美国在内,我们发现,不少城市中贫民区不断扩大,失业率高涨,经济力衰退,生活水准下降。许多人对于生产力不断成长,但贫富悬殊却再度出现的现象十分不解。

事实上,如果从资讯与科技发展来看,虽然科技已令生产变得越来越自动化,但技术工人的重要性却大幅降低,而对受过现代化高等教育的专业人士和管理人员的需求却大为增加。

因此,贫富悬殊的现象又被搬上台面。不过,现在贫富的差别乃取决于现代科技知识的多少,而不是资金的有无。知识不仅靠年轻时学习以取得,也需要以后的不断进修。

(四)新产品——知识与资讯的分发与服务

在后资本主义及后工业时代,资讯与知识被视为累积新资源的筹码,所以也就被视为经济成长的主要资源。快速、便利、沟通、思考、个性、创意、惊奇……呈现出了新传播时代的特征,即现代产业的一切活动皆以提高生产力及刺激消费感为目的。在多渠道、全面向的传播下,资讯在渠道成千上百倍增长的形势下,开始被大量生产,并且各自拥有通路、掌握行销。

在资讯社会中,人类的工作与消遣皆在交换讯息,人类活动中的资料处理比重与日俱增。因此,传统社会中我们所了解的商品将显得不像往昔那样重要。代之而起的,是知识和资讯的生产、分发和服务。近年来所出现的研究机构,它们的产品就是在替换其他的公司做"研究"。而许多以售卖资讯为业的公司,如大型的数据库等,更是以往难以想象的。

这些新商业机构的出现,给现存的商业环境带来很大的冲击。因为资讯与知识是一些不具体而且无形的概念。如何界定它的价值和拥有权,成为经济和法律上的一大课题。

以这个观点来看,网际网络的运用对于人类心智冲击之大可以想象。因为人脑的记忆力再强,也比不过电脑的硬盘;人脑的计算能力再好,也比不过电脑的记忆力。只不过,人类只需透过键盘输入以求取答案,自然摒弃了思考的过程,使思考更流于浮面或断章取义,也减少了心智的磨炼。这些后果,连同前述的资讯商业化泛滥的时代,如果不预加防范,人类必将尝其恶果。

曾有西方学者预言:如果资料运算和资讯传播成为一体,传播与推理合二为一,则电脑可能带来人的彻底物化。著名的传播学者施拉姆也曾担心:工具理念将会湮没人的道德理性和传统的德行。

二、资讯发达,知识贫乏,智慧难达

(一)由资讯走向智慧

科技是如此威力无比,传播也是如此便利,但不经过严谨过程处理的资讯,是不是人类最重要的正确知识呢?是不是人类据以行事、据以决策的智慧呢?笔者认为未必如此。

身处巨大的资讯网中,我们应如何应对?如何抉择?如何将这些浩瀚繁漫的资讯整合为有用的知识?又如何将知识淬炼成通观洞识的智慧?这正是笔者在资讯时代最关切的问题。

我们平日所吸收的资讯,未必是知识,充其量只是资料而已;只有经过证实、组织过的资料,才能成为有用的知识。换言之,今天资讯发达的社会,资讯所提供的,毕竟只是初步资料,如何根据这些资料、透过自我经验的积累,并加以观察、分析辨别,在更进一步的思考中,力加反省,使自己的人格日趋成熟与圆满,才真正是有益于社会与人类的智慧。

那么,智慧是什么?笔者认为,智慧一般说来由三要素组成:学识经验、思考经验和思辨能力。智慧来源是吸收知识并培养自己,为人仅有学问是不成器的,为读死书食古不化的,是无补于社会国家的。

真正有智慧的人,是借由知识经过缜密的思辨,然后力行实践,才有成就。培养智慧的方法有四个步骤:宁静、去蔽、求知、实践。宁静是指一个有智慧的人做事要保持冷静的头脑,以坚强的意志及坚定的内心主宰任事,不为任何欲念动摇,不受任何外力摇撼。去蔽是指除去掉障碍和蒙蔽,摒除成见,不武断,不私心。宁静、去蔽,而后方能保持不断的恒心和自强不息的精神去求知、实践,以达谦虚应世、宽恕待人、协和众众、修养仰望、悲天悯人。

(二)提供知识与智慧:传媒的责任

资料必须加以组织,才能变为有效流通的资讯;而资讯更需要个人的消化、思考,才能成为系统性的知识。我们接受资讯与知识的流通,更需要自我经验的累积、历史的考证,并加以观察、分析、辨别、反省,成为个人或社会未来发展共同行事的指标,以达智慧。

当然,一般的媒体人在匆忙处理资讯时,未必有时间、精力并有意识地去处理智慧问题。因此,有为的媒体必须对重要资讯的处理进行反思,更需要随时求助社会各方的学者、专家与智能之士,为受众解读资讯,才能使国民对这些随时发生的资讯所产生的知识与智慧,加以辩解。通过"充分说明",形成社会进步力的能量,并汲取教训。

多年前,笔者就提出"资讯、知识、智慧"之说,意在使传媒的职责不断提升层次。

传播媒体当然以报道新闻为使命,但有远见的传播学家也往往不忽略媒体在社会教育与文化中传递的责任。媒体本身无罪,它是中性的,可以为善,也可以为恶。为善为恶主要取决于媒体人的角色。正因为今天是混乱的时代,许多问题的是与非、对与错,更需要从智慧的角度给社会大众理性的思考、明晰的观察与正确的抉择。

所谓智慧,就是媒体人不仅有责任报道新闻,也有责任把资讯转化为有用的知识。资讯转化为知识的关键,除了依据个人的阅历主动寻找有用的资讯外,更需要媒体透过各方有识之士,透过理性思考,形成正确的诠释,使受众在观察、分析与辨别方面,得到正确的方向与参考的架构。

人之异于禽兽,就在于人可以通过思考抵达智慧,以寻求人类真正的幸福。传媒有扩散的功能、传递的功能、教化的功能、指导的功能——当然这与"思想控制"绝无关联;传媒界以文化人自居、以知识分子为身份标识,焉能放弃追寻人类知识与智慧的这一天职?

三、通达智慧:资讯社会的民众媒介素养

除上述论说之外,笔者认为培养民众基本的传播知识是政府与新闻教育界无

可推卸的责任。1963年,笔者在台湾政治大学新闻研究所撰写台湾第一篇有关新闻教育的硕士论文时,就曾指出:新闻学的社会化,今后将是新闻学府义不容辞的职责。

道理很简单:随着新闻传播科技的发展,传播力量的渗透力将不断加大,每一个人都将需要新闻,有如需要空气、阳光与水。媒体虽属中性,媒体内容却是人为的,随新闻人的修养而决定其内容。尤其是在新闻商品化之后,许多媒体不仅没有造益人类,反而毒化人心。因此,新闻学府除了培养新闻人才外,也应该教育广大阅听大众有关新闻传播的基本知识,不让受众成为媒体的受害者,而是不断从媒体中获益。

这一主张,事实上正是许多国家目前所推行的媒介素养教育,就像每个中小学生要受卫生教育一样,保护我们的健康。卫生知识在保护身体健康,媒介素养在避免我们精神受污染。所以媒介素养已成为许多国家通识教育中极重要的一部分。

什么是媒介素养呢?个人主张应该包括几点重要的修养指标:

1. 了解媒介本身。知道何谓媒介,了解媒介的发展过程、功能与功过,了解媒介如何运作其新闻报道、评论与广告,进一步了解政治力与经济力为何介入媒体。

2. 了解媒介、资讯与受众的关系。了解媒介与真实的距离,何谓媒体真实与事实真实,受众为何接近媒介,何谓公民新闻学,受众如何监督媒体与社会,媒介应如何扮演公共角色。

3. 了解如何选择媒介与辨别媒介。受众在良莠不齐的媒介中如何选择?如何指导下一代青少年学生阅看媒介内容?进一步培养批判媒介的能力:如何解读媒介价值与观点的真正意含?

4. 了解媒介监督与滥用权力。培养阅听大众辨别是非的能力,培养阅听大众要求媒介实现专业伦理与新闻自律的能力,以发挥公民能力进行媒体监督。培养阅听大众有制作与使用媒介作品的基本能力,以期建立健全的媒介发展的环境。

结语:资讯社会与资讯泛滥时代对新闻业的期许

生活在今天社会的大众多依赖资讯所获得的资料以批判思考,并据以进行日常生活与处理事务,所以资讯的品质最为重要,这些品质包括时间的准确性(时效)、完整性、真实性、可理解与可接受性。

新一代的记者如何在当下的环境中磨炼自己从而实现自我成长,是维护社会对新闻资讯公信力的主要依据。新闻记者是社会的整合角色,如何将高深专业的概念化为平易的报道,在广度上消除职业、地域、种族、年龄、性别等的隔阂,在深度上增加了解、促进和谐,都将成为重大的挑战。

记者不是作秀,他应该以成熟、智慧、稳重为社会开启新路,尤其要配合时事,消化完整题材,以知识性、生活性、文化性落实到社会大众的层面,知会新闻传播的力量不仅是荣誉,更是压力。

曾任美国《纽约时报》总编辑的欧尼尔曾在国际新闻协会年会中呼吁新闻界要建立风格:预见警告社会所面临的危机,不要等到危机成为事实后,再当作大新闻来报道。

曾任美国密苏里新闻学院院长的艾瓦特曾说:新闻事业是一个极容易有差错的事业,所以我们急需加强自我检查。这种检查,至少包括几点:(1)记者是否小心翼翼地追求准确?(2)他们会篡改语句、忽视事实甚至杜撰消息来源及报道吗?(3)他们是否公正客观?(4)他们是否在乎国家安全所受到的威胁?(如使用电子窃听、冒充、布置陷阱、金钱收买等不正当的采访手段)(5)记者对个人隐私权的态度如何,对事件当事人够尊重吗?(6)调查性报道及民意调查报道有何潜在目的,够光明正大吗?

正由于今日社会面临资讯泛滥危机,真正久负盛名的传播机构,只要其心中真正有受众,对资讯新闻的传播都会是极其慎重而不敢轻率为之的。

注释:

① 台湾学者使用的"资讯"社会概念与大陆学者使用的"信息"社会概念相对应;台湾学者使用的"阅听人"概念即大陆学者所使用的"受众"概念。

[后记]

本土问题聚焦下的新闻学研究进展
——《现代传播》呈现的 2009～2013 年中国新闻学研究

刘 俊

呈现在读者眼前的这本文集,是以自由选题的新闻学来稿论文组成,我们原以为文集中各篇文章因自由选题的差异与开放,难以呈现出太多显著的内容规律的"一致性"。不过,当编辑部的老师们和笔者挑选出 2009～2013 年刊发在《现代传播》上的一些优质新闻学论文之后,看着目录列表,我们却忽然发现了一种"一致性",那便是——对本土问题的聚焦。不知这是否能从某个侧面,体现出当前中国新闻学研究的少许特点。

文集中的文章大致分为两大研究:一是对热点话题的研究,二是对经典话题的研究。(1)对热点话题的研究主要包括三类:新媒体与新闻、政治传播与新闻、新闻业者与新闻机构。(2)对经典话题的研究也主要包括三类:新闻史、实证方法、学术与学科建设。全书所有这两大类、六子类研究中,共收录了 26 篇文章,完全聚焦或有所聚焦于本土问题的文章约占全书总文章数的 92%,这其中完全聚焦于本土问题的文章又占了绝大多数。

一、热点话题研究:新媒体与新闻、政治传播与新闻、新闻业者与新闻机构

(一)关于新媒体与新闻的研究

与转型社会相遇的网络揭黑,似乎成为新媒体之于中国舆论监督的最大贡献;

网络揭黑也使得新媒体从崛起之初，便迅速成为中国舆论监督的主力之一，并逐渐甚至已经超越传统媒体。吴廷俊的《新媒体时代中国舆论监督的新议题：网络揭黑》一文，认为网络揭黑在有可能揭示个体真相的同时，更引发并培育了社会的整体性关注与思考力，并促进我国政府对公共突发事件的重视，提高了相应的执政能力。

涂光晋、吴惠凡的《从"党的耳目喉舌"到"公众话语平台"——"人民网"意见表达与整合研究》一文，将分析对象落脚于传统主流媒体的新媒体尝试，《人民日报》在全国媒体中率先开通网络平台"人民网"，并且在信息发布、意见整合、舆论引导等方面，为我国主流媒体的新媒体之路进行了一定的先行探索。特别是其从"官方声音"到"民间舆论"——多类主体拓展公共话语空间的尝试，至少在理念上体现了我国党媒在面对新媒体时的一些姿态调适。

新媒体的价值固然以技术为本，但其价值的深度张扬与否更在于技术对人的行为影响，继而对制度与更广阔人群的观念的影响。例如，新闻常规能确保在有限时间内完成新闻生产，保障组织运作的有序性和稳定性。互联网时代对新闻生产的影响，已经不在于偶发的缘由，也不在于影响特定的生产环节，而是触及整个新闻常规。白红义的《冲击与吸纳：互联网环境下的新闻常规》一文，在对已有文献进行探讨的基础上，以"路线常规""消息来源常规"和"时间常规"为例，讨论新闻常规在互联网环境下的变化，并提出未来的一些研究可能。而文中一些重要的案例支撑与对未来的预期，也是部分基于媒介融合时代的中国新闻生产。

而台湾传媒教育开路人郑贞铭的《通达智慧：资讯社会与资讯泛滥的出路》一文，认为在今天资讯发达的社会，资讯所提供的毕竟只是初步资料，如何根据这些资料、透过自我经验的积累，并加以观察、分析辨别，在更进一步的思考中，力加反省，使自己的人格日趋成熟与圆满，才真正是有益于社会与人类的智慧。在资讯社会与资讯泛滥时代，新闻业责任重大，新闻业应"以成熟、智慧、稳重为社会开启新路，要配合时事将智慧以知识性、生活性、文化性落实到社会大众的层面。知会新闻传播的力量不仅是荣誉，更是压力"。

朱羽君、付晓光的《创新与现代媒体的核心竞争力》一文，以 CNN 在 2008 年美国大选中的报道策略为样本，梳理了新的媒介技术，为大选报道带来的如界面化屏幕设计、多媒体整合、全息影像等多项新闻创新；审视了因应新媒体和新技术发展，美国在媒介运营体制、媒介环境、媒介发展规律等方面的创新。上述两篇文章，是本书中唯有的两篇未具体涉及中国本土问题的,当然个中思想也必然可从价值和实践上为我所鉴。

(二)关于政治传播与新闻的研究

对于政府形象塑造,文集中有两篇相关文章被收录。一是曹劲松的《政府新闻传播中的形象设计与塑造》一文,从政府形象设计、形象传播、形象认同、形象塑造四个维度,探讨了政府如何通过新闻传播达成正向的政治传播的效果,也隐现着对我国政府提升政治传播力的肯定与期待。作者兼有相关领域的政界与学界经历,对政府形象传播的分析既有的放矢,又具有一定的学理价值。

二是袁军、冯尚钺的《突发性公共事件与政府形象修复策略研究》一文,对中国突发性公共事件中政府形象修复策略进行了研究。文章研究了北京暴雨、动车事故、龙江镉污染、宁波PX事件等四种不同类型突发性公共事件的新闻报道,认为目前中国突发性公共事件仍沿用的是"强化支持+超脱+纠正"的"灾事喜报型"修复策略,修复效果不够明显。

此外,新闻奖项是新闻制度的一部分,体现的是制度制定者对于新闻事业的评价、规约和期待。蔡尚伟、冯结兰的《制度设计视角下的中国新闻奖——兼论中国新闻评奖制度的改进》一文,对中国新闻奖评选注重政治导向性、讲究平衡性等政治意味,以及对"任何一种制度体现的都是不同组织或机构的话语权,是意识形态层面的控制。政府奖所体现和寻求的,本就是权力场对新闻场的作用"等问题的思考,可放置在我国政治传播问题的视角下思考。

还有的文章兼有热点话题与经典话题的内容。"舆论监督"是具有中国特色的词汇,它与中国的社会政治生态紧密相连。范以锦、杨凡的《舆论监督与社会政治生态环境》一文,从因果联系的角度分析了我国舆论监督与社会政治生态环境的密切关联,并认为新中国成立之后我国的舆论监督状况可以划分为六个阶段加以分析,文章也兼及新媒体时代我国传统媒体实施舆论监督时应如何增强主动性。

(三)关于新闻业者与新闻机构的研究

对于新闻业者与新闻机构的研究,选文呈现出两种情况:一是以研究新闻业者为出发点,并思考新闻业者与新闻机构的关系;二是研究新闻机构(主要是编辑部门)如何提升新闻内容生产操作。

1. 新闻业者的研究

杨保军的《新闻道德：在职业个体与媒体组织之间》一文，虽是主要在普遍意义上探讨了：只有在组织与个体之间建立起良性的健康认同关系，媒体组织才能成为一个真实的道德主体，职业个体也才能成为真实的道德个体；但媒体组织与职业个体的关系，在中国无疑是一种带有特殊性的新闻生态景观，文中一些案例和论述基础也不免关涉中国状态。

而张志安、沈菲的《媒介环境与组织控制：调查记者的媒介角色认知及影响因素》一文，将研究对象聚焦于我国的调查性记者群体，研究切口落于媒介角色认知问题。文章通过对我国259名调查记者的问卷调查，发现调查记者的媒介角色偏向分析解释、报道事实/提供信息及舆论监督，即"调查/解释"和"信息传播"这两种角色；个体因素对调查记者的媒介角色认知及其对新闻价值的认知，均没有显著预测力；调查记者所在的地域差异对其媒介角色认知有一定影响；相对来说，党报机关报的调查记者更偏重"鼓吹民意"，市场化都市报记者相对偏向"满足受众和宣传引导"的媒介角色，新闻杂志的调查记者偏向"批评与质疑"。

与新闻人和组织相关的，还有下面的一篇文章。我国新闻人"挣工分"的绩效形式最早开始于上世纪80年代末，到90年代中期以后随着都市报的涌现而推广开来。夏倩芳的《"挣工分"的政治：绩效制度下的产品、劳动与新闻人》一文，认为新闻人"挣工分"产生了如下值得深思的政治效应：培育和强化了媒体从业者的功利化取向，新闻劳动者的人力资本削减和劳动者均质化效应，在市场化深入之后媒体人日益向权力靠拢以求归宿感的实现。

2. 新闻机构操作的研究

喻国明、李彪的《金融危机的第一波媒介呈现之研究》一文，从比较新闻学的角度，以国外媒体的金融危机报道对拟态环境的建构为样本，为我国媒体的相关报道提出了七条具体建议，其中宏大新闻的"落地操作"、新闻视角的感性意识、专业与可读的平衡、微观切入的大局意识、增强人文关怀等都极具指导性和可操作性。

尹韵公、王凤翔的《新闻评论传播范式的话语转型与构建》一文，探讨了在Web2.0的媒介环境、全球化语境和中国风险社会环境下，中国电视新闻评论、特别是电视财经新闻评论的"新闻评论4.0范式"构建。虽然文章写作于微博未热、微信尚无的2009年，但个中一些传播思维，对当前的传统电视传媒机构的新闻操作，依然有指示意义。

二、经典话题研究：新闻史、实证方法、学术与学科发展

（一）关于新闻史的研究

在确定文集内容后，我们发现书中所有关于新闻史的论文，无一例外都是中国新闻史研究，而且文章多数都不是以微观切口展开的。此部分的选文在内容上大致分为如下三种情况。

第一，对基于特定时间点与特定地域的研究。前者如童兵的《"五四"精神与新时期新闻改革》一文，直面百年中国史，深思民主、科学、人权、制度、法律等"五四"精神的珍贵之处，如何能够得到有延续性、创造性的发展，从而保障新时期中国新闻改革在健硕而确当的轨道上不断深入。

后者如赵玉明、庞亮的《江西苏区口语广播探究》一文，对江西苏区是否有口语广播提出质疑，文章从现有证据出发，对江西苏区是否存在口语广播进行了全面的分析，与当前比较流行的观点进行了讨论。该文的研究态度、商榷意识和对话姿态尤值细读。

第二，对民国新闻史的研究。李煜的《历史视野下的国家与广播》一文，以一个宏大历史进程中国家与广播关系的视角，主要以1949年之前的新闻史材料为示例展开论述。中国广播兴起之时，恰适逢中国作为一个现代民族国家刚刚兴起。百年追溯中国广播的发展历程，国家作为公权力，一直牢牢掌控着具有主权象征意味的广播媒介。作者最后指出："在政治制度裹挟着公共政策和政治后果的历史进程中，广播媒介只能在制度惯性的推动下，路径依赖于国家决定型的制度安排。"

第三，对中国共产党新闻史的研究。朱至刚的《试析新中国成立初期宣传网的建立和撤销：以党的组织力量为考察背景》一文，着眼于新中国建国之初的一个问题：上世纪50年代中国共产党的组织力量总体尚待扩充，在各地域、各行业分布很不均衡。在这种情况下，宣传网是进行全面社会动员的必要选择。而各地既有组织力量的强弱，又直接影响着宣传网的组建和运作质量。此后，随着时间的推移，党的组织力量不仅增长明显，而且分布逐渐均匀，相对正式的宣传机构发展；宣传网不再是唯一的可行选择，也呈现出管理和运作等各方面的缺陷，随即淡出也就是顺理成章。

郑保卫的《中国共产党新闻工作群众路线的理论来源及实践传统》一文,论述了中国共产党新闻工作群众路线的理论来源:马克思、恩格斯、列宁,以及以毛泽东为代表的中国共产党几代领导人确立了党的新闻工作群众路线的理论原则;其中"全党办报,群众办报"是其核心内容。文章同时阐释了中国共产党新闻工作群众路线的实践传统,即当好人民耳目喉舌,服务广大人民群众;做好通联工作,依靠人民群众办报;开展"走转改"活动,开创践行群众路线新路径等。

(二)关于实证方法的研究

选文中关于实证方法的研究,主要不是讨论实证的"方法"本身的问题,而是:(1)运用实证的方法进行研究、解决问题;(2)将实证的观念运用到新闻生产的实际操作之中。

就前者而言,主要有两篇文章。柯惠新、刘绩宏的《重大事件舆情监测指标体系与预警分析模型的再探讨》一文,是一种研究修正,即因作者先前已建立的重大事件舆情监测指标体系以及预警分析模型,在具体的监测实践中遇到了一些操作化的困难;同时,随着对于舆论本质及其发展规律的深入认识,作者发现既有的用于考察舆论发展状况的预警指标体系也存在着缺陷。新的调整修改了部分相关指标的操作化含义,并增加了新的指标,以更加贴近舆情、舆论的发展规律,进而或可为重大事件舆情的科学定量评价和有效预警,提供一个有参考借鉴价值的思路。

公信力不足的问题,是阻碍我国新媒体信息传播真正走向强势的最大瓶颈,值得正视,这一点从对传统广播电视媒体的受众信任程度调查可以得到辅证。雷跃捷、沈浩、薛宝琴的《我国广播电视媒体公信力的受众认知调查与研究》一文,基于实证研究的手段,其价值不仅从媒体属性、信息渠道和信息内容三个方面的媒体可信度情况,对当前我国广播电视媒体公信力的受众认知进行分析和研究,也在于对段首观点一定的肯定回应。

就后者而言,有曾祥敏、陈丹丹的《中国电视民调新闻的历史体察与发展探究》一文,该文虽然没有使用实证研究的方法,却提出了一个与实证价值密切相连的中国电视新闻生产的重要创新路径。中国电视新闻经历了上世纪 90 年代的新闻改革与释放、21 世纪初民生新闻的激荡与喧嚣,在理念碰撞与技术发展的当下,必将面临一个新的转型和升级,因应此,电视民调新闻是重要选项。该文在对中国民调新闻进行历史梳理的同时,探讨了电视新闻引入民意调查对其新闻价值、舆论引导等方面的提升作用。

(三)学术与学科建设

选文中对新闻学及相关学科的学术研究与学科建设的文章,注重以量化分析的方法进行阐述。这主要体现在两篇文章中,一是丁柏铨的《论新闻学的学科影响力》一文,通过对教育部人文社科研究优秀成果的数据统计、全国优秀博士学位论文的数据统计、特定年度 CSSCI 刊物新闻学与传播学论文和他学科论文引用与被引用数据统计,进行考察分析,从新闻学所能影响的决策者、研究者、实践者和学习者四个方面探讨本学科的影响力。

二是丁俊杰、初广志、李杉的《新闻传播期刊中广告学术研究成果再研究》一文,针对中国广告学术研究问题,以代表性的中国新闻传播期刊所刊发的论文为切口,进行了量化统计,并得出广告学术研究热点受到媒体信息技术发展的带动、广告传播客体研究并未受到充分重视、广告教育模式的探索欠缺、广告基础理论相对薄弱四点思考。

而从整体意义上观照新闻传播学的研究与学科发展的,则有李良荣、张华的《从"小新闻"走向"大传播"——新闻传播学学科建设和科研的新取向》一文。作者提出从"小新闻"走向"大传播",是指新闻传播学突破以采写编评、媒介经营管理等新闻业务和媒体内部业务为主的传统新闻学教学与研究,也突破以"受众为重点、效果为目的"的大众传播学领域,走向以互动、沟通为重点,在更广阔的视野中探索信息传播与社会治理、国家治理、全球治理之间关系的宏观研究。

三、结语与致谢

本书集合的只是 2009～2013 年《现代传播》新闻学论文的一部分,由于文集篇幅所限,不少与选文质量差别实在不大的文章,未能呈现,是遗憾之事。即便对于入选之文,也由于媒介融合时代,媒介科技乃至整个媒介生态变化更迭十分迅速等客观原因,几年前的对本领域探讨的文章,现在看来有些内容也已需要更新;好在《现代传播》的文丛,数十年走过,也具有一定的研究留存的意义。

最后感谢编辑部领导和老师们对笔者的信任和帮助,笔者也只是勉强做《新闻学》一卷的主编;同时感谢中国传媒大学出版社领导和责任编辑的悉心指导。由于水平有限,本新闻学文集或许会有不妥之处,还望读者随时与我们交流、提供您的批评。

2015 年元月
于中国传媒大学学报《现代传播》编辑部